BIBLIOTHÈQUE
CHRÉTIENNE ET MORALE.

APPROUVÉE

PAR MGR L'ÉVÊQUE DE LIMOGES.

Tout exemplaire qui ne sera pas revêtu de notre griffe sera réputé contrefait et poursuivi conformément aux lois.

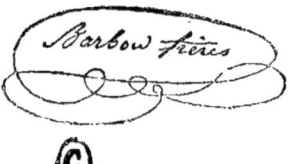

LA MER ET SES HÉROS

LA MER ET SES HÉROS

LA MER

ET

SES HÉROS

OUVRAGE ÉCRIT D'APRÈS

LES DICTIONNAIRES HISTORIQUE ET DE LA CONVERSATION.
LES ENCYCLOPÉDIES, ETC.

PAR

ALPHONSE D'AUGEROT

LIMOGES
BARBOU FRÈRES, IMPRIMEURS-LIBRAIRES

Dès qu'un homme fut en état de se soutenir sur la mer dans une faible barque, il jeta les yeux autour de lui, et dit : Voilà mon domaine. Alors il ne lui suffit plus de lutter contre les éléments, de savoir les vaincre; il songea encore à assurer sa souveraineté sur les autres hommes qui, audacieux comme lui, oseraient braver la fureur des flots; il songea à transporter au milieu de l'océan les moyens de destruction déjà employés sur terre et à en créer même de nouveaux. L'art des combats sur mer a donc dû suivre le progrès des connaissances humaines; aussi le voit-on changer aussi souvent que la découverte d'une arme nouvelle donne aux hommes une nouvelle force, et chaque fois aussi que la navigation et la construction des vaisseaux font un pas. Aussi l'histoire des combats sur mer a-t-elle deux époques distinctes, celle qui précéda et celle qui suivit l'invention de la poudre à canon.

La manière de combattre sur mer fut d'abord très-simple : montées sur des barques légères, les deux armées se lançaient de loin une grêle de flèches, puis elles s'avançaient l'une sur l'autre, s'abordaient et s'attaquaient avec la hache ou l'épée; c'était comme une mêlée à terre. Dans ces premiers temps, le courage et l'audace triomphaient toujours, et l'on ne songeait qu'à massacrer les combattants. On sentit ensuite l'avantage de détruire les navires eux-mêmes, et chaque barque, armée d'un fort bec ou éperon, tantôt à fleur d'eau, tantôt au-dessus de la flottaison, dut tenter de prendre en flanc une barque ennemie, de la crever et de la couler. On suspendit aux vergues de grosses masses de pierre ou de plomb pour les laisser tomber sur les navires ennemis; enfin le feu fut aussi employé comme moyen de destruction, et l'on apprit à lancer des dards enflammés, des vases remplis de matières brûlantes : c'est ainsi qu'à la bataille d'Actium le feu dévora presque toute la flotte d'Antoine.

Les Grecs, les Carthaginois et les Romains sont les premiers peuples qui paraissent avoir fait de la guerre navale un véritable art : ils rangeaient leurs flottes en demi-lune ou chevron brisé, les pointes tournées vers l'ennemi; puis, au signal donné, les avirons (car alors on ne se servait pas de voiles pendant le combat) tombaient ensemble sur l'eau, et la lutte commençait. Quelquefois on cherchait à couper les avirons de son adversaire, c'est ce que les Romains appelaient *remos detergere;* on courait sur lui à contre-bord avec toute la vitesse possible, on rentrait rapidement ses avirons, on serrait le navire ennemi de long en long, afin de lui briser toutes les rames qu'il avait en dehors, puis on le quittait pour le prendre en flanc et le percer de l'éperon. On faisait usage de toutes sortes de projectiles : Annibal s'avisa de remplir des pots de terre avec des vipères et de les briser sur les ponts des Romains; les flottes employées aux siéges furent chargées de béliers et de balistes, et cette dernière arme resta sur l'avant des navires de guerre jusqu'à l'invention de la poudre à canon. Archimède, dit-on avait imaginé un harpon à l'aide duquel il saisissait les bâtiments ennemis sous les murs de Syracuse, les enlevait en l'air, et les brisait ou les coulait en les laissant retomber à la mer.

Les Celtes furent les premiers qui firent usage des voiles pendant le combat qu'ils livrèrent aux Romains, à Doriorigum. La construction de leurs vaisseaux, beaucoup plus gros, devait leur assurer la victoire; mais les éléments se tournèrent contre eux. Au milieu du combat, il survint un calme plat qui rendit immobiles leurs gros navires; César les attaqua alors de tous côtés avec impétuosité avec ses innombrables galères, les enleva à l'abordage, et anéantit leur flotte.

Aux Carthaginois et aux Romains succédèrent les Vénitiens, les Pis, les Génois et leurs nombreuses flottes; mais ils n'apportent aucun progrès dans l'art de combattre; leurs galères tant vantées sont mises en mouvement à force de rames, qui sont celles connues depuis longtemps. Enfin les peuples du nord et de l'ouest de l'Europe prennent rang parmi les puissances maritimes, et, des rives où les Celtes et leur marine avaient été détruits par César, sortent de nouvelles flottes qui vont disputer à toutes les nations l'empire des mers.

La France et l'Angleterre entrent en lutte, et, dès le xie siècle, commence entre les deux nations cette rivalité qui leur a coûté tant de sang, qui dure encore aujourd'hui, et dont on ne saurait pressentir la fin. En 1213, ces deux peuples combattaient déjà avec des flottes de 5 et 600 voiles, et, dans ces batailles sanglantes, le vainqueur brûlait ou coulait à l'ennemi jusqu'à 400 navires chargés de soldats. Ici commence l'aurore d'un grand progrès : les bras des rameurs ne sont plus exclusivement la force motrice, et l'on commence à combattre sous voiles. Dans l'année 1217, les Anglais battirent une flotte française en profitant de l'avantage du vent, et jetant dans l'air de la chaux vive en poussière, qui, portée dans les yeux des Français, les aveugla et répandit dans leurs rangs un affreux désordre.

Dès que les nations limitrophes de l'Océan eurent saisi le sceptre des mers, la marine prit un grand essor : les vaisseaux qu'on employa furent beaucoup plus gros, un nouvel ordre de bataille s'établit, les archers suppléèrent à l'artillerie, les voiles remplacèrent les avirons, et l'on n'en fit plus usage que comme auxiliaire pour gagner l'avantage du vent, ou dans les retraites, ou dans le calme.

L'usage du canon dans les batailles navales commença en 1372. *Froissard* dit que, dans la victoire que les flottes combinées d'Espagne et de France remportèrent cette année sur les Anglais devant la Rochelle, les navires portaient des canons. Cette nouvelle arme introduite, l'art marche encore lentement ; il reste comme stationnaire pendant le XVe siècle. Ce n'est qu'au XVIe siècle qu'il est réellement en progrès : ce ne sont plus des nuées de bateaux qui se heurtent et se brisent dans les batailles, mais des escadres de 30 à 40 gros vaisseaux, dont quelques-uns jaugent jusqu'à 1,200 tonneaux ; leurs flancs sont armés de canons, et dès-lors aussi les mouvements généraux bien combinés, qui décident le gain des batailles, commencent à être mis en exécution.

L'art des combats sur mer prit tout-à-coup un grand développement dès le commencement du XVIIe siècle. Les luttes sanglantes des Français, des Anglais et des Hollandais donnèrent lieu à son essor. Alors apparaissent plusieurs chefs habiles qui comprennent la guerre sur mer : les Tourville, les Duquesne, les Tromp et les Ruyter; avec eux apparaissent aussi les savantes combinaisons dans la manœuvre des escadres, qui, si elles ne décident pas le succès d'une bataille, y contribuent considérablement. Désormais, on n'emploie plus indifféremment les vaisseaux de ligne et les frégates : les premiers seuls entrent en ligne de bataille, les seconds servent à porter des ordres ou à remplir des missions secondaires, et les flottes sont toujours suivies de brûlots et autres bâtiments incendiaires, complément nécessaire d'armement.

Quoique ce siècle ait vu naître la vraie science des évolutions navales, il y a loin encore des combats de ce temps aux nôtres; les mêlées étaient moins sanglantes, et l'on ne se battait pas à outrance comme aujourd'hui. Qu'on compare le désastre de la Hogue, si funeste à la marine de Louis XIV, avec Aboukir ou Trafalgar, quelle différence dans les résultats! Le courage ne manquait point; mais les moyens de destruction étaient moins puissants; l'artillerie n'avait pas atteint le degré de perfection où elle est arrivée de nos jours.

Blake, le premier, apprit aux marins à mépriser les forteresses élevées à terre. Dans la baie de Santa-Cruz, il fit voir qu'une flotte fortement embossée n'est pas inexpugnable, et, bientôt après, Vivonne à Palerme, et d'Estrées à Tabago, répetèrent ces sanglantes leçons; Ruyter et Tourville posèrent les vrais principes de la manœuvre des flottes, et pendant quelque temps la France saisit le sceptre des mers.

Enfin, en 1782, Georges Rodney fit une savante et glorieuse application des principes de l'art que l'on commençait à enseigner en Angleterre : il sut porter rapidement une masse considérable de forces sur une seule partie de la ligne ennemie, et c'est par ce moyen qu'il écrasa le comte de Grasse avant que le reste de son armée pût accourir pour le dégager; de ce moment aussi datent les immenses succès de la marine anglaise : en vain La Motte-Piquet déploya-t-il contre elle la plus héroïque valeur, en vain plusieurs capitaines français se signalèrent-ils par des traits d'une audace inouïe, ils n'obtinrent que des avantages partiels; désormais la victoire fut organisée sur les flottes britanniques; leurs généraux étaient initiés aux secrets de l'art.

Le XIXe siècle a vu nos désastres et la gloire de Nelson

Dans un combat singulier, l'avantage est toujours du côté du navire qui a su saisir la position *du plus près du vent,* parce que c'est celle qui offre le plus de ressources; elle est comme le centre de toutes les manœuvres que peut exécuter un navire. Il y a donc, relativement au vent, deux positions pour les navires qui combattent : *au vent* et *sous le vent;* chacune d'elles a ses avantages et ses inconvénients. Le navire au vent est maître d'aborder son adversaire quand il le juge à propos et à la distance qui lui convient; il n'est pas gêné par la fumée des canons, ni par celle de l'ennemi, et il peut, en consentant à changer sa position, et en passant sous le vent, prendre l'ennemi en poupe et en proue, et lui lancer une *bordée d'enfilade*. Mais si le vent est frais et la mer grosse, un vaisseau au vent ne fait que difficilement usage de sa batterie basse, quelquefois même il lui est impossible de s'en servir; de plus, le pointage des canons est très-inexact; de sorte que, en cette circonstance, une frégate sous le vent peut combattre un vaisseau de ligne au vent à armes égales. Ici, tout dépend du courage, de l'intelligence et du coup d'œil de l'officier commandant : c'est à lui à déterminer la position qu'il doit choisir, s'il a plus d'avantage à combattre à distance et à coups de canon, ou si, au contraire, c'est l'abordage qu'il doit rechercher.

L'abordage est sans contredit la manœuvre la plus audacieuse de nos combats sur mer; mais quelle supériorité a l'équipage d'un vaisseau abordé pour se défendre contre les matelots qui sautent à son bord ! Aussi ne doit-on le tenter que quand on a balayé le pont de l'ennemi avec des grenades ou par un feu vif de mousqueterie. C'est dans ce genre d'attaque que la valeur française brille de tout son éclat. Jamais les matelots français n'ont manqué de courage; chaque fois que le signal à l'abordage leur a été donné, ils l'ont accueilli avec des *hourra* d'enthousiasme.

Dans un combat général, le général en chef doit avoir médité d'avance son plan de bataille; car il y a un extrême danger à manœuvrer sous le feu de l'ennemi. Le devoir du capitaine de vaisseau est alors de tout mettre en œuvre pour assurer la prompte exécution des plans de son général. En thèse générale, les plus grandes combinaisons d'un amiral se réduisent à porter sur un point attaqué plus de forces que n'en a l'ennemi, à rendre inutiles aussi longtemps que possible une partie de l'armée qu'il combat; enfin, à rompre la ligne ennemie pour y jeter le désordre, en la forçant à manœuvrer au milieu du feu.

Ainsi que dans les combats singuliers, il y a deux positions pour les escadres relativement au vent : *au vent* et *sous le vent;* la première est celle que l'on doit presque toujours préférer, aujourd'hui surtout que l'on se bat à outrance

Autrefois, on trouvait de l'avantage à doubler les ennemis par la queue; alors on songeait à recueillir les navires avariés. De nos jours, on conseille de doubler la ligne par la tête; on veut à tout prix détruire son adversaire, et cette manœuvre le met en désordre. Dans une mêlée générale, les lignes de bataille sont confondues; chaque capitaine doit s'occuper à faire à l'ennemi tout le mal qu'il pourra; et comme au milieu de la fumée, les signaux ne peuvent être aperçus, on doit admettre, en principe, que tout vaisseau est à son poste quand il est au feu.

A la mer, ce n'est pas comme sur terre, l'habileté ne peut guère suppléer au nombre, et une escadre très-inférieure doit être nécessairement battue. Alors il ne faut prendre conseil que de son courage, on pourrait dire de son désespoir.

Ce n'est pas seulement en pleine mer et sous voiles que les escadres combattent; souvent aussi les rades sont le théâtre de combats généraux entre deux flottes à l'ancre. Dans l'attaque d'une escadre embossée, il s'agit de vaincre ou de périr; le général doit évidemment diriger toutes ses forces contre une seule partie de la ligne ennemie, c'est celle du *vent;* car alors celle de *sous le vent* ne peut pas aisément venir prendre part à l'action. Il doit engager de très-près, afin de paralyser le feu des batteries de terre, qui seraient alors exposées à frapper à la fois amis et ennemis; destiner quelques vaisseaux à gêner l'appareillage de l'arrière-garde, tandis que d'autres tenteront de mouiller entre deux vaisseaux de la ligne d'embossage pour les enfiler en poupe et en proue; et, autant que possible, former une double ligne qui puisse écraser l'ennemi, en le mettant entre deux feux. C'est par cette savante manœuvre que Nelson parvint à détruire, dans la rade d'Aboukir, la flotte française, commandée par l'amiral Brueys.

ANDRE DORIA

— 1468 —

La famille des Doria, une des plus anciennes, plus nobles et plus puissantes de Gênes, fournit plusieurs personnages célèbres à cette république. Plusieurs de ses membres servirent utilement leur patrie. Le premier des Doria qui se soit fait un nom dans l'histoire est Oberto, amiral des Génois; il commandait à la terrible bataille de la Métoria, vis-à-vis de Livourne, le 6 août 1284, et réussit à éteindre pour quelque temps la longue rivalité de Pise et de Gênes, en écrasant la marine des Pisans. Il avait sous ses ordres cent trente galères; Albert Morosini, son adversaire, en avait cent trois. Le combat fut soutenu pendant la moitié de la journée avec un acharnement sans exemple. Cinq mille hommes tués, onze mille faits prisonniers, sept galères coulées, et vingt-huit capturées, fut le résultat de cette grande victoire.

Lamba Doria, autre amiral des Génois, dans leur seconde guerre contre les Vénitiens, en 1298, ravageant les côtes de la Dalmatie avec quatre vingt-cinq galères, rencontra, le 8 septembre, devant Corcyre-la-Noire, l'amiral vénitien, André Dandolo, avec 97 galères. Le choc fut terrible : dix galères génoises furent coulées dès le commencement de l'action; mais Lamba Doria se rendit maître de quatre ving-cinq galères vénitiennes qu'il brûla en grande partie, n'en conservant que dix-huit pour conduire à Gênes sept mille prisonniers, parmi lesquels Dandolo, qui expira de douleur en débarquant. Une paix glorieuse fut le résultat de cette victoire. Le fils de Lamba était au nombre des morts :

— Qu'on le jette à la mer! dit-il à ses marins. C'est une belle sépulture pour celui qui meurt victorieux en combattant pour sa patrie.

Paganino Doria, dans la troisième guerre des Génois contre les Vénitiens fut opposé, en juillet 1351, avec soixante-quatre galères au terrible Nicolas Pisani. Il le bloqua dans Nègrepont; mais les Catalans et les Grecs étant venus au secours des Vénitiens, Paganino Doria se porta sur Ténédos dont il s'empara, et y passa l'hiver. Comme il se dirigeait sur Constantinople, Nicolas Pisani le rencontra dans l'étroit Bosphore de Thrace. Les deux flottes en vinrent aux mains le 13 février 1352, sous les murs de Stamboul. Des nuages épais qui les enveloppaient d'une profonde nuit, les vents furieux et la tempête rendirent cette bataille encore plus terrible. On combattait au hasard les éléments et les hommes : c'est seulement le lendemain que Doria reconnut qu'il était vainqueur. Treize de ses galères avaient été coulées à fond, il en avait pris vingt-six à l'ennemi; mais le nombre des blessés était si grand sur sa flotte que l'épidémie lui enleva la moitié de ses équipages avant son arrivée à Gênes. Les Génois firent peser sur lui toute la responsabilité de cette terrible catastrophe en lui retirant les fonctions d'amiral. Ils furent punis de leur ingratitude par leur défaite à la Loiera, et Paganino Doria noblement vengé par son rétablissement dans sa charge. Le 3 novembre, il livra une seconde bataille à Nicolas Pisani, à Porto-Longo, et le prit avec ses trente-cinq galères et tous ses équipages. A bout de ressources, les Vénitiens acceptèrent une paix honteuse.

Dans leur quatrième guerre contre les Vénitiens, en 1378, les Génois envoyèrent Lucien Doria dans l'Adriatique avec vingt-deux galères. Il prit Rovigno en Istrie, pilla et incendia Grado et Caorlo, et porta l'épouvante jusque dans Venise.

Vettor Pisani, amiral de cette république, lui livra bataille devant Pola, le 29 mai 1379. Lucien Doria fut tué dès le commencement de l'action. *Ambroise Doria*, son frère, prit le commandement et décida du gain de la bataille en une heure et demie : quinze galères, et dix-neuf cents prisonniers, dont vingt-quatre nobles Vénitiens, tombèrent en son pouvoir, et Vettor Pisani, à son arrivée à Venise, fut jeté dans les fers comme coupable de s'être laissé vaincre.

Pierre Doria remplaça Lucien au commandement de la flotte qu'on porta à quarante sept galères. Il débuta par la prise de Chiozza, le 16 août 1379. Maître ainsi des fortifications que la nature a données à Venise, il se croyait déjà en possession de la ville. Les Vénitiens sollicitaient la paix à tout prix ; le roi de Hongrie et le seigneur de Padoue, alliés des Génois, étaient d'avis de l'accorder.

— Non, non, répondit Pierre Doria aux ambassadeurs vénitiens ; il faut que nous mettions nous-mêmes de bons mors aux chevaux de bronze de votre place Saint-Marc, afin de les forcer à se tenir tranquilles.

Réduite à la dernière extrémité, Venise eut recours à Vettor Pisani, comme sa seule branche de salut ; elle fit tomber les fers qu'elle lui avait impitoyablement rivés deux mois auparavant, et lui confia sa défense. Jaloux de venger son échec, l'amiral, par des travaux habilement conçus, rend les canaux inabordables, et bloque adroitement Pierre Doria, avec sa superbe flotte, dans le port de Chiozza, qu'il venait de conquérir bravement. Celui-ci fit de vains efforts pour s'ouvrir un passage ; il employa inutilement les expédients les plus hardis ; Pierre Doria fut emporté d'un coup de canon, et les Génois expièrent d'un seul coup toute leur gloire passée.

Le nom des Doria que la célébrité des batailles avait emporté célèbre aussi dans la postérité, reçut un nouvel éclat à l'arrivée d'André Doria sur le théâtre des évènements qui désolaient sa patrie, dont il fut le restaurateur.

André Doria naquit à Oneille, en novembre 1468, au moment où deux factions turbulentes se disputaient la souveraineté de Gênes : c'étaient les Adorni et les Fregosi. Trop jeune encore pour contrebalancer la puissance de ces deux familles, et fortement impressionné des désastres qui pesaient sur sa patrie, sans pouvoir lui venir en aide, il chercha de bonne heure son indépendance à l'étranger, dans les camps.

André Doria donna dès sa plus tendre enfance des preuves d'un caractère ferme et résolu. Le trait suivant, rapporté par le biographe Richer, fit pressentir sa gloire future.

— « Le mari, dit cet historien, ne manquait jamais de le recommander à sa femme avant de s'embarquer. Lorsqu'il était parti, elle réunissait les soins maternels et paternels, avait toujours les yeux fixés sur son enfant, et c'était le premier objet qu'elle présentait à son mari lorsqu'il était de retour. Un jour elle apprit qu'il venait d'arriver dans le port d'Oneille avec deux galères ; elle se hâta de prendre son cher enfant dans ses bras, courut au port, entra dans la galère où son mari était et l'offrit à ses caresses. On assure qu'André Doria, quoique dans un âge encore tendre, se plut tellement dans la galère, qu'il y resta toute la journée, faisant aux matelots des questions sur tous les objets qui se présentaient à sa vue. Lorsqu'on vit la nuit approcher, on se mit en devoir de l'emmener, mais il s'y opposa, et sa mère fut obligée d'employer les menaces pour le faire partir. On se rappela, par la suite, ce trait de son enfance, et on assura que c'était alors un pronostic de sa grandeur future ?

André Doria embrassa de bonne heure le métier des armes, et prit rang, dès l'âge de dix-neuf ans, dans les gardes du pape Innocent VIII, placés sous les ordres de son oncle, *Dominique Doria*. Il se fit bientôt remarquer par son aptitude et son adresse dans les exercices militaires.

A la mort d'Innocent VIII, des troubles ayant éclaté à Rome par l'exaltation d'Alexandre VI, Doria passa au service de Ferdinand-l'Ancien, roi de Naples, plus tard à celui d'Alphonse II. son fils, et, seul, de tous les officiers de ce prince, il lui resta fidèle après l'invasion du royaume de Naples par Charles VIII, roi de France; il voulait même le suivre dans son exil, et ce fut les larmes aux yeux, que le pauvre roi fugitif, plein de reconnaisance pour un si grand dévouement, lui imposa de le quitter sur le port en lui disant

— « Doria, n'allez pas plus loin; pour récompenser vos talents et vos vertus, il faut un roi plus heureux que moi. Adieu, Doria, mon malheur est au comble; je perds un trône, et ne puis conserver un ami tel que vous. »

La guerre civile désolait en ce moment l'Italie. Il résolut de s'en éloigner pour quelque temps, et partit pour la Terre-Sainte, où il fut reçu chevalier de l'ordre de Saint-Jean-de-Jérusalem. A son retour, ayant trouvé cette belle contrée encore en proie aux dissensions civiles, il se rangea sous les ordres de Jean de la Rovère, qui commandait dans le royaume de Naples pour Charles VIII, et qui tenait plusieurs villes en son nom. Malgré sa grande jeunesse, la Rovère ne craignit pas de lui confier la défense de Rocca-Guilielma qu'assiégeait le fameux Gonsalve de Cordoue. Il déploya une si grande intelligence et de si grands talents dans la défense de cette place qu'assiégés et assiégeants furent pénétrés d'admiration. Le fameux Gonsalve lui-même voulut connaître un si terrible adversaire. Il lui donna les marques de la plus haute estime et mit tout en œuvre pour le gagner à la cause du roi d'Espagne. Mais Doria était imbu de principes trop nobles pour prêter l'oreille à toutes les offres flatteuses qu'on put lui faire, il resta fidèle à la Rovère.

A vingt-quatre ans, il entra dans la marine, théâtre plus digne de son vaste génie, sur lequel il se couvrit de gloire *et de célébrité*. Il débuta dans sa nouvelle carrière par la course contre les Maures et les Turcs, qui infestaient la Méditerranée, et fit trembler les Barbaresques. Le 25 avril 1519, comme il se trouvait à la hauteur de Pianosa, avec six galères, il fut surpris par treize galères que le roi de Tunis avait envoyées pour le détruire. André Doria accepta résolument le combat; il attaqua les Maures avec tant d'impétuosité qu'il les battit complètement; et leur prit six galères. Cette victoire lui fit une réputation européenne.

Dans ce même temps, l'Autriche et la France se disputaient la malheureuse Italie, qui se livrait tour à tour au vainqueur le plus fortuné. André résolut de se dérober aux troubles qui désolaient sa patrie, et fit proposer ses services à François Ier, roi de France. Le monarque s'empressa de s'attacher un homme d'un si grand mérite, et lui confia une escadre considérable avec laquelle il battit celle de Charles-Quint sur les côtes de Provence. Puis volant au secours de Marseille que de nombreuses forces de terre et dix huit galères, sous les ordres du connétable de Bourbon, tenaient étroitement bloquée, il parvint à jeter des secours dans la place et contraignit les impériaux à lever le siége.

A la suite de la funeste bataille de Pavie (1525), où François 1er resta au pouvoir du vainqueur, André Doria essuya tant de déboires de la jalousie de ses ministres, qui le voyaient de mauvais œil, jusqu'à lui refuser la solde de ses matelots, qu'il résolut de quitter le service de la France. Il ne le fit pas cependant sans l'assentiment de François Ier, qui lui fit promettre, à son tour, de rentrer dans sa marine en temps meilleur. Charles-Quint chercha à l'attirer à son service, mais il donna la préférence à Clément VII, qui le nomma général de ses galères avec la mission de mettre les côtes de ses états à l'abri des entreprises de l'empereur d'Espagne. Mais deux ans après il quittait le service de Clément VII pour rentrer au service de François Ier, avec le titre d'amiral des mers du levant, et contribuait à détacher les Génois de l'alliance de l'empereur.

Des services aussi éminents auraient dû engager le roi de France à ne rien négliger pour s'attacher ce grand homme de mer par tous les biens possibles ; mais ce grand monarque eut la faiblesse de se laisser dominer par la jalousie toujours croissante de ses ministres, de commettre l'imprudence de mécontenter Doria et de l'obliger à quitter son service. Charles-Quint, qui avait appris à aprécier les talents de cet illustre marin, sut, en habile politique, l'attirer dans son service. Mais Doria, victime déjà des artifices d'une cour hypocrite, n'accepta les propositions de l'Empereur qu'en stipulant, pour récompense, la restauration de la liberté de sa patrie. Dès ce moment, ses compatriotes eux-mêmes le traitèrent comme un rebelle, et il fut déclaré déchu de sa charge de commandant général des galères; Barbesieux fut désigné pour le remplacer; on poussa même l'ingratitude jusqu'à donner à ce dernier la mission de s'emparer de sa personne, et cet homme, qui avait tant de fois versé son sang et exposé sa vie pour le salut de sa patrie, fut condamné à aller chercher asile sur une terre étrangère.

On va voir cet illustre proscrit se venger d'une si noire ingratitude en chassant les Français de Gênes et en rendant la liberté à sa patrie.

En effet, le 12 septembre, il arrive devant Gênes avec sa flotte; la terreur se répand aussitôt dans la place, qui craint de subir son juste ressentiment; les galères françaises, ne se sentant pas en état de lutter, se retirent, et Théodore Trivulce, qui n'a pu obtenir des secours, se renferme dans la citadelle. Doria entra dans Gênes non point en vainqueur mais en libérateur. Son premier soin fut de mettre un terme aux factions des Adornes et des Frégoses; d'abolir jusqu'à leurs noms; de rappeler les nobles aux emplois en les faisant les égaux des autres habitants, et établit enfin la nouvelle constitution qui a duré jusque dans ces derniers temps.

Ce fut ainsi qu'il mérita les titres de père et de libérateur de la patrie que lui décerna le sénat. Ses concitoyens rassemblés voulurent le nommer doge perpétuel; mais il refusa ce grand honneur, en leur disant :

— Non, souffrez que je le refuse. Il m'est plus glorieux de l'avoir mérité que de le posséder; je veux toujours être soumis aux lois de ma patrie comme le plus simple citoyen. Croyez-moi, je puis être plus utile à la République en lui gagnant, par mes services, la protection des grands princes, qu'en restant dans la ville pour juger les procès et apaiser les querelles des habitants.

Le Sénat, surpris d'un si grand désintéressement et d'une si noble modestie, et plein d'admiration pour son patriotisme, déclara qu'il lui fût érigé une statue d'airain sur la place principale, qui porterait désormais son nom, et que, sur cette place, il lui fut construit un palais aux frais de la République ; que lui et ses descendants seraient exempts de tout impôt ; que ce décret serait gravé sur une planche de cuivre et apposé dans le lieu le plus apparent de la place Doria, pour annoncer à la postérité les services rendus par ce grand homme, et de figurer comme un témoignage de la reconnaissance de ses concitoyens (1528).

Doria, qui s'était engagé au service de Charles-Quint, resta fidèle à sa parole. Ce monarque lui en témoigna sa reconnaissance dans une entrevue qu'il eut avec cet illustre marin à Barcelone, où, la figure rayonnante de joie, il lui tendit cordialement la main en l'assurant de sa haute estime. Doria, de son côté, lui renouvela ses protestations de dévoûment et de fidélité.

En 1538, Charles-Quint et François Ier eurent une entrevue à Aigues-Mortes ; le roi de France s'étant rendu sur la galère de l'empereur que commandait Doria, tendit la main à l'illustre marin dès qu'il l'aperçut, en lui disant :

— « Doria, je veux bien, en considération de l'empereur, vous rendre mon amitié. »

L'amiral ne put se défendre de certaine émotion, et répondit à son ancien maître avec un ton plein de dignité :

— « Grand roi, c'est une justice que Votre Majesté doit me rendre. Lorsque j'étais à son service, je lui ai donné des preuves de mon attachement et de mon zèle. Au reste, ma personne et mes biens sont d'abord dévoués à l'empereur, ensuite à Votre Majesté. »

Le roi ne put dissimuler son regret d'avoir perdu les service d'un homme pour lequel il se sentait animé d'un sentiment de la plus grande affection et de la plus haute estime, et, se retournant vers Charles-Quint :

— « Prince, lui dit-il, vous avez fait en Doria une bonne acquisition. Ayez soin de le conserver. »

Combien Doria eût pu s'enorgueillir d'entendre les deux plus célèbres têtes couronnées de l'époque, dans leur rivalité jalouse, faire l'éloge de ses talents et de sa vertu, et se disputer sa possession comme une véritable puissance !

Soliman II, qui venait d'envahir la Hongrie, où il s'était emparé de plusieurs villes, offrit à Doria l'occasion de se signaler par de nouveaux exploits. Il proposa à Charles-Quint de faire une diversion sur les côtes de la Grèce, partit à la tête d'une expédition, et prit en peu de temps Coron et Patras. Ses conquêtes dans les Dardannelles, dont il détruisit les châteaux, après avoir complètement défait une armée de Turcs, qui marchaient à leur secours, forcèrent l'ambitieux et fier sultan d'évacuer la Hongrie et l'Autriche.

Soliman n'était pas d'un caractère à accepter de si grandes pertes sans chercher à en tirer vengeance. Il eut bientôt équipé une flotte formidable qu'il lança dans le Péloponèse; mais ces forces imposantes ne purent tenir devant le génie puissant de Doria, qui les battit complètement à la première rencontre, et les força de rentrer dans leur port dans le plus grand délabrement et après avoir subi des pertes considérables.

En 1539, le fameux corsaire Barberousse ravageait par le fer et la flamme les côtes d'Italie. L'infatigable marin marcha à sa rencontre, et eut le malheur de le laisser échapper de Prévésa, ce qui fit répandre le bruit que ces deux rivaux, maîtres de la Méditerranée, s'accordaient secrètement pour éviter toute action décisive, tant il est vrai que le mérite, les talents et la vertu les plus incontestables ne sauraient être à l'abri des reproches même les plus injustes.

Ce fut vers cette époque que Charles-Quint, qui disposait en souverain de presque toute l'Europe, entreprit sa fameuse expédition contre Alger. L'Espagne et l'Italie envoyèrent leurs galères pour transporter cette immense *armada* que commandait Charles-Quint en personne. Et qui commandait toutes ces forces navales rassemblées ? André Doria ! Et qui avait-il pour volontaires à son bord ? Le célèbre Fernand Cortés et ses trois fils! Les Colonna, les Spinola, les Pierre de Tolède, les Ferdinand de Gonzague, avaient fourni leur contingent de soldats disciplinés et bien aguerris ; enfin le duc d'Albe lui-même, à la tête d'une foule de grands et de nobles d'Espagne, était sur cette formidable flotte, forte de deux cents vaisseaux de guerre, trois cents navires de charge et soixante-dix galères. Le choix d'André Doria, comme commandant de cette flotte innombrable, sur laquelle se trouvaient réunis tant d'hommes célèbres, est, sans contredit, le plus brillant éloge que l'on puisse faire de cet illustre marin.

Cependant cette formidable expédition fut loin d'obtenir les résultats qu'on devait en attendre. Ce ne fut point contre le couteau des Barbaresques qu'elle eût à se défendre, mais contre les éléments déchaînés qui l'engloutirent presque entièrement, et c'est avec la plus grande peine que Charles-Quint et Doria parvinrent à se sauver sur un bâtiment démâté menaçant de s'abîmer sous chaque effort de la tempête mugissante. Il était réservé à la France d'anéantir à tout jamais ce nid de pirates, l'effroi des navigateurs.

Il continua à commander en personne les galères de Charles-Quint jusqu'à l'âge de quatre-vingt-dix ans environ. Pour le récompenser des services éminents qu'il lui avait rendus, l'empereur l'avait fait grand-chancelier de Naples, prince de Melfi, marquis de Tursi ; il l'avait de plus décoré de la Toison-d'Or.

A la paix de Crespy, que l'empereur et le roi de France conclurent en 1544, André Doria revint à Gênes pour jouir du repos qu'exigeaient son âge avancé et ses longues fatigues ; mais sa tranquillité fut bientôt troublée. La jalousie d'une ancienne famille, sans égard pour les services qu'il avait rendus à sa patrie, sans respect pour son âge, pour la gloire et les honneurs qu'il s'était acquis par ses exploits, avait ourdi contre lui un complot dont il faillit être victime. L'insolence de son neveu et son lieutenant, *Jeannetin Doria,* fit éclater l'orage en 1547. L'instigateur même de cette conspiration, Jean-Louis de Fiesque, comte de Lavagne, jeune seigneur, brillant et valeureux, mais aveuglé par l'ambition, périt dans l'entreprise; ceux de ses complices qui ne trouvèrent point la mort au milieu de la lutte, durent chercher leur salut dans un exil volontaire. Cet échec ne découragea point les ambitieux; Jules Cibo, peu de temps après, en ourdit une seconde, qui eut le sort de la première, et qui lui coûta également la vie

Sur ces entrefaites, ce noble vieillard apprend que les corsaires d'Afrique continuaient à exercer leurs ravages sur les côtes d'Italie. Soutenu par un reste d'énergie, il fit immédiatement équiper une flotte pour aller les châtier. Il se mit en mer au mois de mars, et alla attaquer et détruire le fameux corsaire Dragut dans l'île des Gerbes. A peine de retour à Gênes, il reçut de l'empereur la nouvelle de la prise de l'île de Corse par les Français, et l'ordre d'aller la faire rentrer sous la domination française. Quoique à l'âge de quatre-vingt-cinq ans, le docile vieillard n'écouta que son devoir, et il eut le bonheur de voir sa dernière entreprise couronnée d'un plein succès.

Enfin André Doria termina sa noble et glorieuse carrière le 25 novembre 1560. à l'âge de quatre-vingt-treize ans.

MICHAEL-HADRIAN RUYTER

— 1607 —

Ruyter reçut le jour à Flessingue dans la Zélande en 1607. Ses parents, peu fortunés, le destinaient à la modeste profession de cordier ; mais ses goûts et sa destinée l'appelaient à une vocation plus élevée. Doué d'une haute énergie, il avait le pressentiment de sa gloire future. Il s'échappa furtivement de la maison paternelle, et prit du service sur un vaisseau, où il trouva bientôt l'occasion de montrer un talent et une bravoure qui devaient faire un jour l'orgueil et la gloire de son pays.

Engagé comme simple matelot, Ruyter passa par tous les grades et parvint à celui d'amiral, ne devant son avancement qu'à son propre mérite. Sa carrière maritime est une preuve éclatante des succès qui attendent le génie qui marche résolument à son but et qui sait renverser les obstacles insurmontables pour le commun des hommes. Dans toutes les expéditions navales auxquelles il prit part, il s'acquit la réputation de marin aussi prudent qu'intrépide. Sa vie privée nous le montre comme un homme de mœurs simples et pures, constamment étranger aux pensées ambitieuses.

Lorsque la Hollande vint au secours du Portugal menacé a cette époque par la puissance alors formidable des Espagnols,

Ruyter commandait déjà en qualité de contre-amiral, l'escadre de sa patrie ; et il mérita, par ses éminents services, la reconnaissance de la cour de Lisbonne. Ses expéditions contre les corsaires barbaresques ne furent pas moins glorieuses.

Lorsque, en 1654, la guerre éclata entre la Hollande et l'Angleterre, il prit part à cette campagne sous les ordres de l'amiral Tromp, et battit plusieurs fois l'amiral anglais Askin, qui cependant avait des forces supérieures. La paix ayant été signée en 1665, il entra dans la Méditerranée pour y croiser sur les côtes d'Afrique et y observer les pirates ; Ruyter enleva plusieurs vaisseaux aux Turcs, et, s'étant emparé du célèbre renégat, Armand de Diaz, il le fit pendre au haut de son grand mât.

La nouvelle guerre qui éclata contre l'Angleterre l'appela sur un plus grand théâtre. Il avait déjà été anobli, ainsi que toute sa famille, par le roi de Danemark, en considération des services qu'il lui avait rendus dans ses hostilités contre les Suédois. Les états généraux de Hollande lui confièrent le commandement en chef des forces navales bien inférieures à celles de l'Angleterre. Ruyter se montra digne de cette marque de confiance. Après avoir porté un coup funeste à la puissance maritime de l'Angleterre dans les mers atlantiques, il la vainquit encore dans trois grandes batailles, dont la Manche fut le théâtre.

C'était en 1666. La France et la Hollande avaient de nouveau déclaré la guerre à l'Angleterre. Par un raffinement politique de Louis XIV, la flotte hollandaise parut seule dans la Manche, sous les ordres de Ruyter, qui, par suite de la disgrâce de Tromp, venait d'être élevé à la dignité de lieutenant-général-amiral. Il arbora son pavillon sur *les Sept-Provinces,* vaisseau de quatre-vingts et cité comme le plus magnifique navire de la marine hollandaise, et se rendit directement à l'embouchure de la Tamise. Les deux flottes se livrèrent la bataille dans les premiers jours de juin ; l'action fut des plus terribles et dura plusieurs heures : mais enfin les Anglais furent obligés de battre en retraite après avoir éprouvé des pertes considérables en hommes et en navires.

Une lettre du comte d'Estrades, ambassadeur en Angleterre, au roi, sous la date du 17 juin, rapporte que :

— M. le prince de Monaco et M. Armand de Grammont, comte de Guiche, fils de M. le maréchal de Grammont, étant sur le vaisseau du capitaine Terlon, second de l'amiral de Ruyter, furent les premiers qui chargèrent les ennemis, et ensuite abordèrent si vivement le vice-amiral du pavillon rouge, qu'ils en vinrent aux coups de pistolet; ce combat dura deux heures. Au moment où ils croyaient se rendre maîtres du vaisseau ennemi, le feu prit dans le leur : ils travaillèrent autant qu'il se put pour l'éteindre ; mais le feu ayant déjà gagné les voiles, MM. de Monaco et de Guiche se déshabillèrent et se mirent en caleçon pour se jeter à la mer avant que le feu prît aux poudres. Dans cet instant, un des vaisseaux hollandais passant, il s'accrocha à la pointe de celui où ils étaient, et ses maîtres, avec trois ou quatre, eurent le temps de se jeter dedans avec leurs épées, et se sauvèrent de la sorte. Le vaisseau où ils entrèrent était commandé par le frère de l'amiral de Ruyter, qui alla au secours d'un autre vaisseau fort maltraité. Ils combattirent encore trois heures sur ce vaisseau, jusqu'à ce qu'il fut mis hors de combat et qu'on le vint secourir. M. le prince de Monaco et M. le comte de Guiche, avec le sieur de Nonitel, qui ne les avait pas abandonnés, furent menés dans cet équipage au vaisseau de l'amiral de Ruyter, qui les reçut avec joie et leur fit donner des justaucorps. Ce fut le dernier jour du combat, et qui fut le plus rude; ces messieurs furent toujours par tous les lieux où il y avait le plus de péril, et M. le comte de Guiche fut blessé au bras et à l'épaule d'un éclat de canon; il a perdu trois de ses domestiques et l'écuyer de M. le maréchal de Grammont.

Louis XIV fit un éloge si pompeux de la conduite de MM. de Monaco et de Guiche que trois autres chevaliers, MM. de Caroye, d'Harcourt et de Coislin demandèrent à aller servir comme volontaires sous les ordres de Ruyter. Ils acquirent aussi leur part de gloire comme on le verra plus tard. C'est aussi à cette circonstance que le célèbre Jean Bart dut de passer au service de la Hollande, car ce fut lui qui les conduisit à bord du vaisseau *les Sept-Provinces*, sur lequel il fut enrôlé sur sa demande.

La flotte hollandaise, composée de plus de quatre-vingts navires de guerre, était dans ce moment mouillée à la hauteur des bancs d'Harwich. Peu de jours après l'arrivée des volontaires, Ruyter mit à la voile pour aller à la recherche de la flotte anglaise. Les deux flottes se rencontrèrent le 4 août dans les eaux du sud Foreland et les bancs de Flandre où elles mouillèrent. Les préparatifs de combats se firent pour le lendemain. Au lever du soleil, la flotte anglaise s'avança sous voile par une jolie brise de nord-est-quart-ouest. Cependant l'action ne s'engagea que sur le coup de midi. Bientôt après, les deux flottes disparurent au milieu d'un nuage de fumée, et l'on n'entendit plus qu'un bruit effroyable causé par l'artillerie. Le feu ne cessa que vers les neuf heures du soir. Ruyter fut blessé au bras d'un éclat de boulet. Quoique ses vaisseaux fussent très-endommagés comparativement à ceux des ennemis, il n'en accepta pas moins la bataille le lendemain matin. La flotte anglaise, profitant du vent, arriva sur lui en forme de croissant et manœuvra pour le cerner. Le combat s'engagea aussitôt sur toute la ligne. Dès le commencement de l'action, comme Ruyter se levait du siége où il venait de conférer avec le capitaine Van-Nès, une volée de canon passa et emporta le siége. Le danger auquel l'amiral venait d'échapper, par un hazard providentiel, se répandit bientôt sur toute la flotte et redoubla l'ardeur des matelots, qui firent des prodiges de valeur. La canonnade durait depuis plusieurs heures lorsqu'un cri terrible : *Un brûlot!* se fit entendre sur *les Sept-Provinces*. Cette nouvelle jeta un peu de tumulte à son bord ; mais l'air calme de Ruyter, qui était là, sa trompette de marine à la main, armé d'une cuirasse et d'un morion, et le sang-froid avec lequel il commanda la chaloupe des palanquins à la mer rassura bientôt tout le monde. Cette chaloupe, sous les ordres de maître Lely, montée par MM. de Caroye, d'Harcourt, de Coislin, Jean Bart et quelques autres matelots, et armée à l'avant d'un canon de coursier de galère, avait pour mission d'aller à la rencontre du brûlot et de le couler. Chaque matelot avait à la ceinture un pistolet, un coutelas et une hache d'abordage, et un mousquet aux pieds. Abritée par les flancs du vaisseau, et enveloppée dans une vapeur jaune et épaisse comme la brume de mer, tant la fumée de la poudre était compacte, la chaloupe put facilement être cachée aux regards des officiers du brûlot. L'acalmie qui régnait en ce moment lui permit aussi de manœuvrer droit sur le brûlot. Enfin sur un signe que fit Ruyter avec sa trompette marine, maître Lely s'écria d'une voix terrible :

— *Débordez, enfants.*

Au même instant, les Sept-Provinces lui envoya une volée qui jeta à bas toute la mâture. Presque aussitôt les matelots de l'avant de la chaloupe, qui se trouvait bord à bord du brûlot, inondèrent le pont de leurs grenades, qui le nettoyèrent malgré une volée de mitraille qui atteignit maître Lely et lui emporta la cuisse gauche. Ce brave matelot n'en continua pas moins à gouverner la barre placée sous son bras, se faisant indiquer la manœuvre par Jean Bart, qui, monté bravement sur un banc, lui disait de loffer ou d'arriver, selon la circonstance. La lutte devint des plus acharnées de part et d'autres. Tout-à-coup Jean Bart cria que la chaloupe du brûlot débordait.

— Sciez, sciez... babord, commanda Lely de sa voix tonnante, et, se levant à genoux malgré sa blessure, il vira de bord en criant : — *Avant partout*, le brûlot va sauter.

En effet, trois minutes après au plus, le brûlot s'abîmait avec un fracas épouvantable.

— A l'Anglais, s'écria de nouveau Lely, à l'Anglais! dirigeant la barre sur la chaloupe du brûlot qui présenta bravement le travers. La lutte commença alors corps à corps et, après une défense héroïque, la chaloupe du brûlot fut amarinée.

Le combat se maintint avec le même acharnement jusqu'à la nuit. Cependant Ruyter jugea à propos de battre en retraite, et les Anglais étaient tellement endommagés eux-mêmes qu'ils n'osèrent pas le suivre.

On raconte que le célèbre peintre, Guillaume Vanden Velde qui était l'ami intime de Ruyter, était à bord du vaisseau *les Sept-Provinces*, et que quand la chaloupe fut mise à l'eau pour aller attaquer le brûlot, emporté par la passion de son art, il prit place à l'arrière, armé de parchemin et de son crayon, et qu'il fit une espuisse de ce combat terrible sous une pluie de balles et de mitraille.

Ce fut à cette époque que l'amiral de Ruyter reçut la nouvelle de la mort de sa plus jeune fille, victime de la peste qui régnait alors à Flessingue, et dans le même moment, M. de Caroye fut chargé, par M. d'Estrades, de lui remettre une lettre, par laquelle Louis XIV lui conférait l'ordre de Saint-Michel. La cérémonie se fit avec la plus grande pompe possible. M. d'Estrades lui remit ensuite un magnifique portrait de Louis XIV, dont la garniture en diamants n'était pas évalué à moins de trente mille francs, puis une grosse chaîne d'or d'un travail merveilleux, à laquelle était suspendue une médaille ayant d'un côté le buste du roi et au revers un soleil levant, avec sa devise : *Nec pluribus impar*.

Le comte d'Estrades lui dit en même temps.

— Le roi mon maître m'a aussi remis cette lettre pour vous, monsieur l'amiral, mais en me donnant l'ordre d'en faire lire à haute voix le contenu, afin que chacun sache et connaisse ce que votre modestie voudrait peut-être céler.

Or voici ce qui fut lu à haute voix.

— « Aujourd'hui, vingt-deuxième jour d'août 1666, le Roi étant à Vincennes, bien informé des importants et recommandables services que rend depuis plusieurs années le sieur Ruyter aux sieurs états-généraux des Provinces-Unies des Pays-Bas, qui lui ont fait mériter la charge de leur amiral, et voulant lui départir des effets de son estime qui correspondent à

La mer.

l'estime que Sa Majesté fait de sa personne, et aux preuves qu'il a si souvent données de sa valeur et de sa grande expérience au fait de la guerre et du commandement des armées navales ; Sa Majesté lui a fait don par le présent brevet de son portrait enrichi de diamants, et d'une chaîne d'or, et, désirant par ce témoignage faire connaître au public la considération qu'elle fait du courage et des talents extraordinaires qu'elle a reconnus en la personne du sieur Ruyter, elle a cru qu'en cette rencontre elle ne pouvait le faire plus avantageusement qu'en prenant soin que cette marque d'honneur soit conservée dans sa famille. Pour cet effet, Sa Majesté a ajouté cette condition, et a déclaré et entendu, entend et déclare bien expressément, qu'après la mort dudit sieur Ruyter, son dit portrait enrichi de diamants, ensemble ladite chaîne d'or passent et appartiennent au sieur Angel de Ruyter, son fils aîné, sans que les autres enfants et héritiers y puissent prétendre aucune part ; en quoi Sa Majesté s'est portée d'autant plus volontiers qu'elle a déjà conçu une fort bonne opinion du mérite personnel dudit sieur Angel de Ruyter, qui lui donne lieu d'espérer qu'il héritera de toutes les grandes qualités d'un si illustre père, et c'est par cette considération que Sa Majesté a voulu lui donner en son particulier des preuves de sa volonté ; et pour témoignage d'icelle elle m'a commandé d'en expédier le présent brevet, qu'elle a voulu signer de sa main, et être contresigné par moi son conseiller et secrétaire d'état, et de ses commandements et finances. » Louis. »

La fin de la lecture de cette lettre fut accueillie par les murmures les plus flatteurs, et le vieil amiral, plein d'émotion, serrant la main de M. d'Estrades avec la franche cordialité de marin, s'écria :

— Hormis ce que je dois aux Provinces-Unies, dites bien au roi de France que je serai toujours à lui comme le plus fidèle et le plus dévoué de ses serviteurs.

Quelques temps après, Ruyter surprit la flotte anglaise dans le port de Chatam et la détruisit presque entièrement. Cet échec de l'Angleterre amena enfin la paix, qui fut signée à Breda, le 31 juillet 1667.

Le 22 du mois de mai 1670, à l'instigation de *Madame* (Henriette d'Angleterre, fille de Charles Ier, et sœur de Charles II, roi d'Angleterre), un traité d'alliance entre Louis XIV et Charles II fut signé, et la guerre fut déclarée aux États-Généraux des Provinces-Unies des Pays-Bas dans les premiers jours de l'année 1672.

Ruyter ayant reçu le commandement de la flotte, partit de la Meuse le 29 avril. Chemin faisant, il reçut une lettre de M. Corneille de Witt (frère de Jean de Witt), ruart de Putten, et député plénipotentiaire des Provinces sur la flotte, qui lui donnait avis de venir au Texel joindre une partie de l'armée qui y était au mouillage. Ruyter fit son entrée le 3 mai.

Dès le lendemain, un ordre des députés des États lui enjoignit de hâter l'équipement et la sortie de l'armée. Les pilotes du Texel furent immédiatement requis de sortir la flotte par Spanjaarts-Gat (*le passage espagnol*). Ces derniers refusèrent de hasarder dans ce chenal les *Sept-Provinces* et les deux autres pavillons amiraux, prétendant qu'il n'y avait pas assez de fond pour des vaisseaux d'un aussi haut bord.

Ruyter et de Witt, qui avaient une connaissance parfaite de cette côte, et qui savaient également qu'il n'y avait aucun danger, ne purent vaincre leur opiniâtreté. Ruyter, qui avait conçu le projet de descendre au plus tôt dans la Manche pour s'opposer à la jonction des flottes française et anglaise, comprenait les conséquences fâcheuses qu'un plus long débat pourrait entraîner. Aussi prenant avec lui M. Jean de Witt, son premier pilote, et un des pilotes récalcitrants, il se jeta dans une chaloupe, et alla s'assurer du sondage du Spanjaarts-Gat. L'opération dura trois heures. Pendant ce temps une grande agitation régnait sur toute la flotte. Toutes les lunettes étaient braquées sur la pointe du Texel, dans l'espoir de la voir doubler à chaque instant par l'amiral. Les quelques rafales de la brise expirante et la pluie froide qui tombait en assez grande abondance ne purent disperser les groupes assemblés sur la dunette, tant était grande la curiosité et même l'inquiétude à bord.

Enfin la vigie du grand mât des *Sept-Provinces* signala le pavillon amiral qui flottait à l'arrière de la chaloupe. Cette nouvelle fut accueillie par un hourra général. La joie des spectateurs était impossible à décrire. L'embarcation, poussée par un vent frais et s'inclinant gracieusement sous ses voiles, arriva bientôt à poupe du vaisseau amiral. Ruyter, debout à l'arrière de la chaloupe, le regard animé, ses cheveux blancs au vent, ruisselant d'eau de mer et de pluie, et faisant un porte-voix de ses mains, ne put s'empêcher de crier aux députés et aux officiers, avidement penchés sur la galerie :

— Quarante-cinq pieds d'eau au plus bas fond, j'en étais bien sûr !

Arrivé sur le pont, Ruyter, dont l'irritation était à son comble, marcha droit au groupe de pilotes :

— Eh bien ! messieurs, leur dit-il, vous voyez les conséquences de votre opiniâtreté. Votre refus n'a point d'excuses, et votre conduite m'oblige de vous renvoyer prisonniers au Texel, laissant à votre collége le soin de décider de votre sort, car elle demande un exemple éclatant.

Les vents contraires empêchèrent Ruyter de quitter le mouillage du Texel avant le 9 mai, et de rallier la flotte qui l'attendait sous voile au dehors du Texel. Cette flotte était composée de soixante-sept voiles. Ruyter la divisa en trois escadres, se réserva le commandement de celle du centre, forte de seize vaisseaux, quatre frégates, quatre yachts et six brûlots, mit l'avant-garde, composée de quinze vaisseaux, quatre frégates, six yachts et six brûlots, sous les ordres du lieutenant-amiral Van-Gent, et l'arrière-garde, composée de vingt vaisseaux, trois frégates, trois yachts et cinq brûlots, sous les ordres du lieutenant-amiral Baukert.

Il partagea l'escadre du centre en trois divisions, et une fois en pleine mer, les *Sept-Provinces*, sur lequel flottait son pavillon, fut mis en panne, et il manda à son bord les commandants des deux divisions, MM. le lieutenant-amiral Van-Nès et le lieutenant-amiral de Liefde.

— Messieurs, leur dit Ruyter, j'ai cru devoir vous faire connaître les intentions de monsieur le plénipotentiaire et les miennes relativement à la campagne que nous allons entreprendre; M. Andriga, mon secrétaire, va vous en donner lecture, je vous prie de les écouter avec la plus grande attention.

Ordre et instruction donnée par le lieutenant-amiral de Ruyter aux officiers qui sont sur la principale escadre de l'armée distribuée en trois divisions, auquel ordre ils seront tenus de se conformer exactement :

« La première division, consistant en sept navires, un yacht
» deux brûlots, sera commandée par le lieutenant-amiral Van-
» Nès; la seconde, étant de sept navires, un yacht et deux
» brûlots, sera commandée par le lieutenant-amiral de Ruyter;
» la troisième division, consistant en six navires, deux yachts
» et deux brûlots, sera commandée par le vice-amiral de
» Liefde.

» Lorsqu'on fera vent arrière ou vent largue, le lieutenant-
» amiral Van-Nès, avec sa division, se tiendra à tribord du
» lieutenant-amiral de Ruyter; en ce cas, le lieutenant-amiral
» de Liefde se tiendra de la même manière à bâbord.

» Mais lorsqu'on ira à la bouline (au plus près du vent), le
» lieutenant Van-Nès, avec sa division, fera la tête de l'esca-
» dre; le lieutenant-amiral Ruyter étant au milieu, et le lieu-
» tenant-amiral de Liefde, avec la sienne, fera la queue. En
» changeant de bord, les vaisseaux qui seront le plus de l'ar-
» rière vireront toujours les premiers, en sorte que le vice-
» amiral de Liefde se trouvera alors à la tête du lieutenant-
» amiral de Ruyter, et le lieutenant-amiral Van-Nès à la
» queue; ainsi, toutes les fois qu'on revirera de bord, la divi-
» sion de l'avant se trouvera être à l'arrière, et celle de l'ar-
» rière sera à l'avant, chacun gardant d'ailleurs son rang. —
» Le même ordre sera tenu par chaque vaisseau en particu-
» lier lorsque les divisions mettront à l'autre bord, et par les

» divisions à l'égard des escadres entières. Mais les brûlots et
» yachts se rangeront toujours proche de l'arrière de chaque
» navire ou de la division où ils sont ordonnés par ces pré-
» sentes : les premiers, afin qu'à la faveur de la force et de la
» fumée de leurs canons, ils puissent être adressés avec réso-
» lution et succès ou à ceux des navires capitaux des ennemis
» qui pourraient avoir abordé les nôtres; et les yachts, afin
» qu'ils puissent porter les avis et résister aux brûlots des
» ennemis en faisant tous leurs efforts pour les détruire, et
» afin que, si quelqu'un de nos vaisseaux étant coulé à fond
» ou brûlé, ils tâchent d'en sauver les équipages, sur peine
» aux officiers, à faute de ce faire, d'être exemplairement punis
» en leur personne.

» Fait à bord des *Sept-Provinces* naviguant devant la pace
» du Texel, au sud-ouest quart au sud, le 9 mai 1672.

» Signé : C. de WITT, Michel ADRIANZ de RUYTER ».

— Cette instruction, messieurs, dit Ruyter, après cette lecture terminée, — doit être votre règle de conduite : en agissant ainsi en parfait accord, nous pouvons espérer d'amener cette guerre à bonne fin.

— Oui, Messieurs — ajouta Corneille de Witt — avec l'aide de Dieu, et votre énergique secours, nous soutiendrons bravement l'honneur de notre drapeau. Souvenez-vous d'ailleurs de Chatan et de Goéré, où le brave amiral qui vous commande vous conduisit à la victoire.

— Vous pouvez compter sur tout notre bon vouloir, répondirent MM. Van-Nès et de Liedfe.

Ruyter donna encore quelques instructions relatives aux signaux, et les amiraux retournèrent à leur bord. Puis s'adressant à son chef de pavillon.

— Monsieur Gent, faites le signal à l'escadre d'imiter ma manœuvre, et dites à M. Ziéger de mettre le cap est-sud-est quart sud.

Quelques instants après, la flotte **hollandaise** s'avançait sous toutes voiles dans la Manche pour empêcher la jonction des escadres alliées.

Mais, ainsi que l'avait prévu Ruyter, il était trop tard; l'ignorance ou l'opiniâtreté des pilotes du Texel eut des suites irréparables, comme on va le voir.

En effet, les flottes française et anglaise réunies étaient au mouillage dans la baie de *Solebay*. Elles étaient divisées en trois escadres : l'escadre blanche, ou avant-garde, commandée par le vice-amiral d'Estrées; l'escadre rouge, ou corps de bataille, commandée par M. le duc d'York; l'escadre bleue, ou arrière garde, commandée par le Comte de Sandwich.

Le 6 juin au matin, Ruyter se trouvait à dix milles du North-Foreland, où il apprit d'un bateau charbonnier la position de la flotte combinée. Il fit immédiatement force de voiles dans cette direction, dans l'espoir de surprendre le duc d'York au mouillage. Peu s'en fallut que son espérance ne reçut un plein succès.

En effet, le 7 au matin, la frégate *l'Eole,* qui était en croisière pour surveiller les ennemis, découvrit, dès le lever du soleil, la flotte hollandaise qui s'avançait sous toutes voiles. Au cri poussé par la vigie : Voici l'ennemi, le capitaine, M. de Cogolin, braqua sa lunette vers le point indiqué pour s'assurer que ce n'était point une fausse alerte; et presqu'au même moment:

— Maître, faites virer de bord, — s'écria-t-il d'une voix tonnante. — Couvrez *l'Eole* de toutes ses voiles, et la barre droit à Solebay. — Canonniers, à vos pièces, — cria-t-il encore — et faites feu de toute votre artillerie. — Mes enfants, ajouta-t-il, que *l'Eole* parle aux yeux et aux oreilles de nos camarades de Solebay qui ne s'attendent pas à commencer sitôt le branle.... Courage, enfants!.... Courage! si nous arrivons à temps, *l'Eole* aura sauvé l'armée? Son pressentiment n'était que trop fondé; car le duc d'York et le comte d'Estrées étaient encore couchés au moment où il accosta leurs navires ; de plus, une partie des équipages était allée à terre, et les barques longues de l'escadre française y étaient mouillées pour le service de l'eau.

Sans nul doute, par sa vigilance, le capitaine Cogolin sauva l'armée, car, n'eût été l'avis qu'il en donna, elle eût été surprise à l'ancre.

Sur l'ordre du duc d'York, le comte d'Estrées fit couper ses câbles, appareilla sans perdre de temps, et le branle-bas de combat retentit dans toute la baie.

A peine arrivait-il dans la passe de la baie, qu'il aperçut la flotte hollandaise, le cap droit sur la passe et sur une seule ligne. Le comte d'Estrées laissant arriver vers le sud, l'action s'engagea au nord entre les flottes anglaise et hollandaise.

Les relations de ce combat sont contradictoires. Chacun des chefs la fit à bon point de vue ; voici celle de l'amiral de Ruyter, ou du moins les passages les plus intéressants, extraits de sa vie. . . . .
. . . .

» Ruyter, de qui l'escadre gouvernait sur l'escadre rouge, dit à son premier pilote : *Pilote Zeger*, *voilà notre homme*, montrant du doigt le duc d'York. Le pilote, ôtant son bonnet, répondit, à la matelotte : *Monsieur, vous allez le rencontrer*. Et, en disant cela, il arriva droit sur lui ; jusqu'à une portée de mousquet. Alors l'amiral anglais vint lui prêter le côté, et lui envoya une bordée, à quoi le Hollandais répondit de toutes les siennes, ce qui couvrit l'air d'une si épaisse fumée, qu'il n'y eut plus moyen de rien apercevoir, le peu de vent même qu'il faisait étant tout à fait tombé dans ce moment là ; comme si c'eût été sous les coups qu'on avait tirés. Il est impossible de en représenter ni même de s'imaginer toute l'horreur du combat qui suivit cette première décharge. *Les Sept-Provinces* et l'amiral anglais furent pendant plus de deux heures au côté et sous le feu l'un de l'autre, tant qu'ils en demeurèrent tous désemparés. Le canon de Ruyter fut si bien servi, que des mousquets n'eussent pu tirer plus vite, et qu'enfin, sur les neuf heures, le grand mât de hune du duc d'York fut abattu avec son pavillon rouge ; et il aurait alors couru grand risque d'être abordé par des brûlots, si le calme ne les en eût pas

empêchés. Il prit donc en cet instant le parti d'arriver et de se séparer de Ruyter ; mais sa place fut bientôt remplie par plus d'un grand navire de son parti. Cependant il fut obligé de passer à bord du *Londres* et d'y faire transporter son pavillon, qui y fut arboré ; mais depuis il ne se rapprocha plus de l'amiral de Hollande. A peu près en ce même temps, le capitaine Eugel de Ruyter, qui combattait en son poste dans la division de son père, fut si fort blessé d'un gros éclat à l'estomac, que, deux ou trois jours après, il ne pouvait plus ni parler ni faire entendre aucune forme de voix. Ses lanternes à cartouches avaient été vidées et remplies deux fois pendant le combat. . . . . , ...
. . . .

» Il faut maintenant passer aux autres circonstances de cette mémorable bataille. Dès le commencement, le lieutenant amiral Van-Nès, avec quelques vaisseaux de sa division, porta sur le vice amiral et le contre amiral de l'escadre rouge ; et, en leur faisant sa décharge, il courut le même bord qu'eux au nord ; mais le calme devint si grand au parage où ils étaient, qu'ils ne faisaient que dériver les uns parmi les autres ; et, qu'il était impossible que les vaisseaux fissent assez de mouvements, on pour s'écarter, ou pour avancer, ou pour reculer. Ainsi Van-Nès et le vice amiral de l'escadre rouge anglaise furent tout proches et flanc à flanc l'un de l'autre pendant une heure et demie, faisant un feu continuel, chacun sur son ennemi. Au même instant, Van-Nès perdit de vue le capitaine Braakel, la fumée l'empêchant de plus rien voir tant soit peu loin de son bord ; et lorsqu'elle commença à se dissiper, il aperçut des vaisseaux coulés bas ; ce qui lui fit soupçonner que celui de ce brave capitaine pouvait être de ce nombre.

. . . .

Sur le midi, *le Royal-Catherine*, navire anglais, monté de quatre-vingts pièces de canon, et commandé par le Jean Chichely, fit chapelle à l'avant du lieutenant amiral Van-Nès, sans pouvoir ni venir au vent ni arriver : ainsi ils dérivèrent longtemps, l'un proche de l'autre en s'envoyant sans cesse leurs bordées. Alors un brûlot de la division Van-Nès se faisant nager vers l'Anglais, celui-ci baissa l'enseigne de poupe et voulut se rendre. . . . .

» Jean Van Braakel, qui commandait *la Grande-Hollande*, et qui était, comme on l'a vu, l'un des six ordonnés pour se mettre un peu de l'avant de l'escadre de Ruyter, afin d'adresser chacun un brûlot, fit ce jour-là une action d'une hardiesse étonnante, telle qu'il ne s'était encore rien vu de pareil dans un combat, néanmoins sans ordre, et peut-être un peu contre l'ordre, mais pourtant d'une grande conséquence. Suivant les ordres prescrits, son rang était de combattre dans l'escadre de Ruyter, et dans la division de Van-Nès, contre les vaisseaux de l'escadre rouge ; mais, au commencement du combat, s'étant écarté sur la droite avec le brûlot de Dirk Munnik, il porta le cap au nord, vers Montagu, amiral de l'escadre bleue, et gouverna droit sur lui sans tirer un seul coup, quoique quelques Anglais le canonnassent de toute leur force pour l'empêcher d'avancer. Montagu, de son côté, faisait des décharges si terribles pour le détourner, qu'il semblait que c'était une grêle de boulets et de chevilles de fer qui tombât, et que leur chute fît bouillonner et élever la mer comme si elle eût été remplie de baleines. Mais Braakel, nonobstant qu'on lui tuât beaucoup de ses gens, ne tira pas un coup de canon qu'il n'eut abordé et accroché *le Royal-Jacques*, que montait Montagu, et qui avait fait ses décharges. Alors le Hollandais lui envoya à son tour toutes ses bordées, qui tuèrent une multitude de gens et en blessèrent encore davantage, les blessés jetant des cris horribles. A l'instant, il se livra un combat épouvantable entre les deux ennemis, dont les forces étaient bien inégales : Braakel paraissait auprès de Montagu comme une barque auprès d'un gros navire, car son vaisseau ne portait pas plus de trois cents hommes et de soixante deux pièces de canon, et l'amiral anglais portait mille hommes et cent quatre canons. Cependant le Hollandais demeura une heure et demie à son côté, faisant un feu continuel, et le réduisant dans un tel état qu'il se serait rendu, comme son lieutenant le rapporta depuis, si le vaisseau de Braakel avait porté un pavillon. Il reçut, à la vérité, des gens frais, qui lui furent envoyés dans des chaloupes, et tâcha, en sautant à l'abordage, d'accabler son ennemi par le nombre; mais quoique les Anglais fussent déjà sur le premier pont, les Hollandais ne tinrent pas moins ferme, et se défendirent d'en-bas sans plier. Toutefois, le vaisseau fut percé de tant de coups, et ses agrès furent si incommodés, qu'il ne pouvait plus porter de voiles; outre cela, Montagu coula à fond deux ou trois brûlots qui arrivaient encore sur lui. Cependant l'escadre du lieutenant-amiral Van-Gent étant aussi entrée en action, il y eut d'autres vaisseaux qui tombèrent sur Montagu, ce qui l'obligea de redoubler ses efforts pour couper les amarres et se déborder de Braakel, à quoi ayant enfin réussi, le capitaine hollandais dériva tout désemparé; mais quoique l'amiral anglais se fût dégagé de lui, il n'était pourtant plus en état de se défendre. Il ne laissa pas néanmoins de se maintenir, et de donner les dernières preuves d'une valeur infortunée jusqu'à midi, que le vice-amiral Swers, ayant cru l'aborder, vit que Jean Danielz Vanden Ryn, commandant le brûlot *la Paix*, arrivait aussi sur lui; et à cette vue, changeant de dessein, il se retira après lui avoir envoyé sa bordée et laissa agir le brûlot, qui, jetant les grappins à ce superbe vaisseau, le réduisit aussitôt en cendres, spectacle également digne de la compassion des siens et de ses ennemis..... Les matelots se jetèrent à la mer à centaines, tâchant d'éviter le feu par l'eau. L'amiral Montagu voulut se sauver avec son fils dans la chaloupe; mais la multitude des matelots qui s'y jetèrent en même temps la firent enfoncer, de sorte qu'il périt misérablement avec son fils, ou, comme d'autres ont rapporté, avec ses deux fils..... Pour le commandant Vanden Ryn, de qui le brûlot avait mis le feu au vaisseau de Montagu, il reçut, dans la suite, avec son équipage six mille livres de récompense. Le lieutenant-amiral, Van Gent, irrité contre les Anglais qui avaient demandé qu'il fût puni pour n'avoir pas voulu baisser pavillon devant le yacht *le Merlin*, porta avec ardeur sur l'escadre bleue, et perça au travers avec tant de courage, qu'il y jeta l'épouvante ; mais une demi-heure après le commencement du combat, il fut malheureusement atteint d'un boulet qui lui ôta la vie, et priva les Etats d'un de leurs meilleurs officiers. C'est ainsi que mourut le vaillant Guillaume-Joseph baron de Gent, lieutenant-amiral de Hollande sous le collége de l'amirauté d'Amsterdam, et colonel du premier régiment des troupes de l'Etat, issu d'une noble famille de Gueldres, et qui comptait parmi ses ancêtres le fameux Martin Van Rossem, ce foudre de guerre, et parmi ses oncles, Walraven et Oton, baron de Gent, célèbres par leurs belles actions dans la guerre contre l'Espagne, mais particulièrement ce dernier, connu sous le titre de seigneur de Dieden, sous lequel il se signala à la prise de Wesel, l'an 1629.

. . . .

» L'amiral Baukert avait de son côté mis le cap sur l'escadre blanche, composée principalement de Français, et le combat n'avait pas moins commencé rudement entre celles-ci ; mais le comte d'Estrées revira bientôt au sud, et, par ce moyen, il s'éloigna des Anglais. . . . .

» Cependant l'escadre rouge et celle de Ruyter continuaient à faire un feu épouvantable l'une sur l'autre ; mais enfin, faute de vent, on se trouva en état de ne pouvoir plus gouverner et de dériver les uns parmi les autres, si bien qu'à peine pouvait-on garder aucun ordre, et que les vaisseaux qui venaient s'aborder s'incommodaient d'autant plus qu'il était impossible de changer assez promptement de bord. Il se fit alors des deux côtés des exploits dignes d'une éternel mémoire. Un grand navire anglais monté de soixante-dix pièces de canon fut mis en feu par un brûlot, et deux autres furent coulés bas ;..... il y eut neuf ou dix brûlots hollandais détruits ou brûlés sans avoir pu faire aucun effet : les coups d'un seul navire anglais en brûlèrent cinq ou six. *Le Josué*, monté par le capitaine Jean Dick, fut coulé à fond. *Le Stavern*, monté par le capitaine Elzevier, qui se défendit vaillamment, fut néanmoins pris. Après la mort de Van Gent, son navire, et par conséquent la plus grande partie de son escadre, puisque chaque escadre observe et suit son pavillon, tint le vent sans faire presque aucun mouvement, et sans porter, comme auparavant, sur l'escadre bleue des Anglais. Ce fut à la plupart de ceux-ci une occasion de se joindre à l'escadre rouge, et d'aller fondre en si grand nombre sur Ruyter qu'ils espérèrent l'accabler ; mais il ne tourna jamais la barre du gouvernail pour arriver devant l'ennemi, et le combat n'en devint que plus violent et plus opiniâtre. Ensuite Panhuis, capitaine des troupes, se rendit à son bord ; et ayant secrètement informé le ruart de la mort de Van Gent, il eut ordre de garder le secret et de faire en sorte que, le même navire continuant à porter le pavillon amiral, on prît soin de le conduire avec tant de précaution, qu'on ne pût rien apercevoir du changement qui était survenu. Panhuis retourna donc à son bord avec cet ordre, et, à sa venue, il fit arriver de nouveau l'escadre de Gent sur les ennemis, et alors on vit redoubler la chaleur du combat. Au commencement, Ruyter avait gouverné au sud, mais ensuite les Anglais ayant viré au nord, Ruyter revira aussi, et, ayant couru près de deux heures le même bord qu'eux, il les serra si fort contre le rivage, qu'ils furent contraints de revirer au sud ; ce qu'il fit aussi en même temps, courant si près de terre que, lorsqu'il fut un peu dégagé de la fumée qui l'environnait, il pouvait distinctement, de son bord, apercevoir les maisons et les hommes. Les Anglais, ayant porté le cap au sud, forcèrent de voiles pour gagner le vent de l'escadre de Ruyter, qui, voyant leur manœuvre, et s'apercevant de leur dessein, fit tous ses efforts pour conserver tout son avantage. . . . .

» Cependant on combattait sans relâche. Jean Herman, contre amiral de l'escadre rouge, officier brave et courageux, fut longtemps, avec quelques autres des siens, au côté ou proche de Ruyter, faisant un feu furieux, à quoi le général ne manqua pas de répondre de même. . . . .

» La nuit qui survint termina cet opiniâtre combat. Le lieutenant amiral Bankert, qui s'était attaché à l'escadre blanche et qui lui avait donné la chasse, se rendit dès le même soir avec la sienne sous le pavillon. Il avait été blessé à la jambe, et il fut contraint de garder le lit pendant quelques jours. C'est ainsi que cessa l'effusion du sang qui se fit en cette cruelle journée, de laquelle dépendait la destinée des Provinces-Unies. Le général Ruyter déclara qu'il *s'était trouvé en beaucoup de batailles, mais qu'il n'en avait jamais vu de si terrible, ni qui eût duré si longtemps.* . . . , ...

» Le général Ruyter, qui aurait bien voulu pousser plus loin l'avantage qu'il avait déjà eu, fit toute la nuit, avec son armée, le sud-sud-est par un vent d'est, afin de rejoindre au matin les ennemis.

. . . . , ...
. . . . . . « A la pointe du jour, Ruyter découvrit les Anglais, fort de près de cinquante voiles, droit au nord-ouest, à trois lieues de lui. Sur les huit ou neuf heures, ayant viré au nord, il vit peu après toute l'armée royale au nord de la sienne, forte d'environ cent voiles. Vers les onze heures, il revira à l'est-sud-est par un vent frais d'est-nord-est, et navigua ainsi tout le jour à une lieue des ennemis, qui étant toujours au vent et éloignés des Hollandais, continuaient à courir le même bord qu'eux, sans vouloir arriver ou sans l'oser. »

Cette seconde journée prouve clairement que l'avantage de la première appartenait aux Hollandais. Le ruart et Ruyter jugèrent également à propos de diriger l'armée vers la Zélande, soit pour se radouber, soit pour prendre de la poudre et des boulets dont plusieurs vaisseaux manquaient presque entièrement.

» Sur les sept heures, on laissa tomber l'ancre, et chacun s'occupa à jumeller, à surlier et à roster ses mâts et ses vergues, à épisser les cordages, et à préparer tout ce qui était nécessaire. Les ennemis étaient alors à quatre lieues nord-nord-ouest des Hollandais, sur lesquels ils pouvaient arriver arrière tandis qu'ils étaient à l'ancre ; mais il parut bien en ce moment que ce n'était pas ce qu'ils cherchaient. Après cela, l'armée des Etats vint ancrer au nord-nord-ouest de l'île de Walcheren, Westcapel lui demeurant à quatre lieues sud-sud-est.

L'année seize cent soixante douze se passa sans aucun fait nouveau. Mais, l'année suivante, les trois flottes se livrèrent deux nouveaux combats non moins terribles, près les bancs de Flandre, le premier le 7 juin, un an jour pour jour après le combat de Solybay (Soutwold-Bay), et le second le 21 août.

Le 3 juin, les flottes combinées, se trouvant par le travers des bancs d'Ostende, découvrirent la flotte hollandaise qui était à l'ancre à Deurloo. M. le prince Rupert, qui commandait en chef l'armée des alliés, réunit les officiers généraux en conseil, et l'attaque fut décidée pour le lendemain. Mais la violence des vents causa une tourmente qui dura jusqu'à la nuit du 6 au 7, de sorte que le signal ne put être fait que le 7 au matin.

Les forces françaises et anglaises furent divisées en trois escadres. L'escadre blanche au corps de bataille commandée par M. le comte d'Estrées; l'escadre rouge ou aile droite commandée par le prince Rupert, l'escadre bleue ou aile gauche commandée par le chevalier E. Spragge.

Du côté des Hollandais, M. de Ruyter était au corps de bataille, M. Tromp à l'avant-garde, et M. Bankert à l'arrière-garde.

Ruyter fit lever l'ancre et fit le signal de porter droit sur l'ennemi. L'action s'engagea à l'avant-garde; mais le danger où se trouvait M. Tromp par l'impétuosité de l'attaque du prince Rupert força Ruyter à venir à son secours. M. le comte d'Estrées, voyant le mouvement, marcha droit à Ruyter. Au même instant, l'arrière-garde hollandaise, vigoureusement poussée par huit ou neuf navires français, eut un moment de désordre qui pensa lui devenir fatal. Mais Ruyter, à qui rien n'échappait, revira pour en rallier les navires et la secourir, et, par contre coup, pour couper et percer la ligne de l'armée alliée entre le contre amiral et le vice amiral de l'escadre blanche. Vingt-cinq vaisseaux environ imitèrent sa manœuvre, et, comme on comprit ses intentions, on l'attendit en le tenant sous le vent, en sorte qu'il fut obligé de plier pour ne pas se laisser gagner au vent. Il y eut un moment où Ruyter, qui avait été obligé d'arriver, se trouva mêlé avec tous les vaisseaux français qui étaient sous le vent, et une partie de l'escadre bleue, séparée de la sorte de son avant-garde, et entièrement de Tromp, qui conservait le vent sur une partie de la division du vice amiral. L'approche des bancs de sable qui se trouvent dans ces parages furent en grande partie cause de l'espèce de pêle et mêle qui régna dans cette bataille où il se fit des prodiges de valeur et qui dura depuis six heures du matin jusqu'à la nuit.

Un coup de vent excessivement violent ayant séparé les deux flottes, Ruyter se réfugia dans le Texel. Les flottes combinées qui avaient été informées de ce mouillage par leurs vaisseaux de garde en prirent immédiatement la route, et le 21, dès la pointe du jour, le deux flottes se trouvèrent de nouveau en présence. Ruyter avait reçu l'ordre de protéger la flotte marchande qui revenait des Indes. Il devenait donc nécessaire pour lui de frapper un grand coup. D'un autre côté, une flûte de cette flotte venait d'être amarinée par un navire français, ce qui fit présumer qu'elle ne pouvait tarder à se montrer. Cette circonstance ne contribua pas peu à augmenter l'énergie des combattants : on se battit de part et d'autre avec le même acharnement depuis neuf heures du matin jusqu'à la nuit. L'abordage fut plusieurs fois tenté par les vaisseaux de l'escadre blanche, tant on se battait de près ; mais Ruyter, qui avait l'œil à tout, sut, comme toujours, se multiplier de telle sorte qu'il se trouvait constamment au plus fort de la mêlée; c'est ainsi qu'il sauva Tromp à deux reprises au moment où le comte d'Estrées allait se lancer à l'abordage.

Enfin si l'avantage de la journée demeura indécis, Ruyter n'en eut pas moins la gloire de conduire à bon port la flotte marchande qui était richement chargée, résultat qui avait bien son importance.

Pour l'intelligence des événements qui vont suivre, et dans lesquels Ruyter fut appelé à jouer un grand rôle, on doit consacrer quelques lignes aux causes qui les amenèrent.

A dater de 1442, la Sicile était passée tout à fait sous la domination des rois d'Espagne et d'Aragon. Par suite de mécontentements et de vexations de toute nature de la part du vice-roi, contre lesquels on réclama vainement auprès de la cour de Madrid, les Messinois supplièrent Louis XIV de les prendre sous sa protection. Pressentant tous les avantages qu'il pourrait trouver dans le soulèvement de Messine, il leur envoya le premier secours sous le commandement du chevalier de Valbelle. Dès ce moment, l'Espagne vit sa domination fortement compromise, elle fut même sur le point de la perdre.

Les Sept-Provinces en profitèrent pour proposer à Sa Majesté catholique de s'unir avec la République et de déclarer la guerre à la France, et le traité d'alliance fut conclu à Madrid, le 30 août 1673.

En conséquence de ce traité, le roi d'Espagne réclama l'intervention des forces navales de la République lors du soulèvement de Messine, et Michel Ruyter en reçut le commandement.

Avant de partir, au moment où il embrassa sa femme et ses filles, Ruyter, qui avait toujours fait preuve d'un sang-froid et d'un courage extraordinaires, ne put se défendre de sinistres pressentiments, et, tirant à part M. Bernard Somers, son gendre, il lui dit :

— *Mon cher fils, je vous dis adieu, et non pas simplement adieu, mais adieu pour jamais, puisque je ne crois pas revenir. Cette expédition ne s'achèvera pas que je n'y demeure, je le sens bien (Hist.).*

Le 16 août 1675, profitant des vents favorables pour sortir de Kellevœstrine, il leva l'ancre, prit le large, et arriva le 20 décembre à Mélazzo, où il attendit le contre-amiral de Haan qui était à Palerme avec neuf vaisseaux et qui n'arriva que le 31.

Ruyter ayant avis de l'arrivée de la flotte française qui était commandée par Duquesne, fit à sa flotte le signal de partance, le 1ᵉʳ janvier 1676, sans attendre les vaisseaux espagnols qui étaient dépourvus de leurs agrès, et alla croiser entre le Phare

La mer.

et les îles Stromboli, afin de fermer ce passage à Duquesne, et empêcher sa jonction avec la flotte qui était au mouillage devant Messine.

La flotte française arriva près de Stromboli, le 5, sans avoir été signalée par les Hollandais, de sorte que les deux flottes restèrent pour ainsi dire en présence depuis le 5 jusqu'au 8 janvier.

Ce jour-là Duquesne, profitant du vent, arriva sur Ruyter, et l'action s'engagea entre les deux vieux amiraux avec une extrême vigueur.

Voici la lettre que Ruyter écrivit aux États-Généraux à propos de ce combat.

. . . .

« Sur les trois heures après midi, suivant l'instruction générale et particulière que j'avais donnée, je fis le signal, afin que tous les hauts officiers, capitaines et commandants, avec leurs adjoints, vinssent à bord, ce qui s'exécuta incontinent; mais comme il commençait à faire brun, je jugeai que l'attaque devait se différer jusqu'au lendemain.

» Cependant j'exhortai chacun des officiers de se tenir prêts pour le combat du lendemain, 8, leur recommandant surtout qu'ils fissent bien leur devoir, à quoi ils étaient obligés par leur serment, par l'honneur de la patrie, et par l'espérance d'obtenir par là une paix sûre et honorable; ce qu'ils me promirent tous l'un après l'autre en me donnant la main.

» Dans le même temps, j'envoyai un bâtiment, qui est une espèce de demi-galère, avec un demi-banc, pour se porter entre la flotte française et la nôtre, et pour observer si nous tenions un même cours, lui donnant pour signal qu'il tirât un coup de canon à chaque tour d'horloge, et que, si les Français changeaient, il revînt, tirant à la fois toute son artillerie. A l'entrée de la nuit, il s'éleva un vent d'ouest-sud-ouest si fort, que notre demi-galère fut obligée de quitter son poste, ainsi que les neuf galères, qui se virent contraintes de se retirer à couvert sous l'île de Lipari, et, comme nous aperçûmes que les Français faisaient signal de se retirer, j'en fis un pareil. Néanmoins, à la pointe du jour du 8, nous les vîmes encore qui nous cotoyaient, et, le vent nous étant contraires de six lignes, ils l'eurent sur nous. Ainsi, au lieu que nous les cherchions, et que nous croyions qu'ils éviteraient le combat, ils donnèrent sur nous vers les neuf heures du matin ; mais en si bon ordre et si bien rangés, qu'ils nous parurent autant de braves qu'ils étaient d'officiers. Nous n'étions pas moins en bon état, et nous les attendîmes ; de sorte qu'une heure après les premiers vaisseaux des deux flottes commencèrent à se canonner. Après trois heures de combat, aussi opiniâtre qu'aucun où je me sois trouvé de ma vie, il vint un brûlot ennemi à mon bord à la faveur de la fumée et du canon de son vaisseau amiral ; nous l'aperçûmes par bonheur ; nous lui abattîmes son hunier, et, ne pouvant plus se retirer, celui qui le commandait le brûla lui-même ; une demi-heure après, il en vint un autre, qui fut pareillement démâté et brûlé. Ce rude combat, qui avait commencé par le contre-amiral Verschoor, commandant l'avant-garde, puis avec nous, et enfin avec le vice-amiral de Haam, conduisant l'arrière-garde, et qui ne put combattre que vers le soir, a duré plus de dix heures, toujours d'une pareille vigueur. Vers le soleil couchant, on rapporta avoir vu couler à fond un navire de guerre ennemi ; d'autres disent en avoir vu encore un autre ; mais ce n'est aucun des nôtres qui fasse ce rapport : ainsi, nous y ajoutons peu de foi. Sur la fin de la bataille, les neuf galères d'Espagne revinrent nous joindre, et nous rendirent de grands services, ayant passé toute la nuit avec nous.

» Tous les officiers de la flotte de vos Hautes-Puissances ont combattu vaillamment depuis le commencement jusqu'à la fin de l'action, à l'imitation des Français, qui ont fait des merveilles. Tous les navires, et particulièrement les miens ont beaucoup souffert, tant à la manœuvre que dans les flancs. Nous avons été occupés toute la nuit à raccommoder nos vergues avec des traverses, à boucher nos trous, à mettre de nouvelles voiles, à reclouer et à cheviller nos éclats : ainsi nous croyons pouvoir être en état de faire tête une seconde fois à nos enne-

mis, qui autant que nous le pouvons voir de nos hunes, sont à côté de nous pour nous attaquer de nouveau ; toutefois, le temps fut si calme qu'il ne fut pas possible de les pouvoir joindre. . . . .
. . . .
Le contre-amiral Verschoor a été trouvé parmi les morts avec plusieurs autres qui ont fini leurs jours dans le lieu d'honneur.

» Michel-Adrianz Ruyter.

» A bord du navire *la Concorde*,, sous voile à l'ouest de l'île d'Alicur, le 9 janvier 1676. »

» Ruyter ayant continué sa croisière pendant quelques jours sur les côtes de Sicile, revint se ravitailler à Naples, d'où il fit voile pour Palerme. Sa flotte étant augmentée de quatre vaisseaux et d'un brûlot espagnols, il partit de ce port, et jeta l'ancre à Melazzo le 20 mars. Il se dirigea de là sur Agosta qu'il espérait surprendre ; mais quand il sut qu'elle était commandée par M. de Mornas, et parfaitement sur ses gardes, il renonça à ce projet, d'autant plus qu'il reçut avis du marquis de Bayonne, que Duquesne était parti le 20 avril de Messine et qu'il avait passé en vue de Catania. Aussitôt Ruyter fit faire branle-bas de combat, car il s'attendait à être attaqué dès la première heure. Cependant la flotte française ne parut que le 22, ce qui donna le temps à la flotte hollandaise de sortir de la baie d'Agosta et de gagner le large

Un calme profond retint d'abord les deux armées en vue et sans mouvement, mais le vent commençant à souffler du sud sud-est, Ruyter laissa arriver sur les vaisseaux du roi, et le combat s'engagea à une demi-portée de canon, sur les quatre heures.

Comme une fatalité, les instructions des Etats lui enjoignaient d'obéir à l'amiral général du roi catholique, et lorsque don Francisco de la Cerda lui eut exprimé son intention d'occuper avec son escadre le corps de bataille, il eut le pressentiment de l'issue de cette fatale journée.

» Ruyter, voulant profiter du vent pour arriver vigoureusement sur la tête de l'armée française, dans l'espoir de la faire plier, la percer et la séparer du corps de bataille, prit le commandement de l'avant-garde qui devait être aussi le poste le plus périlleux. Le combat s'engagea donc par les avant-gardes ; le choc fut des plus terribles ; mais dès les premiers coups de canons des deux marins qui les commandaient, l'un fut emporté par un boulet : le brave d'Almeras, lieutenant-général, montant *le Lys* ; l'autre blessé à mort, le brave et vieux Ruyter. Pour bien juger de l'effet de son artillerie, il s'était placé sur la dunette de son vaisseau *la Concorde.* Il venait de donner l'ordre à son capitaine de pavillon de brasser les voiles sur les mâts, *lorsqu'un boulet lui enleva la plus grande partie du devant du pied gauche et lui cassa les deux os de la jambe droite, à la largueur d'une main, au-dessus de la cheville, les laissant tout brisés et fracassés ; la violence du coup le fit tomber de dessus la tengue* (dunette), *c'est-à-dire de la hauteur de sept pieds, sans toutefois se blesser qu'à la tête et peu dangereusement.* Ce furent les premières et dernières blessures de conséquence qu'il eût reçues en toute sa vie.

» La vue du sang qui coulait des plaies du général, de leur bon père, comme ils l'appelaient, ne servit qu'à animer les matelots et à faire redoubler leurs efforts contre les ennemis. Girard Kellenburg, son premier capitaine, ne cessa point d'exciter chacun à son devoir et donna si à propos ses ordres sur tout le vaisseau pour faire agir le reste des officiers avec les matelots et les soldats, que les amis et les ennemis ne purent s'apercevoir qu'il fût rien survenu à l'amiral ou qu'il ne fût pas présent.

» On a aussi rapporté qu'en effet Ruyter donna ses conseils en quelques occasions, et que, tout blessé qu'il était, il inspirait encore du courage à ses gens, leur criant chaque fois qu'il entendait les décharges de l'artillerie : « *Courage, mes enfants, courage ! c'est ainsi qu'il faut faire pour remporter la victoire.* » (Vie de Ruyter).

» La nuit mit fin à cette scène de carnage, et la flotte hellandaise se retira dans la rade de Syracuse. Duquesne y arriva le 29 avril avec sa flotte triomphante.

» *Ce jour là même, à cette heure-là même, le vieux Ruyter mourait de ses blessures.*

» La flotte hollandaise avait déjà fait disparaître les traces du combat du 22. Tout au fond du port, un grand navire contait seul par le désordre de sa mâture et le morne silence qui régnait à son bord. Ce vaisseau était absolument dans l'état où il se trouvait à la suite du combat. On avait suspendu tout travail à son bord de peur que le bruit ne troublât l'agonie du vieil amiral, car ce vaisseau était le sien, *la Concorde*.

On eut cependant un instant quelque espoir de le sauver, mais la gravité de ses blessures provoqua une fièvre si ardente que ses forces s'affaiblirent rapidement, et le 29, dit un vieil ami de Ruyter et son vieux compagnon, le pasteur Westorius, témoin de cette mort sereine et glorieuse, disait :

« Ce grand homme, qui, en tout temps et principalement en
» allant au combat, avait coutume de se préparer à sortir de ce
» monde s'il y était appelé, fit voir qu'il soutenait ce dernier com-
» bat avec constance, et qu'il envisageait la mort avec des yeux
» assurés ; plus sa fin approchait, plus il témoignait le désir
» d'être délivré ; il avait continuellement les mains jointes,
» priant Dieu de lui accorder une heureuse issue, et se ser-
» vant entre autres pour exprimer sa pensée du psaume 63 :
» *O Dieu! tu es mon Dieu! je te cherche dès le matin, mon*
» *âme a soif de toi, ma chair te souhaite dans une terre aride,*
» *altérée et sans eau.*

» Enfin, ce jour-là, sur le midi, commençant à avoir de la
» difficulté de proférer ses paroles, il désira que son pasteur
» Westorius fît la prière pour demander à Dieu une heureuse
» délivrance, et sur le soir, la parole ayant tout à fait manqué
» à l'amiral, lorsqu'on redoublait les mêmes prières, on
» voyait qu'il priait par ses soupirs ; ensuite il fut quelques
» heures sans parler et dans les dernières agonies de la mort
» jusqu'entre neuf et dix heures du soir qu'il rendit l'esprit
» doucement et tranquillement, en présence du pasteur Wes-

» torius, du contre-amiral Midellant, du capitaine Kallenburg
» et du comte de Styrun, qui, fondant en larmes, virent expirer
» leur vieux chef, qui mourut ainsi, le 29 avril 1676, dans
» la baie de Syracuse, sur son bord, âgé de soixante-neuf
» ans, un mois et cinq jours. . . . .
» . . . .
» Le corps de Ruyter fut embaumé pour être enterré à Rot-
» terdam ; mais ses officiers ayant témoigné aux ecclésiasti-
» ques de Syracuse le désir que son cœur fût inhumé dans
» leur église, ceux-ci refusèrent, disant qu'un membre de la
» religion réformée ne pouvait être placée en terre sainte.....
» Alors, le lendemain, le premier jour de mai, au soleil cou-
» chant, sans autre pompe que le deuil de toute l'armée qui
» pleurait le *bon père*, le cœur de Michel Ruyter fut porté à
» cent pas de Syracuse, et enseveli sur une petite colline de
» gazon gisant dans la baie et environnée de la mer. . . . .
» . . . .

C'est ainsi que se réalisa cette terrible prédiction de Ruyter, JE NE REVIENDRAI PAS DE CETTE CAMPAGNE !

Son corps fut transporté à Amsterdam, où les Etats-Généraux ordonnèrent l'érection d'un monument consacré à éterniser sa mémoire.

ABRAHAM DUQUESNE

— 1610 —

Duquesne naquit dans les environs de Dieppe en 1610. Cette ville était déjà célèbre dans nos annales maritimes ; elle avait produit nos plus hardis navigateurs ; Jean de Béthancourt, conquérant et roi des Canaries ; les Parmentier, explorateurs des côtes de Guinée et du Brésil ; Jean Ribaud, qui découvrit la Floride, et qui fut un des amiraux de Charles IX, et tant d'autres, parmi lesquels se distingua le père de Duquesne lui même. Le jeune Abraham, qui était destiné à les surpasser tous, s'exerça dès son jeune âge, et sa studieuse adolescence ne négligea aucune partie de l'art de la navigation. Il étudia la construction sous Charles Morin, qui est regardé comme le créateur de son art, et, à l'âge de dix-sept ans, il fit sa première campagne à l'attaque des îles Saint-Honorat et Sainte-Marguerite, que les Espagnols avaient conquises et fortifiées.

De même qu'Adrianz Ruyter, Duquesne était homme du peuple et professait la religion réformée, ce qui fut un grand et même l'unique obstacle à son avancement et à la récompense de ses services. Tous deux ils débutèrent dans leur rude carrière comme matelots. Parfaitement initiés dans l'art de la navigation, ils pouvaient commander en amiraux et se battre en capitaines ; moins heureux que Ruyter, Duquesne se trouva presque jusqu'à la fin de ses jours, en sous ordre, comme capitaine ou simple chef d'escadre et ne put, par conséquent, se livrer que très-tard à toutes ses inspirations stratégiques.

Son premier commandement fut celui d'un brûlot, poste excessivement périlleux, et concourut à la défaite et à l'incendie de la flotte espagnol dans le golfe de Cattaro. Duquesne eut l'honneur d'aborder le premier cette flotte ennemie, et M. de Sourdis, archevêque de Bordeaux et amiral, le fit récompenser par le grade de capitaine de vaisseau. Blessé, en 1639, à la prise de Lorédo, en Biscaye, il n'en suivit pas moins la flotte dans la Méditerranée et brûla un vaisseau espagnol qu'on radoubait dans le golfe de Naples sous la protection de deux batteries. Il aida à en relever cinq autres dans le port de Roses en Catalogne, et, après avoir exécuté diverses commissions sur la côte d'Espagne, il coopéra à la destruction de quarante galères dans les parages de Tarragone.

La mort de Richelieu et les guerres de la fronde furent des événements malheureux pour la marine française. Fatigué de son inaction, Duquesne fut autorisé par M. le Cardinal Mazarin, sous la régence de la reine Anne d'Autriche, à s'en aller servir le roi de Suède, qui lui confia aussitôt le commandement de ses forces navales. Il dirigea les manœuvres de la flotte avec tant d'habileté et il attaqua celle du Danemarck avec tant de vigueur qu'il la détruisit presque entièrement.

Le nom de Duquesne avait déjà un si glorieux retentissement en Europe que Christian IV, roi de Danemarck, apprenant qu'il commandait la flotte suédoise, se rendit à bord de l'amiral danois pour être témoin du combat qui fut sanglant, et si le roi, blessé la veille, ne s'était fait transporter à Gothembourg, il eût été fait prisonnier sur le vaisseau pavillon que Duquesne amarina après deux heures du feu le plus vif. Le grade de vice-amiral de Suède fut le prix de cet exploit.

Malgré les persécutions qu'il prévoyait devoir être exercées en France contre les calvinistes dont il professait les doctrines, Duquesne ne put résister à la voix de sa patrie ; le commandement d'une escadre destinée à l'expédition de Naples fut la récompense de ce dévouement. C'était la première fois qu'un tel honneur était cédé par les grands seigneurs du royaume à un homme d'une origine plébéienne.

L'expulsion du duc de Guise, que les Napolitains avaient en peu de temps couronné et trahi rendit l'expédition inutile. Duquesne ne pouvait s'accoutumer à l'inactivité que le malheur des temps imposait à son génie aventureux. Une occasion se présenta où il put de nouveau faire connaître son intrépidité et ses talents de grand marin : ce fut en 1650. Les Espagnols ravitaillaient par mer les Bordelais qui soutenaient la rebellion des partisans du prince de Condé contre le roi de France. Mazarin n'avait point de marine pour opposer aux Espagnols. L'influence de Duquesne sur les corsaires du ponant parvint en peu de jours à équiper à ses frais une escadre dont il prit le commandement, et alla fermer aux Espagnols l'entrée de la Gironde. Il rencontra sur sa route une flotte anglaise dont le commandant le somma de baisser pavillon.

— Le pavillon français, répondit cet intrépide marin, ne sera jamais deshonoré tant qu'il sera sous ma garde; le canon en décidera.

Un combat meurtrier commença aussitôt, et les Anglais furent forcés de lui livrer le passage. Il trompa la flotte espagnole, ferma l'entrée du fleuve, et contribua par ses savantes manœuvres à la capitulation de la ville rebelle. La régente Anne d'Autriche, n'ayant ni flotte ni argent pour payer un pareil service, donna à Duquesne l'île et le château d'Indret, auprès de Nantes. Le traité d'Aix-La-Chapelle ayant rendu un instant la paix à l'Europe, il visita tous les ports, pour augmenter ses connaissances théoriques.

Mais bientôt la guerre avec la Hollande fournit à notre héros l'occasion de se signaler par de nouveaux exploits. Les Banker, les Gallen, les Tromp et les Ruyter étaient les rivaux redoutables qu'il allait avoir à combattre. Sa gloire s'accrut avec les dangers, et alors commencèrent aussi ses déboires.

M. le comte d'Estrées, qui n'avait jamais servi dans la marine venait d'être nommé vice-amiral des armées navales.

Abraham Duquesne, d'un courage éprouvé, d'une grande expérience théorique et pratique, acquise par cinquante années de navigation ; d'un esprit fier, droit et rigoureusement juste, avait parfaitement la conscience de ce qu'il valait et des injustices qu'on lui faisait ; aussi se disait-il outrageusement traité en se voyant sacrifié à M. le comte d'Estrées. Aussi existait il une antipathie réciproque très-prononcée entre eux. Mais, malgré ses ennemis, sa religion et ses emportements, Colbert sentait tout le besoin qu'il avait de lui et ne manquait pas de le consulter sur toute matière importante, et Louis XIV le nomma enfin officier général.

Quant à l'éloignement de Duquesne pour M. d'Estrées, il était pleinement justifié par les dénonciations peu généreuses et surtout peu fondées que ce dernier avait faites contre lui, car il est bien permis de douter de la *peur* et de *l'ignorance incroyable* que d'Estrées reproche à Duquesne, ce vieux et intrépide praticien, dans son rapport du 24 octobre 1670, lorsque le roi l'envoya montrer le pavillon français aux îles du Cap-Vert.

Comme on l'a vu, la guerre venait d'être déclarée par la France et l'Angleterre à la Hollande. Louis XIV convoqua MM. Duquesne, d'Estrées, des Rabesnières, de Martel et Gabaret, les premiers capitaines de l'époque, pour leur faire part de ses projets et recevoir leur avis. Duquesne, fort de son savoir, rompit ouvertement en visière aux ministres, aux intendants, au roi lui-même, en déconseillant la guerre contre la Hollande ; il ne ménagea même pas son juron habituel : *cent diables !* au milieu de son discours.

— « Il représenta combien les ports de Brest et de Rochefort étaient exposés, le mal et les désordres que les brûlots pouvaient causer dans une escadre comme celle de France, qui depuis longtemps n'avait pas vu de combats généraux, et enfin fit une peinture fort vive de tous les accidents qui pouvaient arriver, sans dire les moyens de s'en garantir, si ce n'est qu'il proposa de faire armer à Dunkerque quelques barques longues pour défendre les pavillons contre les brûlots

— » Après le conseil, Duquesne donna de grands mémoires, dans lesquels il s'attacha surtout à persuader Colbert du peu de considération que d'Estrées avait pour lui, à dessein de rendre inutiles, ou du moins suspectes, les relations de son commandant dans le cours de campagne.

— » Il demanda aussi, dans la même vue, le commandement de huit ou dix vaisseaux dont il ferait le détail, sans autre dépendance du comte d'Estrées, que dans les actions de guerre seulement. Mais cette tentative ne lui réussit pas, et il partit pour Brest pousser l'armement des vaisseaux.

Le 1er mai, la flotte se trouva réunie dans la baie de Bertheaume. Duquesne fut placé à l'avant-garde, forte de dix vaisseaux; M. des Rabesnières avait le commandement des huit vaisseaux d'avant-garde, et M. le comte d'Estrées commandait le corps de bataille composé de douze vaisseaux.

Le pavillon amiral flottait sur *le Saint-Philippe*, de soixante-dix-huit; Duquesne montait *le Terrible*, de soixante-dix, et M. des Rabesnières *le Superbe*, de soixante-dix canons. L'escadre se composait de trente vaisseaux, de huit brûlots et quelques bâtiments de charge.

L'escadre anglaise, commandée par le duc d'York, se composait de quarante-cinq vaisseaux. Les flottes de la Ligue se trouvèrent réunies le 15 du mois de mai sur la rade de Portsmouth. Elles levèrent l'ancre deux jours après pour se rendre dans la rade de Southwold-Bay, qui devait voir se dérouler le drame du 7 juin.

En effet, le 7, dès la pointe du jour, la frégate *l'Éole*, qui croisait depuis la veille à la hauteur de la côte orientale du comté de Suffolk, découvrit la flotte hollandaise qui s'avançait sous toutes voiles et en ordre de bataille. Elle était composée de quatre-vingt-six vaisseaux de guerre et trente brûlots, sous les ordres de l'amiral Ruyter, qui espérait surprendre les flottes combinées. Heureusement que M. de Cogolin l'avait aperçue à temps. Bien que *l'Éole* fût de première vitesse et que le vent lui fût favorable, M. de Cogolin était dans une affreuse anxiété, car la brise qui favorisait sa marche, favorisait aussi la flotte hollandaise. Ce capitaine savait que la plupart des équipages étaient à terre occupés à faire de l'eau, et se représentait la surprise écrasante que devait causer la nouvelle qu'il apportait aux amiraux, qui ne s'attendaient nullement à être attaqués.

L'*Éole* entra dans Southwold-Bay au bruit de toute son artillerie, tandis que tout son équipage faisait retentir l'air des cris :

— L'ennemi !..... l'ennemi !

Quelques heures après, la bataille s'engageait sur toute la ligne.

Duquesne fut encore, dans cette circonstance, en butte à l'antipathie de M. le comte d'Estrées, qui l'accusa de n'avoir pas fait son devoir, tandis qu'il avait supporté tout le feu de l'escadre de Zélande, celle que les Anglais redoutait le plus.

Peu de temps après, Louis XIV envoya des secours aux Messinois qui étaient assiégés par les Espagnols. Duquesne accompagna le duc de Véronne dans les murs de Sicile, où il devait rencontrer Ruyter commandant la flotte hollando-espagnole. L'escadre française, composée de huit vaisseaux de guerre, arriva en vue de Mélazzo le 9 février. Dès que le marquis del Viso, commandant des armées de terre et de mer du roi d'Espagne, fut informé de l'approche de l'escadre française, il appareilla et leva l'ancre le 11 au matin : son escadre était forte de vingt vaisseaux et de dix-neuf galères.

L'escadre française s'avança en colonne, tenant le vent au plus près. En tête de la ligne, on voyait *le Saint-Esprit*, commandé par Duquesne, marchant hardiment sur la tête de colonne des ennemis. A ce moment, M. Desnoyelles, lieutenant du *Saint-Esprit*, s'approcha de Duquesne pour lui dire que les canonniers étaient à leurs pièces, prêts à faire feu, que M. de Vaudricourt, capitaine de vaisseau, attendait ses ordres.

Duquesne, sa longue-vue braquée sur l'escadre espagnole pour observer sa manœuvre et son gréement, ne répondit point, et, après quelques minutes d'attente, le lieutenant répéta sa demande sur un ton un peu plus élevé pour attirer son attention. Duquesne, se retournant en faisant un mouvement d'impatience, lui répondit d'un air irrité :

— Les canonniers sont à leurs pièces ? eh bien, qu'ils y restent !..... ou plutôt qu'ils les chargent à poudre.....

— A poudre, mon commandant ? — dit le lieutenant surpris.

— Eh ! cent diables, oui ! à poudre, à cendres, à sable, à je a !.....

» Car à quoi bon perdre de la poudre et des boulets à tirer sur des gens qui vont fuir sans nous donner le temps de les combattre.

— Sans combattre ?...

— Eh! oui. Tenez.... prenez ma lunette... et regardez... vous verrez qu'ils n'ont presque personne dans leurs batteries ; leurs pièces ne sont pas seulement sur leurs bragues ; à aucun bord le branle-bas de combat n'est fait; et les galères ? voyez s'il y a un seul bastion d'élevé de proue à poupe, et puis n'ont-elles pas leurs antennes? Est-ce ainsi qu'on se prépare à un combat.

Le lieutenant s'étant assuré de la justesse des observations de Duquesne, lui dit en lui remettant sa lunette.

— Dans ce cas, monsieur, quelle manœuvre supposez-vous qu'ils vont faire.

— Eh ! cent diables ! la manœuvre du lièvre devant la meute....

— C'est pourtant l'amiral Melchior de la Cueva qui les commande; et on le dit brave.

— Je le sais ; mais l'homme est sujet à des passions qui lui font commettre bien des vilainies pour les satisfaire.... et celle du jeu est plus forte que la bravoure.....

— Mais si c'était par ordre de son gouvernement qu'il en agit ainsi?

— Il n'est pas un gouvernement qui puisse forcer un homme à se couvrir de honte et à commettre une lâcheté sans qu'il ait le droit de protester comme l'a fait il y a deux ans le brave Martel contre M. d'Estrées, comme je l'ai fait moi-même.... Ah ! Cent diables ! si jamais le roi me donnait de pareils ordres !

— Que feriez-vous ?

— Ce que je ferais ? mort dieu.

— Vous promettriez ?

— Oui.... je promettrais certainement d'exécuter ces instructions infamantes ; je les enfoncerais dans ma poche et, cent diables ! je placerais mon escadre au poste le plus périlleux, je combattrais à feu et à sang ; et après la bataille, si j'en revenais, j'irais dire sans sourciller au roi :

« *Sire, avant l'affaire j'ai perdu vos instructions. Mais comme elles ne pouvaient contenir autre chose que l'ordre de combattre vigoureusement vos ennemis et de soutenir loyalement vos alliés, j'ai fait de la sorte.* » *(historique).*

Cependant Duquesne fit envoyer quelques boulets auxquels l'escadre espagnole répondit par une bordée qui n'eut aucun effet. L'amiral espagnol mit un instant en panne, mais bientôt prit chasse grand largue vers le nord-est. Mais Duquesne n'était pas d'un caractère à lâcher sa proie à si bon marché, et, après quatre heures de chasse, il s'empara de *la Madona del Popolo*, vaisseau de quarante quatre pièces de canon.

L'escadre française s'empara de plusieurs villes, mais l'incurie, ou plutôt la paresse de M. de Vivonne, qui était vice-roi de Sicile, paralisèrent les efforts de MM. Gabaret, d'Almeras et Vallavoire, capitaines de grand mérite et qui sont morts presque oubliés après avoir rendu de longs et d'éclatants services, tandis que M. de Vivonne fut élevé à la dignité de maréchal de France, faveur qu'il dut, il est vrai, à la haute influence de sa sœur, la belle madame de Montespan. Quant à Duquesne, la religion qu'il professait fut encore un obstacle à son avancement.

Le roi d'Espagne, en vertu du traité d'alliance du mois

l'août 1673, réclama l'intervention des forces navales de la république des Sept-Provinces dans la Méditerranée ; Michel Ruyter en reçut le commandement.

Duquesne revint en France pour demander des renforts à Louis XIV et chercher des vivres. Vivonne commit l'imprudence de l'envoyer avec vingt vaisseaux n'en gardant que huit devant Messine, ce qui l'exposait à être attaqué par des forces très-supérieures ; de plus, la jonction des vingt vaisseaux qui étaient venus en France pouvait être très-périlleuse, puisqu'à leur retour ils pouvaient être attaqués par la flotte hollandaise dont on avait signalée l'arrivée dans la Méditerranée. Cette nouvelle fit une vive impression à la cour, et Colbert jugea à propos de consulter Duquesne, Valbelle, Gabaret et Preuilly d'Humières, les quatre marins les plus praticiens de cette époque, sur la question d'assurer la jonction de la flotte qui devait retourner à Messine.

La lettre ci-après de Duquesne, annotée de la main de Colbert, et résumant les propositions des autres officiers généraux, prouve que son avis d'opérer la jonction par le passage du nord prévalut.

Lettre de Duquesne à Colbert.

» 19 novembre 1674.

» Monseigneur,

» Je reçois la dépêche que vous m'avez fait l'honneur de m'adresser, du 8 de ce mois, où je vois que Sa Majesté approuve assez nos avis sur la jonction par le nord du passage du Phare, pour, en cas que nous trouvassions les ennemis et le vent contraire pour entrer, il serve en ce cas à nos dix vaisseaux pour nous joindre ; et comme depuis les premiers jours de ce mois, nous recevons avis de Livourne et de Gênes de l'arrivée de Ruyter à Cadix, et par un vaisseau anglais qui a navigué avec lui de Cadix en Alican, que ce Hollandais allait aux Alfages et à Barcelone, côtes de la Catalogne, qui sont les endroits où la tartane que j'ai envoyée pour apprendre de leurs nouvelles doit passer, laquelle apparemment les trouvera à la dite côte. Ainsi l'on attend dans peu de jours des avis certains, ladite tartane n'ayant pas passé outre jusqu'en Alger.

» Comme il vous plaira le remarquer par la copie de l'instruction que j'ai baillée à celui qui la commande, que je vous envoie ci-jointe, et en cas qu'elle ne retourne pas avant notre partance, je laisserai ordre à Toulon pour que ladite tartane nous suive par la route que nous résoudrons de faire lors de notre partance, suivant ce que nous apprendrons de plus certain du lieu où seront les ennemis, toujours dans le dessein de les combattre, s'il se peut, avant leur jonction, ou de joindre nos dix vaisseaux à Messine : l'un des deux pourra bien arriver si les Hollandais attendent en Catalogne les quatre vaisseaux des leurs qui ont entré à Cadix avec un grand vaisseau espagnol qu'ils étaient allés prendre en Biscaye, ou même si don Juan d'Autriche s'embarque, ce qui n'est pas une affaire si facile par la grande suite qu'il mène avec lui.

En marge, de la main de Colbert.

» Cecy est très important. Il faut en parler au roy ce soir et expédier promptement. »

» Mais, Monseigneur, en cas que nous joignions nos dix vaisseaux avant que ceux des ennemis le soient, il est très-nécessaire que Sa Majesté ordonne précisément à M. le duc de Vivonne de prendre résolution sur-le-champ de faire ressortir l'armée pour aller chercher Ruyter en quelque lieu que l'on apprendra qu'il soit, ou au moins de s'opposer à sa jonction avec les Napolitains.

» Il sera aussi besoin, Monseigneur, que j'aie un ordre du roi, pour, en cas que notre jonction se fasse avec lesdits vaisseaux hors de la vue de M. le duc de Vivonne, de pouvoir prendre le parti le plus expédient pour prendre avantage sur les ennemis. Je vous demande ceci par prévoyance, afin que nous ne perdions pas de temps à Messine inutilement, ni ailleurs, dans le temps où les moments sont précieux.

Ici de la main de Colbert.
« Il a raison : prendre l'avis du roy et l'expédier. »

» Par exemple, si présentement nous étions en état de faire voile, les vents étant comme ils le sont au nord-est, je serais d'avis de partir et d'aller droit à Barcelonne, si nous étions sûrs d'y trouver les Hollandais. J'espère, Monseigneur, que par le courrier vous aurez été informé si les Hollandais sont encore à Barcelonne, et s'il est vrai que don Juan s'embarque pour la Sicile, où, en ce cas, les deux mille soldats dont je vous ai parlé seraient bien utiles, notamment à Augusta.

De la main de Colbert.
« Bon. »

» Croyez, Monseigneur, que je fais mon devoir par la diligence et l'ordre requis pour cela. La décision pour le vaisseau de M. de Laugeron et de celui du chevalier de Lafayette m'embarrasse; le service voulait que l'on se servit du sieur Montreuil, qui est un bon sujet. Autant que le temps l'a pu permettre, j'ai fait voir aux capitaines que j'ai pu voir la faute qu'ils ont faite d'avoir, contre mon avis, écrit la lettre qu'ils ont tous signée, et qu'il ne leur arrive plus pareille affaire. Le trésorier ne demeure pas d'accord de ce que vous me faites l'honneur de me dire sur les appointements et table.

De la main de Colbert.
« Examiner la différence. »

Je suis avec respect et obligation,

Monseigneur,

Votre très-humble et très-obéissant

serviteur,

» Duquesne. »

(Archives de la marine, à Versailles.)

Duquesne et Ruyter aux prises, tout le monde était dans une attente émouvante de ce beau et noble spectacle. Tout le monde avait le pressentiment de ce sombre drame, de cette bataille digne des héros d'Homère; Ruyter lui-même en quittant son fils et ses amis leur avait dit:

— *Je ne reviendrai pas de cette campagne.*

Duquesne ayant vu son plan de jonction adopté par Louis XIV, repartit de Toulon avec le grade de lieutenant-général, le 17 décembre, à la tête de vingt vaisseaux et de six brûlots. C'était la première fois qu'Abraham Duquesne commandait en chef une flotte de guerre en France. Il allait se trouver en face de l'adversaire le plus redoutable de ces temps-là, le vieux Ruyter dont la réponse qu'il fit à M. de Weldt, secrétaire du collége de l'amirauté de Hollande dans un moment où ce dernier lui parlait des marins français dans des termes peu favorables jusqu'à lui dire qu'il n'avait qu'à se présenter pour les faire fuir, prouve qu'il en faisait le plus grand cas.

— Les Français sont commandés cette fois par un homme qui devrait être prince, si prince signifiait quelque chose; c'est Duquesne; et je l'avoue, je ne voudrais pas me trouver, moi, opposé à Duquesne avec des forces inégales, car cet intrépide marin, à la tête d'une flotte, vaut déjà une douzaine de vaisseaux.

— Comment! monsieur Ruyter, craindriez-vous Duquesne à ce point?

— Je vous l'affirme, répondit Ruyter.

Mais ce qui exprime hautement l'opinion de Ruyter sur Duquesne, c'est sa réponse à un capitaine anglais, qu'il rencontra dans les eaux de Melazzo et qui le questionna sur le but de sa mission.

— *J'attends le brave Duquesne.*

Du 1er au 5 janvier, la flotte hollandaise croisa entre le phare et les îles de Stromboli afin d'empêcher la jonction des deux escadres françaises, l'arrivée de Duquesne lui ayant été annoncée de Gorgone.

De son côté Duquesne se trouvait dans le même moment dans ces parages sans nouvelles au sujet de la flotte hollandaise comme le constate sa lettre à M. de Vivonne.

Duquesne à Vivonne

« Monseigneur,

» Nous sommes en vue des îles de Sicile dès le premier jour de l'an. Stromboli nous demeure présentement à l'est, le vent est au sud-sud-est, très-petit, et la mer est calme ; nous sommes toujours dans le dessein de faire notre route, ainsi que je vous en ai informé.

» C'est ce dont le temps me permet de vous donner avis, et ainsi que depuis un moment le capitaine d'un vaisseau anglais à qui M. de Lafayette a parlé, et qui a passé par le Phare et par Melazzo, lui a dit qu'il avait été à bord de l'amiral Ruyter, qui était à l'ancre proche dudit lieu avec son armée.

» Je suis,

» Monsieur,

» Votre très-humble et très-obéissant serviteur

» Duquesne.

» Le 5 de l'an 1676. »

(Bibl. roy., Mss.

D'après cet avis aussi, Duquesne disposa sa flotte en ordre de bataille.

Cependant les deux flottes ne firent aucun mouvement jusqu'au 8. Le vent ayant sauté du nord-est à l'ouest-sud-ouest, Duquesne appareilla aussitôt pour profiter de l'avantage que cette brise lui donnait pour arriver sur Ruyter, et, dès onze heures du matin, un feu terrible s'engagea sur toute la ligne. Voici les détails que Duquesne envoya à M. de Vivonne.

Duquesne à Vivone.

« Monseigneur,

» Le lendemain de ma dernière lettre, qui était le 8, ayant porté bonne voile toute la nuit d'un vent frais, le matin je fis revirer, et nous gagnâmes le vent des ennemis ; alors nos vaisseaux étaient écartés ; un peu d'impatience me prit pour employer la journée et profiter de l'avantage du vent. Ainsi nous arrivâmes sur les ennemis qui nous tirèrent à grande portée ; je me mis par le travers de la division de Ruyter, qui, peu à peu, arrivait. Cependant la canonnade s'échauffa qui nous attira le calme. Je n'ai pas le temps de vous faire un détail des démarches des ennemis ni de nos vaisseaux ; mais je vous assure qu'attendu les coups que nous avons reçus, il faut absolument qu'ils aient pris le temps de se réparer, une partie de leurs galères ont remorqué de leurs vaisseaux battus, et incommodés, et nous, sur le soir, nous avions peine à nous gouverner, toutes nos manœuvres étant coupées pour la seconde fois.

» Toute cette nuit là et le jour d'hier furent employés à nous réparer pour pouvoir faire route au Phare, où nous croyions que l'ennemi voudrait disputer encore une fois le passage, ce qu'il n'a point fait, ni paru que de loin. Enfin, nous avons combattu les Hollandais qui n'ont eu avec eux qu'un galion qui faisait les vingt-six vaisseaux de guerre, plus gros que nous le pensions ; si le vent frais avait continué, deux de nos brûlots auraient fait leur effet ; mais les calmes ont donné le temps de jeter leurs mâts bas et de couler à fond celui de la Galinassière.

» De Beauvoisis vient de mourir de sa blessure ; le sieur de Villeneuve-Verrières est fort blessé et hors du combat ; j'ai mis le sieur de Montreuil pour commander son vaisseau jusqu'à sa guérison ou à nouvel ordre. Cette ouverture de passage nous a coûté la perte de nombre d'officiers mariniers, notamment dans ce bord

» **Ayant**, ce matin, dépassé Stromboli, sur la route du Phare, nous avons vu, dans la brume, un nombre de vaisseaux à l'ouest de nous, que nous avons crus être les Espagnols qui venaient joindre Ruyter. Lors, M. de Preuilly était demeuré assez éloigné de nous, car une pluie nous le cachait ; enfin, il s'est trouvé que c'était M. d'Almeras, qui nous a joints sur les trois heures ; et le vent ayant changé et fait un temps clair, les ennemis ont paru, ce qui nous a fait résoudre d'aller à eux ; ce que je fais dans le dessein de ne les pas quitter si nous les pouvons joindre. C'est le sujet qui m'oblige de vous dépêcher cette felouque pour vous assurer de notre jonction, et aussi que l'on prépare à Toulon un secours de blé et des forces dont vous apprendrez le détail par les dépêches de la cour que je garderai encore parce que je ne trouve pas trop de sûreté dans une felouque, attendu même que Coriton ne nous a pas encore rejoint. J'espère que vous nous renverrez ce porteur, le sieur de Puchen, qui s'est risqué avec joie, pour la seconde fois, pour vous porter des nouvelles ; bien entendu que vous nous le renverrez lorsque nous paraîtrons entre le Phare et Stromboli.

» Il y avait déjà des bâtiments en charge de blé ; mais je n'ai pu ni même voulu en attendre aucune, dans l'empressement que j'avais d'être en ces mers pour les libérer de ces importuns croiseurs. C'est là ce que je peux vous dire pour éviter la perte du temps et envoyer le porteur.

» Je suis, Monseigneur,

» Votre très-humble et très-obéissant serviteur,

» DUQUESNE. »

» De l'armée sous Stromboli, le 10 janvier 1676. »

(Bibl. roy., Mss.)

On voit, par cette brève relation, que la modestie de Duquesne égalait son courage, car il ne dit pas un mot de lui ; mais voici celle de M. de Valbelle, qui donne sur ce combat mémorable les détails les plus curieux.

A Messine, le 27 janvier 1676.

. . . .

« Le 1er janvier, nous découvrîmes les îles appelées Alicur et Falicur ; le 6, M. de Lafayette, qui était de l'avant, chassa un vaisseau, un anglais venant de la Pouille, où il avait chargé du blé pour Gênes ; il apprit du capitaine que Ruyter était mouillé entre le cap de Rose-Corme et de Mazzo, et, qu'ayant demandé à Ruyter ce qu'il faisait en ces mers, il lui avait répondu : *J'attends le brave Duquesne.*

» Cette nouvelle fut cause que M. Duquesne appela les officiers généraux au conseil, où il leur déclara qu'il ne voulait pas combattre les ennemis entre la Sicile et les îles, à cause des marais, des calmes fréquents, des secours qu'ils pouvaient tirer des galères, et des inconvénients et périls dans lesquels les vaisseaux dégréés pouvaient tomber ; il fut résolu tout d'une voix de les aller reconnaître si le vent nous favorisait.

» Cependant M. Ruyter, averti par les feux et les fumées des îles de Lipari et de Salini, que nous étions proche du lieu où il était, mit à la voile la nuit du 6 au 7, et au point du jour, nous le vîmes au cap de Pessaro et Stromboli ; sa flotte était composée de trente vaisseaux, savoir : douze grands, douze médiocres, quatre brûlots, deux flûtes et neuf galères.

» Le vent était est-sud-est ; Ruyter avait toutes ses voiles hors, et il venait vent arrière sur nous, qui nous rangions en bataille ; or, comme faire des mouvements en présence d'une armée ennemie, c'est une dangereuse chose, et que nous étions convenus de n'en faire qu'à l'extrémité, je proposai à M. Duquesne, en présence de MM. de Chaumont et de Montreuil, de laisser à M. de Preuilly l'avant-garde et à M. Gabaret l'arrière-garde, puisque la disposition de la flotte se trouvait ainsi ; il approuva ma pensée, et envoya M. de Montreuil à M. de Preuilly, et de Ris, aide-major, à M. Gabaret, de sorte que nous fûmes promptement en ordre et en état de recevoir les ennemis.

» Après midi, M. Ruyter cargua les basses voiles et tint le vent; cette manœuvre nous fit connaître qu'il se contentait d'observer si nous étions gens d'ordre et de courage (ce qu'ayant remarqué, puisque nous l'attendions, allant au plus près et avec nos huniers seulement, pour lui faire connaître que nous ne refusions pas la bataille), il n'arriva pas sur nous, et conserva toujours le vent.

....

» M. Ruyter nous menait vers Palerme, dans l'espérance de rencontrer le prince de Montesarchio, qu'il attendait d'heure en heure, et s'il l'eût joint avec ses dix vaisseaux, avant le combat, sa partie aurait été mieux faite que la nôtre; mais à la fin du second quart, le vent d'ouest se déclara pour nous, et le 8, au point du jour, les ennemis étaient à deux lieues sous le vent à nous. Nous perdîmes une heure de temps pour attendre notre arrière-garde qui était un peu éloignée, à cause que nous avions reviré à la diane en faisant la contre-marche; dès que M. Gabaret fut proche, nous forçâmes de voiles.

» Les ennemis avaient à leur tête et à leur gauche deux vaisseaux à trois ponts, et qui marchaient bien; mais nous allions mieux qu'eux, ainsi nous fûmes de l'avant de leur tête à neuf heures. Une partie de notre corps de bataille avait derrière l'amiral de Ruyter, et assurément c'était bien fait : alors M. Duquesne fit le signal d'arriver, ce que M. de Preuilly fit; mais il prit si peu d'espace, c'est-à-dire de mer ou de terrain que, quand il fallut présenter le côté et attendre la ligne, il ne gêna pas seulement les vaisseaux qui étaient derrière lui, mais ceux de la tête du corps de bataille, faute qui empêcha, durant quelque temps, les vaisseaux qui étaient ainsi doublés de tirer sur les ennemis.

» Lafayette en fit une plus grande et dont il fut châtié; car, impatient et désireux de charger les ennemis, il arriva avant qu'on eût fait le signal, et trois vaisseaux de l'avant-garde ennemie le dégréèrent tellement, que d'une heure il ne put revenir au combat.

» Le Parfait, que Châteauneuf monte, fut d'abord démâté de son grand humier, ce qui l'obligea de se tenir au vent pour faire réparer en diligence son mât; cette manœuvre ne répond pas à sa réputation précédente, qui n'a jamais été ni partagée ni douteuse.

» Langeron, qui était à la tête du corps de bataille, débuta fort bien, mais tout d'un coup il se refroidit, et on ne le vit plus à sa place; Bethune, qui le suivait, faisait bonne figure, mais avec le canon de la Syrène il ne pouvait pas soutenir le feu de deux gros hollandais qui le chauffaient ; le Pompeux (commandé par Valbelle), qui était son voisin, répondait souvent pour lui.

» J'eus l'honneur de me battre deux heures contre M. Ruyter et un de ses seconds, sans compter un petit vaisseau qui se désespérait, à cause que je le méprisais. Il s'est fait des plaisanteries là-dessus; enquérez-vous-en du major. Vous saurez de lui que M. Duquesne m'aida extrêmement, il empêcha ces bourguemestres qui m'avaient entrepris de m'achever ; le feu qui sortait du Saint-Esprit était grand, et M. Ruyter, qui ne se voulait pas commettre, s'éloignait doucement de nous, et pliait toujours avec ordre : sa conduite nous mettait à bout, et le vent commençait à tomber.

» Cela m'obligea de demander à parler à M. Duquesne ; car nous étions à la voix. Il vint à sa galerie de tribord avec M. de Chaumont, et m'ayant demandé ce que je voulais, je lui criai :

— M. de Preully fait la même faute que M. de Martel fit en venant lorsqu'il s'amusa à canonner et à ne pas presser le vice amiral de Zélande; envoyez lui dire, s'il vous plaît, d'arriver sur le contre amiral qui lui est opposé. — Ce qu'il fit en lui envoyant porter cet ordre par M. de Chaumont.

» En vérité, M. de Preully fut très exact à l'obéissance, et nous vîmes plier deux vaisseaux de l'avant-garde; il se battit cruellement· MM. Chabert de Relingue et Vilette le secondèrent bien ; un de ses brûlots, commandé par le marquis de Beauvoisis, se brûla inutilement ; l'autre, que montait le chevalier de la Galissonière, coula bas et fondit sous ses pieds.

» Revenons, s'il vous plaît, au corps de bataille, où il y avait alors moins de feu, parce que les ennemis ne tenaient pas ferme. Tourville, qui était derrière M. Duquesne, avait affaire à un vaisseau à trois ponts ; un de nos brûlots les sépara et se mit entre deux, par je ne sais quel signal on lui fit du *Saint-Esprit* ; mais il n'eut pas le loisir de marcher un horloge vers les ennemis qu'il fut démâté de ses huniers, et Champagne y mit le feu ; il ne pouvait faire autrement, aucun vaisseau de guerre ne l'escortant : cela servit à faire arriver les vaisseaux ennemis qui étaient par son travers. Mais cette manœuvre n'est ni bonne, ni praticable lorsqu'un vaisseau est dégréé, et qu'on peut escorter le brûlot, risque à pouvoir l'aborder, ou quand on est désemparé, et qu'on veut éloigner ceux qui peuvent nuire. Quiconque l'a fait en des cas différents n'est pas loué, et on lui reproche ladite manœuvre.

» MM. de Cou et Léry ne se sont pas démentis ; pour M. de La Barre, qui serrait la queue de la division du corps de bataille, je ne le vis point ; et quant à notre arrière-garde, M. Gabaret y a fait humainement tout ce qui se pouvait faire ; Septesmes ne s'est point épargné ; Villeneuve Ferrière, capitaine de *l'Aquilon*, y a été tué ; mais il y a tant de plaintes dans cette division, que je n'ai pas la force de vous écrire qu'ils laissèrent gagner nos eaux à l'arrière-garde des ennemis.

» Tourville, qui voyait ce désordre, y envoya de son chef Nicolas pour leur dire de la part de M. Duquesne d'arriver ; M. Duquesne y envoya aussi de Ris, aide-major, mais il n'était plus temps : le vent était mou, et le peu qu'il y en avait, contraire ; sans mentir, si nous eussions pris le point de l'occasion, l'arrière-garde des ennemis aurait eu de la peine à nous échapper ; elle était coupée sans apparences de pouvoir être secourue : M. Ruyter en était fort éloigné, et nous l'occupions assez ; en effet, cet amiral en eut peur, et il envoya deux brûlots à son vice-amiral, qui la commandait.

» M. Duquesne, voyant le vent tomber, fit signe à l'avant-garde de s'y tenir et déploya un pavillon rouge au bâton du beaupré; M. de Lafayette, qui est à la tête, s'en aperçut et se rallia au vent. De malhonnêtes gens y ont trouvé à dire; s'il avait manqué à faire cette manœuvre, il méritait une réprimande plus sévère que celle qu'on lui a faite pour être arrivé de son propre mouvement, parce que cette faute, bien que grande et contre la discipline, ne regarde que lui seul, au lieu que l'autre regarde toute la flotte, et pouvait causer la perte de l'avantage du vent, qui est le plus grand qu'on puisse avoir et perdre sur la mer.

» Une heure avant la nuit, les galères essayèrent leurs canons de coursier contre M. Duquesne, qui les méprisa; Tourville les fit taire en les saluant de deux coups de canon de deux pièces de trente six; elles remorquèrent deux vaisseaux qui apparemment étaient incommodés. Ainsi finit la journée, que l'on appellera la bataille d'Alicur, île à vingt-cinq lieues de Messine, du côté de l'ouest. . . . .
. . . .

(Arch. de la marine, à Versailles.)

Duquesne avait rempli son but, à savoir, la jonction de son escadre avec celle de d'Almeras; c'était donc une première victoire qu'il venait de remporter.

La flotte française ne partit de Messine que le 20 avril; arrivée le 22 à la hauteur d'Agosta où elle devait prendre de la poudre et des canons, les vigies signalèrent la flotte ennemie. En ce moment il faisait calme plat. Dans l'impossibilité où se vit Duquesne de joindre les ennemis par cette acalmie, il prit le parti de les attendre; mais bientôt après le vent ayant soufflé du sud-sud-est, Duquesne prit le large en virant de bord et fit l'est en ordre de bataille.

Ruyter, qui avait l'avantage du vent, laissa arriver, et l'action s'engagea à une demi-portée de canon vers les quatre heures du soir; ce furent les avant-gardes de chaque armée qui ouvrirent le feu. Le combat fut sanglant. Plusieurs officiers d'un grand mérite y furent tués, entr'autres le vieux Ruyter, qui eut les deux jambes emportées par un boulet, blessure dont il mourut quelques jours après. La relation de Duquesne à propos de ce combat est encore empreinte de la modestie de ce grand marin; mais on verra quelles louanges il fait de Ruyter.

« Le 6 mai 1676.

. . . .

« Le 24 (avril) au soir, je fis route avec l'armée vers Agosta, pour y apprendre des nouvelles des ennemis, et le lendemain matin, 22, l'on vit paraître leur armée. Nous étions lors en calme, vers le travers de Catania. J'assemblai les officiers généraux, et, après avoir reconnu que les ennemis commençaient à avoir le vent sur nous, chacun se rendit à son bord, avec ordre de se ranger en bataille, ce qui ne put pas être sitôt fait, n'y ayant pas assez de vent pour gouverner les vaisseaux. Les ennemis venaient aussi lentement par la même raison. L'heure de midi se passa sans que les ennemis fussent à nous; sur les deux heures, leur avant-garde mit en panne pour attendre leur arrière-garde. Toute leur armée était composée de trente-neuf ou quarante voiles, tant espagnoles que hollandaises, chaque nation ayant son pavillon d'amiral et contre-amiral, et, de plus, neuf galères, qui étaient partagées entre les divisions.

» La mer n'était lors presque plus agitée que le canal de Versailles, ce qui favorisa fort les bons canonniers. Sur les trois heures, l'avant-garde ennemie fit voile, et en s'approchant, nous reconnûmes que Ruyter la commandait, ce qui me surprit, ayant vu dans toutes les occasions où je me suis trouvé depuis quarante ans contre les Espagnols, que leur amiral avait toujours fait l'avant-garde, même l'année dernière, au combat vers le Phare, où M. le duc de Vivonne battit les Espagnols, l'amiral faisait la tête de son armée, et moi celle des neuf vaisseaux du roi, et avec trois d'eux, je combattis l'amiral ennemi et toute sa division. Dans cette dernière affaire-ci, il en a été autrement : l'amiral d'Espagne ayant fait le corps de bataille, et moi celui de l'armée du roi, ce qui a été cause que je n'ai eu affaire à Ruyter que sur le milieu du combat.

» La division de M. d'Almeras faisait l'avant-garde, et le sieur de Gabaret l'arrière-garde, et toute l'armée était fort bien en bataille à bon vent ; et, comme nous étions lors à vu d'Agosta, le vaisseau la *Syrène*, qui avait été coupé par les ennemis plusieurs jours auparavant, et contraint de se retir dans ce port, nous voyant, mit à la voile, et nous vint joindre un peu avant que l'on fit feu du canon, qui commença sur les quatre heures après midi, et de fort près, par les avant-garde des deux armées, où le combat s'échauffa premièrement, et pendant une heure le feu y fut très-grand.

» Lors, voyant que l'amiral d'Espagne n'approchait pas assez, je fis davantage de voiles avec ma division, en ayant fait le signal auparavant à notre avant-garde, afin de me donner lieu de partager le feu des ennemis les plus proches. Alors l'amiral d'Espagne, qui n'avait tiré que de loin, arriva à bonne portée sur nous pour seconder son vice-amiral et celui de Hollande, qui nous avaient attaqués ; et comme toute l'armée du roi était sur une même ligne, en tenant le vent au plus près, cela faisait que les ennemis, qui mettaient souvent leurs huniers en panne, s'approchaient de notre ligne en dérivant, de sorte que nos canons faisaient un grand effet sur eux, dont quatre de leurs gros vaisseaux démâtés seraient tombés en nos mains sans les galères d'Espagne, qui les vinrent prendre et remorquer hors la portée de nos canons, non sans en avoir essuyé plusieurs volées.

» Dans ces temps-là, il y eut quelques vaisseaux de notre avant-garde dont les équipages s'ébranlèrent après la mort de leur commandant ; M. d'Almeras ayant été tué d'un boulet de canon, M. de Tambonneau d'un semblable coup dès le commencement, le sieur de Cou, blessé d'un éclat, dont il est mort ensuite, et le sieur de Cogolin blessé, mais non si dangereusement.

» Après que ces quatre vaisseaux démâtés et un **cinquième**, dont nous ignorons l'incommodité, furent sauvés par les galères, l'amiral Ruyter se trouva peu accompagné; il fut contraint de mettre le vent sur ses voiles pour donner lieu aux vaisseaux qui étaient derrière lui de le rejoindre, en sorte qu'il tomba en travers du *Saint-Esprit,* qui était entre *le Sceptre* et *le Saint-Michel*, desquels il essuya un si grand feu, qu'il fut obligé de revirer de bord à la faveur de la grande fumée que causaient les canonnades de part et d'autre, et même de l'obscurité de la nuit qui s'approchait, sans quoi il y aurait sans doute demeuré, et l'on entendra dire quelque jour que jamais vaisseaux ne se sont retirés en si méchant état.

» Cependant les deux vice-amiraux d'Espagne et de Hollande occupaient d'assez loin notre arrière-garde; il n'y eut que le contre-amiral hollandais, avec sa division, qui tomba sur la queue de ladite arrière-garde, où étaient le chevalier de Léry, le marquis de Langeron, et les sieurs de Beaulieu et de Lafayette, qui le combattirent de si près, qu'ils en vinrent à la voix; en sorte que des nôtres, qui étaient sous le vent, les défièrent de venir à bord; enfin, la nuit étant venue, le contre-amiral se rallia au gros de son armée, et ensuite tous firent voile autant que le mauvais état où ils étaient le leur permit, et suivirent leurs galères qui emmenaient les cinq vaisseaux désemparés.

» Du côté de l'armée du roi, il y a plusieurs vaisseaux désemparés et autres de l'avant-garde maltraités de coups de canon. La première nuit après le combat fut employée à réparer, autant qu'il se put, quelques mâts et vergues, sans que l'armée ait pu faire route, n'ayant pu donner ordre que le matin à faire remorquer *le Lys* et *l'Aimable* par d'autres vaisseaux jusqu'à ce qu'ils se soient mis en état; ce qui n'est pas fait avec l'adresse et diligence requises dans une occasion où il s'agit de soutenir l'avantage que nous avons remporté. Il est vrai qu'ensuite du combat nous avons essuyé un coup de vent très-fâcheux.

» M. d'Almeras étant mort, et le commandement de sa division étant échu dans le combat à M. de Valbelle, il envoya le marquis de La Porte commander sur le *Vermandois* à la place du sieur de Tambonneau, qui avait été tué ; ce que j'ai confirmé jusqu'à nouvel ordre du roi. Cependant il y a d'autres capitaines qui disent devoir être préférés à lui par la raison qu'ils sont dans l'armée avec ordre du roi, et lui n'en a aucune ; j'ai remis ce règlement à M. de Vivonne, étant à Messine.

» Cependant, le lendemain du combat, j'envoyai le chevalier de Coëtlogon commander sur l'*Eclatant*, le sieur de Cou étant lors hors de combat, et maintenant étant mort.

» Il reste à donner *le Lys* à un des officiers généraux ; je l'avais offert au sieur de Gabaret, comme plus ancien ; mais il ne l'a pas voulu qu'à la condition de changer toutes les divisions, à quoi je n'ai pu consentir pour beaucoup de raisons qui ne cadrent pas au service ; car de pareils changements dans ces occasions ne sont pas à propos, et multiplient les écritures qui sont hors de raison. M. le duc de Vivonne décidera la chose.

. . . .

» J'estime que cette action plaira au roi, qui aime la gloire de sa marine, et même, si Sa Majesté regarde que trente de ses vaisseaux de guerre, sous un pavillon de vice-amiral, sont allés attaquer et ont combattu sous le vent, et battu un plus grand nombre de vaisseaux espagnols et hollandais, sous deux pavillons d'amiraux et autres inférieurs, lesquels ont tous risqué le lendemain du combat pour entrer dans une embouchure de port fort étroite, et se tapir là dedans, sans avoir osé en sortir à la vue de son armée qui n'avait pas encore pris le loisir de se réparer.

. . . .

» J'ai sujet de me louer beaucoup des conseils et des actions de MM. de Preuilly, de Valbelle, de Tourville et du marquis d'Amfreville, qui mérite d'être avancé ; le chevalier de Léry se distingue aussi en toutes occasions, etc.

. . . .

» DUQUESNE. »

» De l'armée navale, dans le port de Messine, ce 6 mai 1676.

Le duc de Vivonne, libre de sortir de Messine, découvrit la flotte ennemie dans la baie de Palerme, à l'abri des forts et des châteaux forts. Il l'attaqua le 2 juin et la détruisit. La mer et la plage furent couvertes de débris et de cadavres; la marine française, fondée pour ainsi dire par Richelieu, instruite par Duquesne, fut dès ce moment et jusqu'à la bataille de La Hogue, la première de l'Europe.

Un navire hollandais tomba peu de jours après au pouvoir de Duquesne. Il apprit que ce vaisseau transportait le cœur de Ruyter en Hollande; il se rendit à bord, salua ce reste d'un grand homme, et se tournant vers le capitaine, M. Kallemburg.

— Poursuivez votre route, lui dit-il, votre mission est trop respectable pour qu'on l'arrête.

Le traité de paix de Nimègue entre la France, l'Espagne et la Hollande mit fin, ou suspendit pour quelques années, les luttes sanglantes qui avaient coûté déjà tant de sang si précieux et vu périr tant de héros.

Condamné ainsi au repos, Duquesne ne reprit la mer qu'en 1681, pour aller châtier les pirates de la Méditerranée. Cette campagne commença par l'expédition de Chios ou Scio, à laquelle donna lieu la grande faiblesse de l'ambassadeur français près la Porte ottomane, M. de Guilleragues. Quoique peu importante en elle-même, elle offre une particularité des plus intéressantes par l'épouvante que le seul nom de Duquesne inspirait à Constantinople, ainsi qu'on pourra en juger d'après quelques extraits traduits d'une lettre écrite par un Turc. (Aff. étrangères. Afrique, 1681-1685.)

» Ce maudit vieillard de serdar (capitaine) des vaisseaux francs sait vivre d'air, et danser, et se réjouir avec les flots de la mer la plus irritée, marchand sur la terre la plus immobile; lequel, comme un véritable poisson, ne se soucie ni d'hiver ni d'été, et ne se lasse pas de vivre quoiqu'il ait cent ans, et que depuis quatre-vingts il fasse une grande provision dans le marché où l'on vend le bon manége, les finesses et les fourberies. »

Voici les faits. — Les forbans de Tripoli ayant enlevé quelques bâtiments français sur les côtes de Provence, Duquesne poursuivit leurs galères jusque dans le port de Chio, où elles semblaient se mettre sous la protection du Grand Seigneur. Cette considération n'arrêta point Duquesne ; sur le refus du pacha de les faire sortir du port, il les foudroya de son artillerie et les réduisit à implorer sa clémence.

» Les infidèles Français, que Dieu veuille exterminer, gens inquiets et de nul repos, sont venus à Chio sous le commandement d'un vieil capitaine qui avait un beau galion escorté de cinq ou six autres ; ils ont tiré pendant quatre ou cinq heures sur les vaisseaux de Tripoli de Barbarie, ils ont aussi endommagé les forteresses et les mosquées, et n'auraient point cessé si les canons des fidèles croyants, à corps de bronze et gueule de dragons, vomissant la braise et les boulets, n'eussent accompli sur eux cette parole de notre écriture : *ils ont jeté la crainte dans leurs cœurs*. La terreur s'étant saisie en cette manœuvre de ces maudits Francs (dont l'enfer est le dernier gîte), ils ne laissèrent pas, ne pouvant plus user de force ouverte, de rôder autour du port de Chio, d'arrêter les bâtiments de marchandises qui portaient de l'assistance aux Tripolitains, et d'aller et venir comme des fous, en faisant de grandes menaces ; mais ils parurent ramasser un peu leurs esprits dans leur tête lorsque le capoudan-pacha, lieutenant absolu de l'empereur des sept climats sur les mers de ce vaste monde, eut honoré le canal de Chio de lui faire porter les galères du successeur à l'empire de la terre dont la gloire sera perpétuelle. »

Voici l'explication de cette pompeuse relation orientale. Le gouverneur de Chio, craignant de voir toute la ville rasée, dépêcha un parlementaire à Duquesne pour le supplier de faire cesser le feu, et lui fit faire des propositions d'accommodement. Duquesne accéda à cette prière et donna un délai de huit jours pour que justice lui fût rendue.

— Sans quoi il entrerait de vive force dans Chio et

y mettrait tout à feu et à sang pour se faire justice soi-même.

Il fut donc arrêté que les Tripolitains sortiraient du port de Chio ; mais l'exécution du traité traîna en longueur par la pusillanimité de M. de Guilleragues, qui craignait d'être pendu. Un ordre du roi ayant rappelé Duquesne en France, il fut obligé, à son grand regret, de renoncer à châtier ces pirates.

Louis XIV méditait une entreprise contre les Algériens, qui avaient pris plusieurs bâtiments français, et c'est pour consulter ce marin si expérimenté sur les chances de cette attaque que Colbert le fit revenir. Duquesne songeait depuis longtemps à une expédition contre ces barbaresques. Il savait que Charles-Quint, qui disposait en souverain de presque toute l'Europe, et qui était secondé par les Fernand Cortés, les ducs d'Albe, et les Pierre de Tolède sur terre, et les André Doria par mer, avait vu la mer en furie engloutir presque toute sa flotte et que lui-même avait été obligé de fuir sur un bâtiment démâté.

Duquesne proposa son plan d'attaque qui offrait certainement des chances de succès ; mais il fut puissamment aidé dans son expédition par *les galiotes à bombes* que venait d'inventer un jeune ingénieur, nommé Bernard Renau d'Elicagaray, natif du Béarn, et surnommé Petit-Renau, à cause de l'exiguité de sa taille. Les vieux marins se moquèrent de cette création. La perspicacité de Duquesne le rassura : il imposa silence aux ignorants, et le succès justifia l'ingénieur. Duquesne conduisit cinq de ces galiotes devant Alger. Bombardée à outrance par les feux de cette arme terrible, la ville implora la commisération de l'amiral. Mais les Algériens recommencèrent leurs pirateries. Duquesne alla de nouveau les assiéger. La défense fut aussi terrible que l'attaque. Les Algériens poussèrent leur barbarie jusqu'à lancer sur les vaisseaux français les cadavres de leurs esclaves. Les galiotes firent payer cher cet acte de sauvagerie ; mais Duquesne se laissa fléchir une seconde fois par les prières de ces brigands. Il se contenta de leur vendre à prix d'or une paix honteuse qui ne les humilia ni ne les corrigea. Gênes eut son tour ; elle avait secouru les Algériens, il en fit un monceau de ruines, s'empara du faubourg et contraignit le Doge à venir chercher son pardon à Versailles.

Après ces nouveaux triomphes, Duquesne ne servit plus sa patrie que par ses conseils. Colbert les avait toujours recherchés, son fils Seignelai ne put s'en passer. Duquesne avait fait une révolution dans la marine. Avant lui, le plus fort de nos vaisseaux ne portait que soixante canons ; il en éleva la force jusqu'à cent. C'est à lui qu'on dut des évolutions plus savantes, une discipline plus sévère, l'agrandissement des arsenaux, la construction des bassins et le régime des classes.

Cependant, malgré sa vieillesse, il voulait justifier par de nouvelles expéditions son titre de général des armées navales Louis XIV lui répondit :

— « Qu'à son âge, et après tant de victoires, il devait jouir du repos. Ce sera vous d'ailleurs qui conduirez encore nos flottes, ajouta le roi, car tous leurs capitaines suivront vos leçons et vos exemples. »

On assure qu'il fut encore sollicité d'acheter par sa conversion le bâton de maréchal, mais l'homme de mer fut plus opiniâtre que le vainqueur des Dunes, que le conquérant du Palatinat ; et que Louis XIV lui aurait dit :

« *Monsieur Duquesne, j'aurais voulu que vous ne m'empêchâssiez pas de récompenser vos services comme ils méritent de l'être ; mais vous êtes protestant, et vous savez mes intentions là-dessus*

Duquesne répondit avec sa rudesse habituelle .

« Sire, je suis protestant, c'est vrai ; mais j'avais toujours pensé que mes services étaient catholiques.

Duquesne se retira dans sa famille, et pressentant les persécutions qu'allait subir le calvinisme, l'avenir de ses enfants le troublait. Il résolut de leur assurer un asile en achetant la terre d'Aubonne, près Berne, dont les magistrats lui accordèrent droit de bourgeoisie.

Enfin Duquesne, l'un des premiers hommes de mer qu'ait honoré la France, et celui qui seul avait élevé au premier rang la marine française, rendit le dernier soupir le 2 février 1688 et n'obtint pas même un mausolée dans sa paie.

JEAN D'ESTRÉES

— 1624 —

Aux événements militaires du règne de Louis XIV s'attachèrent quelques familles, quelques noms d'hommes que la célébrité des batailles emporta célèbres aussi dans la postérité. Le nom des d'Estrées fut de ce nombre. Jean et Victor, l'un père et l'autre fils, se transmirent l'un à l'autre, par droit de naissance, les grand titres et l'illustration.

Jean d'Estrées naquit en 1624. Son père, François-Annibal d'Estrées, maréchal de France, eut l'insigne faveur de voir ériger la terre de Cœuvres en duché-pairie par Louis XIV

La maison d'Estrées était originaire de Picardie. Elle a été féconde en grands hommes, et a produit des héros dans presque tous les âges. Jean d'Estrées lui donna un nouvel éclat, car on peut dire qu'il fit honneur à la marine française.

Pour ne point changer les habitudes de ses ancêtres, persuadé d'ailleurs que son fils marcherait sur leurs traces, François-Annibal d'Estrées le fit entrer dès sa plus tendre jeunesse dans la carrière militaire. Il fit ses premières armes dans un régiment d'infanterie en qualité de volontaire. Il y acquit le grade de capitaine et bientôt après celui de colonel. Il fit sa première campagne en 1644, sous les ordres du duc d'Orléans qui dirigeait le siège de Gravelines, et y reçut une blessure à la main droite qui le laissa estropié. En 1649, on lui conféra le grade de maréchal de camp, et c'est sous ce titre qu'on le trouve à l'attaque du pont de Charenton, aux siéges de La Bassée, d'Ipres, et dans maints autres combats où son courage et ses capacités le portent toujours au premier rang. En 1654, il fit partie de l'armée du maréchal de Hocquincourt, et l'année suivante, élevé au grade de lieutenant général des armées du roi, il défit plusieurs détachements des ennemis qui voulaient se jeter dans Avesnes.

Mais c'est en 1656 que Jean d'Estrées fit preuve des plus grands talents dans l'art de la guerre : c'était au siége de Valenciennes. Les maréchaux de Turenne et de la Ferté commandaient conjointement l'armée française. Le comte de Bernouville, alors comte de Hénin, était gouverneur de la place, et avait avec lui le prince de Condé.

L'investissement de la place eut lieu le 15 juin, et le 16 les deux maréchaux ouvrirent la tranchée chacun de leur côté. Le maréchal de La Ferté avait commis la faute de ne pas enceindre une hauteur qui se trouvait non loin de la place. Le prince se hâta de s'en emparer. Dès ce moment, tous les efforts de l'armée française devinrent inutiles, et, dans la nuit du 16 au 17 juillet, le prince de Condé fit une attaque si vigoureuse, que le maréchal ne put résister; il y fut même fait prisonnier avec plusieurs officiers généraux.

Le comte d'Estrées prit alors le commandement de l'armée ; il soutint fort longtemps les efforts des Espagnols, et facilita aux Français les moyens de se retirer à Condé. Il ne put cependant résister au nombre, et il fut fait prisonnier.

La France et l'Espagne conclurent la paix en 1659, ce qui força le comte d'Estrées à rentrer dans la tranquillité de la vie domestique ; mais une imagination aussi ardente ne pouvait rester inactive. Il remplaça l'étude de l'art de la guerre par celle des mathématiques et par la lecture des plus célèbres auteurs qui ont écrit sur la tactique. Un seul genre d'étude était encore trop borné pour un génie aussi étendu. Il s'appliqua à science nautique, parcourut les ports de France, d'Angleterre et de Hollande.

— Conversant de temps en temps avec les pilotes, les officiers et les matelots, prenant conseil des uns et des autres, si bien, dit un biographe, qu'il apprit tout ce qui est nécessaire pour former un homme de mer.

D'un autre côté, l'inimitié de Louvois avait constamment entravé sa carrière, et, comptant sur la protection de de Lionne, dont la fille était mariée avec M. A. d'Estrées, marquis de Cœuvres, il quitta le service de terre pour le service de mer, où il se couvrit d'une nouvelle gloire.

Les temps sont bien changés, car cet apprentissage de l'amiral d'Estrées fait hausser les épaules des marins de nos jours. Louis XIV n'en jugea pas ainsi; il lui conféra à la fois les titres de duc et pair en 1663; mais c'est vers l'année 1666 que Jean d'Estrées commença sa nouvelle carrière.

La guerre avait de nouveau éclaté entre la France et l'Espagne, et tandis que le roi se trouvait en Flandre à la tête de l'armée, il apprit que les Anglais avaient fait une invasion dans certaines de ses possessions de l'Amérique et y avaient causé les plus grands ravages. Le roi résolut donc d'y envoyer une escadre, et en confia le commandement au duc d'Estrées, qui en tira une éclatante et prompte vengeance, et força les Anglais à évacuer le pays qu'ils avaient envahi, et à se rembarquer précipitamment, après leur avoir fait éprouver de grandes pertes.

Le mois d'avril 1672, par suite des sujets de mécontentement que les Hollandais leur avaient donnés, Louis XIV et Charles II, roi d'Angleterre, leur déclarèrent la guerre, et décidèrent de les attaquer par terre et par mer. Louis XIV envoya contre eux une armée de terre, qui leur prit plusieurs places, et mit la flotte sous le commandement du duc d'Estrées, auquel il décerna le grade de vice-amiral. Le roi d'Angleterre, de son côté, mit en mer un grand nombre de vaisseaux sous les ordres du duc d'Yorck, son frère unique, qui devint ensuite roi d'Angleterre, sous le nom de Jacques II.

Voici l'instruction que Louis XIV remit à d'Estrées au sujet de cette guerre maritime.

Instruction que le Roi a ordonné être mise ès-mains du sieur comte d'Estrées, vice-amiral de France, en passant, s'en allant commander la flotte que Sa Majesté met en mer pour être jointe à celle d'Angleterre.

« Ledit sieur comte d'Estrées doit être informé que Sa Majesté a fait un traité avec le roi d'Angleterre, pour déclarer la guerre en commun aux États-Généraux des Provinces-Unies ; que Sa Majesté doit faire cette guerre par terre avec un secours auxiliaire dudit roi d'Angleterre, et qu'il doit la faire par mer, avec un secours auxiliaire de trente vaisseaux français et huit brûlots ; l'extrait dudit traité concernant la jonction de ladite flotte française à celle d'Angleterre sera joint à la présente instruction.

» Ledit comte d'Estrées est de plus informé que Sa Majesté, voulant savoir au vrai le temps que la flotte anglaise pourra être mise en mer, et tout ce qui serait à faire, tant pour le lieu d'assemblée des deux flottes que pour leur jonction, a envoyé le marquis de Seignelay en Angleterre pour conférer avec les commissaires du roi d'Angleterre, et convenir de tout ce qui serait à faire par les deux flottes. Sur quoi ils sont convenus d'articles signés de part et d'autre, dont copie est pareillement jointe à cette instruction. Ces deux pièces, devant servir à régler la conduite du sieur comte d'Estrées, serviront pareillement pour tout ce qui sera dit ci-après.

» Sa Majesté veut que ledit sieur comte parte promptement, et se rende en diligence à Rochefort, où il examinera avec soin l'état auquel sont les vaisseaux de Sa Majesté, qui doivent partir dudit lieu, visitera leurs radoubs, carène, leur artillerie, armes, équipages, agrès, et généralement tout ce qui en dépend; donnera ses avis sur le tout au sieur Colbert de Terron, intendant de la marine du Ponant, et prendront ensemble les mesures et résolutions nécessaires pour rendre cet armement le plus complet et le plus fort qui ait été jamais mis en mer, et penseront tous deux à tous les moyens possibles pour le rendre tel qu'il puisse soutenir dignement la gloire des armes et du règne de Sa Majesté, particulièrement dans une occasion comme celle-ci, où elles vont être jointes avec la nation du monde qui a été toujours la plus forte en mer, et qui a le plus de pratique et d'expérience, et contre une autre nation, qui est aussi fort puissante, et qui a fait de belles actions.

» Sa Majesté veut que ledit sieur comte d'Estrées prenne des mesures pour les vaisseaux de Rochefort et de Brest, pour exécuter ponctuellement les articles signés à Londres, c'est-à-dire pour être en état de partir de la rade de Berteaume ou de la baie de Brest au 25 avril prochain.

» Sur ce fondement, il faut qu'il donne ses ordres pour faire partir ceux de Rochefort depuis le premier jusqu'au quinzième août, afin que, sans une trop grande contrariété de vents, ils puissent se rendre ou dans la baie de Brest, ou à la rade de Berteaume, avant le 25 du même mois

» Aussitôt qu'il aura donné ses ordres à Rochefort, il s'en ira en diligence, ou par mer ou par terre, ainsi qu'il le jugera plus à propos, à Brest, pour y faire préparer les vaisseaux qui y sont, avec la même diligence et ponctualité.

» Il doit observer qu'en cas de contrariété de vents, les mêmes qui empêcheraient les vaisseaux de Rochefort de se rendre à Brest pourraient servir à la flotte hollandaise à passer la Manche, et faire quelque entreprise sur les vaisseaux de Rochefort ou de Brest; c'est pourquoi il doit examiner et prévoir tous les accidents qui peuvent arriver, pour y apporter tous les remèdes qu'il estimera nécessaire.

» Sa Majesté prendra soin de le faire soigneusement avertir de tout ce qui se passera dans la Manche, et il verra dans les articles arrêtés à Londres, que le roi d'Angleterre s'est chargé du même soin par des petits bâtiments qu'il doit envoyer de Plymouth et de Falmouth à Brest, soit pour lui donner avis en cas que la flotte hollandaise entrât dans la Manche, soit pour lui faire savoir le temps auquel sa flotte sera assemblée aux Dunes.

» Sa Majesté veut qu'aussitôt qu'il sera arrivé à Brest il envoie une coche ou autre petit bâtiment à Falmouth et à Portsmouth, donner avis aux officiers qui commandent en ces lieux-là pour le Roi d'Angleterre de son arrivée au dit lieu, et qu'il attendra leur avis sur l'état auquel sera la flotte anglaise pour partir aussitôt qu'elle sera assemblée aux Dunes, et entrer dans la Manche ; et il prendra le soin d'y tenir quelques petits bâtiments qui auront l'ordre de l'informer de tout ce qui se passera, et de l'aller joindre en cas qu'il y eût quelques avis importants à lui donner.

» Aussitôt qu'il saura, ou par les avis que Sa Majesté lui fera donner, ou par ceux qui lui viendront d'Angleterre, que la flotte anglaise sera assemblée aux Dunes, Sa Majesté veut qu'il entre dans la Manche avec toute sa flotte, et qu'il se rende aux Dunes avec toute la diligence que le vent lui pourra permettre.

» En cas que, par la contrariété des vents ou quelque autre accident imprévu, ou que le dit sieur vice-amiral ne pût se rendre aux Dunes, ou que les Hollandais fussent entrés dans la Manche avec toute leur flotte, et le missent en état d'empêcher la jonction des vaisseaux de Sa Majesté avec ceux d'Angleterre, il pourra se retirer, s'il l'estime nécessaire pour le bien du service de Sa Majesté, où à Falmouth, ou dans la baie, ou dans le port même de Portsmouth, où il recevra toute assistance et bon traitement, suivant les ordres que le roi d'Angleterre a donnés en exécutions des dits traités et articles.

» Sa Majesté veut que le dit sieur vice-amiral tienne la main à ce que tous les vaisseaux aient pour cinq mois de vivres, à compter du 1er jour d'avril prochain, et elle prendra soin d'en faire porter pour deux autres mois des ports du Havre et de Dieppe, à Châtam, dans les magasins que le Roi d'Angleterre a fait donner, afin que lorsque l'armée anglaise y relâchera pour y prendre des vivres ou pour autres causes, celle de France y puisse aussi prendre les dits deux mois de vivres pour pouvoir demeurer en mer jusqu'au dernier octobre, suivant ce qui a été convenu avec le dit Roi d'Angleterre. Sa Majesté tiendra au dit lieu de Châtam un commissaire général ou particulier de marine, pour prendre soin du radoub des vaisseaux, en cas qu'il en soit besoin, et même pour fournir tout ce qui lui sera nécessaire en cas de combat.

» En cas que la flotte anglaise ne soit obligé d'entrer dans la Manche pour joindre celle de France, ou en quelque lieu que la jonction se fasse, le dit sieur vice-amiral exécutera les ordres qui lui seront donnés par le duc d'York, ou par celui qui commandera l'armée d'Angleterre, et qui montera le vaisseau portant le pavillon rouge amiral, et, soit que la jonction se fasse dans la Manche ou aux Dunes, Sa Majesté veut que ce dit sieur vice-amiral salue le pavillon rouge d'Angleterre de treize coups, en le rendant de même nombre de coups, sans plier ni fréter le pavillon de part et d'autre, et même Sa Majesté lui permet, à cause de l'inégalité des pavillons, de se départir du même nombre de coups, et de se contenter d'en recevoir deux de moins.

» Et comme il tiendra le rang du pavillon blanc d'Angleterre, qui est le second, Sa Majesté ne doute point que le Roi d'Angleterre ne donne ordre au pavillon bleue, qui est sont troisième pavillon, de saluer le pavillon de Sa Majesté, et en ce cas, elle veut qu'elle rende coup pour coup. Mais si le dit Roi demande que ces deux pavillons ne se saluent point réciproquement, Sa Majesté veut que le dit sieur vice-amiral en convienne.

» Pour le surplus, Sa Majesté estime qu'il sera de l'avantage du service commun, tant de Sa Majesté que du dit Roi d'Angleterre, que tous les autres vaisseaux ne se saluent point réciproquement.

» Dans tous les conseils, le dit sieur vice-amiral, le lieutenant général et le chef d'escadre tiendront le rang porté par le dit traité.

» Sa Majesté ne désire point qu'aucun autre capitaine y assiste, si ce n'est pas l'ordre exprès de l'amiral anglais.

Elle veut que le dit sieur vice-amiral évite, autant qu'il lui sera possible, les détachements, et qu'il fasse en sorte que tous les vaisseaux de sa flotte demeurent toujours ensemble; mais en cas que la nécessité du service oblige à faire des détachements, elle désire qu'il fasse en sorte, s'il est possible, que les vaisseaux des deux nations ne soient pas mêlés, afin d'éviter le commandement des Anglais. Mais en cas qu'il ne le puisse éviter, elle veut qu'il observe que le vaisseau anglais soit toujours supérieur en rang au vaisseau français qu'il détachera.

» Pour le salut des places maritimes d'Angleterre, Sa Majesté veut qu'il observe à cet égard ce qu'il verra ou saura certainement être pratiqué par le vaisseau anglais portant pavillon bleu.

» En cas de crimes commis sur les vaisseaux français, et entre Français, la justice sera faite par le dit sieur vice-amiral dans le conseil de guerre, en la manière accoutumée; en cas que les crimes soient commis entre Français et Anglais, Sa Majesté désire que justice en soit faite par un nombre égal d'officiers des deux nations.

» Le dit sieur vice-amiral doit être informé que Sa Majesté a fait assembler au Hâvre et à Dunkerque diverses marchandises propres au radoub des vaisseaux, comme armes, cordages, câbles, voiles, bois de toute sorte, mâts, goudron, ensemble des poudres, boulets, munitions de guerre, avec ordre aux commissaires généraux Hubert, qui sert à Dunkerque, et Brodart, qui sert au Hâvre, d'en assister l'armée de Sa Majesté en cas de besoin.

» A l'égard des prises de vaisseaux ou de prisonniers de guerre, il en sera usé ainsi que l'ambassadeur de Sa Majesté à Londres en sera convenu avec le Roi d'Angleterre ou M. le duc d'York, dont le dit sieur ambassadeur donnera avis au dit sieur vice-amiral

» Sa Majesté envoie dès à présent ses ordres à son dit ambassadeur en Angleterre, pour traiter de tout ce qui concerne les saluts réciproques, justice, prises, et autres points convenus en la présente instruction, et en convenir avec le dit Roi ; et en cas qu'il y arrivât quelque changement, sa dite Majesté en fera donner avis au dit sieur vice-amiral.

» Lors de la séparation des flottes après la campagne, le dit sieur vice-amiral prendra son temps pour retourner à Brest et à Rochefort; et comme le Roi d'Angleterre s'est obligé de ne faire rentrer sa flotte dans ses ports qu'après avoir donné le temps à celle de Sa Majesté de se retirer, le dit sieur vice-amiral tiendra la main à ce que cette condition s'exécute de bonne foi.

» Dans toute la suite de la campagne, et pendant tout le temps que la flotte de Sa Majesté sera jointe avec les Anglais, elle veut qu'il s'applique particulièrement à éviter toutes les querelles particulières, et qu'il fasse en sorte que tous les officiers de l'armée de Sa Majesté vivent en une bonne et parfaite intelligence avec les Anglais, en sorte qu'il ne puisse jamais y avoir aucun autre différent entre eux, que celui qui proviendra de l'émulation qu'il y aura de faire les plus belles actions ; et comme Sa Majesté s'assure qu'en une occasion aussi importante que celle-ci, pour la gloire de ses armes et la grandeur de son règne, le dit sieur comte d'Estrés donnera des marques signalées de sa valeur, de son expérience et de sa conduite, elle désire aussi qu'il se serve de tous les moyens qu'il pourra pratiquer pour exciter dans les esprits de tous les officiers de l'armée l'envie de donner les mêmes marques de leur courage, et une forte résolution de faire connaître aux Anglais qu'ils ne leur cèdent point, et même qu'ils les surpassent en valeur et fermeté, et en connaissance de tout ce qui concerne la guerre maritime.

» Sa Majesté veut que le dit sieur vice-amiral donne toute la protection qui pourra dépendre de lui à tous les Français qu'il rencontrera dans sa route.

» S'il arrivait que quelqu'un des capitaines de la flotte susdite quittât le pavillon sans y être forcé par un gros temps,

Sa Majesté permet au dit sieur vice-amiral de l'interdire, sans qu'il puisse être rétabli que par ordre exprès de Sa Majesté.

» Elle veut aussi, que pendant tout le temps qu'il sera en mer, il visite souvent les vaisseaux de son escadre, et remarque les capitaines qui tiendront leurs vaisseaux en bon état, et la propreté dans leur bord, n'y ayant rien si nécessaire pour conserver la santé, de quoi Sa Majesté désire qu'il lui donne avis.

» Et comme il n'y a rien de si important au service de Sa Majesté que de faire en sorte que les capitaines s'appliquent à l'étude de tout ce qui concerne les combats de mer, et à faire régulièrement observer la discipline dans leur bord, elle désire qu'il les excite continuellement à s'y appliquer, afin de se rendre d'autant plus capables d'entreprendre des actions d'éclat qui puissent leur acquérir de l'estime et donner de la réputation aux forces maritimes de Sa Majesté.

» Il tiendra la main à ce que chaque capitaine tienne un journal de navigation dans lequel il sera fait mention des îles, terre ferme, écueils, rades, mouillages, abris, ports et hâvres qu'ils auront occasion de reconnaître, pour, à leur retour, remettre le tout à mains du sieur Colbert de Terron.

» Le dit sieur vice-amiral s'appliquera aussi à faire soigneusement observer les règlements et ordonnances de marine, et particulièrement celle qui défend aux officiers de coucher hors de leur bord.

» Il empêchera toute sorte d'acastillage pendant qu'ils seront en mer, et qu'il soit rien changé aux logements et cloisons qui auront été faits avant leur départ.

» Il retranchera aux officiers le grand nombre de coffres, viandes fraîches, et autres choses inutiles, qui regardent plus la délicatesse et le faste que la nécessité, et lesquelles sont ordinairement superflues et embarrassantes dans une occasion de combat, et comme le soin de leur table peut les divertir de ceux qu'ils doivent avoir de s'appliquer uniquement à leur profession, il les portera, autant que possible, à prendre le parti de se contenter de la table du munitionnaire, en quoi ils trouveraient sans difficulté beaucoup d'avantages.

» Il fera souvent faire l'exercice du canon sur son bord, et excitera les capitaines des autres vaisseaux à suivre son exemple, afin de rendre les canonniers experts et diligents à la manœuvre du canon, et d'en multiplier le nombre ; observant, pour cet effet, ce que les Anglais et les Hollandais ont accoutumé de pratiquer à cet égard.

» Il tiendra aussi la main à ce que le commissaire à la suite de la flotte, et les écrivains de chacun des vaisseaux, prennent garde à la conservation de leurs agrès, apparaux, rechanges, munitions, armes et ustensiles, et qu'il ne s'en fasse aucune consommation superflue

» Il observera et fera observer par les capitaines l'assiette des vaisseaux qu'ils commandent, leur vitesse ou leur lenteur à la voile, et les autres défauts qui peuvent être remarqués dans la navigation, dont il sera fait des rapports pour être remis à leur retour ès-mains des intendants et commissaires généraux des arsenaux où ils désarmeront, afin de corriger ces défauts, et les éviter dans la construction d'autres vaisseaux.

» Sa Majesté veut que le dit sieur vice-amiral l'informe, par toutes les occasions qui s'offriront, de ce qu'il aura fait en exécution de ses ordres.

Fait à Versailles, janvier 1672.

(Registre des ordres du roi, 1672. — Arch. de la Mar.)

Il était nécessaire de rapporter cette instruction, qui seule pouvait faire comprendre la conduite de l'amiral d'Estrées durant cette campagne.

M. le comte d'Estrées, parti de La Rochelle le 26 avril, opéra sa jonction avec le reste de l'armée le 1er mai dans la rade de Brest.

La flotte était mouillée en ordre de bataille dans l'ordre suivant :

M. Duquesne, commandant l'avant-garde, montait *le Terrible*, de soixante-dix canons.

L'amiral, qui s'était réservé le centre, montait *le Saint-Philippe*, de soixante-dix huit canons et de six cents hommes d'équipage. Il profita du premier vent favorable pour mettre à la voile et arriva en rade de Portsmouth le 13 du même mois à dix heures du matin. Trois jours après, les deux flottes se trouvèrent réunies dans les eaux de l'île de With, sous le commandement du duc d'York. Les flottes combinées se composaient de *l'escadre blanche*, ou avant-garde, commandée par le vice-amiral d'Estrées; *l'escadre bleue*, ou arrière-garde, commandée par le comte de Sandwich, formant un ensemble de quatre-vingt-trois vaisseaux.

De son côté, le brave Ruyter, qui commandait la flotte hollandaise, composée de quatre-vingt et une voile, se trouvait par le travers du North-Foreland, où il apprit d'un bateau charbonnier, la position de la flotte anglo-française à Southwold-Bay. Il mit aussitôt à la voile, dans l'espoir de la surprendre au mouillage. Ses espérances furent déjouées par la vigilance du capitaine de Cogolin, commandant la frégate *l'Eole*, qui croisait à sept ou huit milles en avant de Southwold-Bay. L'ayant découvert le 7 juin dès le lever du soleil, il fit une si grande diligence pour prévenir les deux amiraux que le comte d'Estrées le remercia en lui disant qu'il avait sauvé l'armée du roi. L'ordre d'appareiller fut aussitôt transmis à toute la flotte.

Le mouvement de l'appareillage terminé, on hissa le pavillon de combat, et *le Saint-Philippe* mit à la voile sous ses huniers. Les autres vaisseaux imitèrent sa manœuvre. A peine arrivaient-ils dans la passe de la baie que la flotte hollandaise leur apparut voguant sous toutes voiles sur une seule ligne, et se dirigeant droit sur eux.

Malgré l'ordre qu'il en avait reçu du duc d'York, de tenir le vent, le comte d'Estrées, à la grande surprise des officiers de l'escadre, *laissa, au contraire, arriver vers le sud*, et bientôt l'action commença au nord entre les flottes anglaises et hollandaises. Le combat dura toute la journée ; il fut soutenu avec un égal acharnement de part et d'autres : Voici la relation qu'en donna le vice-amiral d'Estrées.

Relation du combat donné le 7 juin entre l'armée d'Angleterre et celle de Hollande.

» 7 juin 1672.

» L'armée de Hollande, après s'être fortifiée de quelques vaisseaux équipés à Amsterdam, dont on ne sait pas le nombre, parut, le 7 du mois, à la pointe du jour, à la vue d'une frégate détachée des vaisseaux du Roi, qui était en garde à la tête de l'armée. Cogolin, qui la commandait, vigilant et entendu capitaine, ne manqua pas de faire les signaux ; et sans l'avis qu'il en donna, les ennemis auraient pu surprendre l'armée à l'ancre, les frégates anglaises n'ayant rien découvert du bord qu'elles avaient couru.

» Je ne doute pas que cette espérance ne leur ait fait prendre la résolution de nous venir combattre, fortifiés encore de la pensée que, lorsqu'une armée est près des côtes pour y faire de l'eau, il manque toujours des chaloupes et beaucoup de monde aux vaisseaux, et que l'ordre ne peut jamais être si grand que lorsque l'on est sous les voiles.

» Le vent qui les portait est celui qui traverse la côte de Solebay tellement qu'outre l'escadre rouge était mouillée fort près de terre, ils jugeaient bien qu'il était difficile à l'armée d'Angleterre de s'élever, et de courir d'assez longues bordées pour disputer le vent.

» Pour l'escadre des vaisseaux de Sa Majesté, elle était mouillée un peu plus au large, et, nonobstant la nécessité où elle était de faire beaucoup plus d'eau que les Anglais, on usa de cette précaution, la plupart des capitaines souhaitant le contraire.

» Les ennemis s'étant donc avancés avec cet avantage, au nombre de quatre-vingt-six vaisseaux de guerre et de trente brûlots, et force galiotes, commencèrent à arriver sur nous à sept heures du matin, que l'on était déjà sous les voiles.

L'aile qui était opposée à l'escadre française tint le vent davantage, et courut un bord différent du reste de son armée, et dans le même temps, le major des vaisseaux que le vice-amiral avait envoyé pour recevoir les ordres de M. le duc d'York, lui rapporta qu'il eût à tenir le vent autant qu'il serait possible, et que pour lui il aurait beaucoup de peine à s'élever, tellement que, *jugeant qu'il ne pouvait tenir le vent avantageusement que du bord que l'escadre de Zélande courait, différent de celui de son armée, le vice-amiral prit le parti de la combattre, et la percer avec son escadre pour aller joindre M. le duc d'York et le dégager.* Ce mouvement attira sur eux quarante-trois vaisseaux de guerre ou environ, et cinq à six brûlots, dont il y avait quatre pavillons : un d'amiral, un de vice-amiral et deux de contre-amiraux.

Le combat commença de cette sorte, presque en même temps de tous les côtés. Le milord Sandwich fit ce qu'il put pour percer l'escadre opposée, n'ayant plus de mer à courir, et ne pouvant s'étendre à cause des bancs, ni prendre un autre parti. Dans ce dessein, un vaisseau de guerre de l'ennemi, de soixante pièces, l'ayant approché pour l'arrêter, il l'aborda et le prit, mais il fut ensuite repris par les Hollandais. On lui détacha ensuite deux brûlots, dont il se dégagea, quoiqu'il eût plus de trois cents hommes morts ou hors de combat; mais enfin un vice-amiral hollandais lui en ayant mené un autre, il ne put s'en sauver, et l'on croit qu'il a péri dans le feu, le capitaine qui servait sous lui ayant eu moyen de s'échapper avec une partie de l'équipage.

Pour M. le duc d'York, pressé par les mêmes raisons qu'avait eues le milord Sandwich de changer de bord, il se résolut de revirer dans la ligne de l'ennemi; ce qu'il fit aussitôt qu'il eût monté sur le vaisseau de M. Holmes, ayant été obligé de quitter le sien, qui dès le commencement du combat avait été incommodé et perdu le capitaine Cox, qui fut tué à ses côtés. Il perça cette ligne avec beaucoup de fortune, et gagna le vent des ennemis, suivi de peu de vaisseaux. La confusion et le combat furent grands en cet endroit et dans cette mêlée. Les

Hollandais abordèrent *la Catherine*, commandée par le chevalier de Chichely, et l'emportèrent, mais il fut repris aussitôt par les Anglais, comme le vaisseau de M. Digby, qui fut aussi abordé.

» Quoique M. le duc d'York écrive à Sa Majesté, il m'a toutefois ordonné de faire cette relation sur les choses qu'il m'a dites....

» Il ne peut pas mieux faire ni témoigner plus de sens et de courage qu'il a fait en cette occasion. Il a monté trois vaisseaux différents, ayant été obligé de passer de celui du chevalier Holmes sur celui de Spragge, vice-amiral de l'escadre rouge. Il m'a dit aussi qu'on ne saurait croire combien le vaisseau de milord Sandwich a bien fait son devoir, et à quel point a été la constance et la fermeté des équipages.

» L'armée d'Angleterre a perdu quatre capitaines, savoir : Cox, M. Digby, Hollis, et un autre dont j'ai oublié le nom ; mais on peut bien dire qu'elle a eu l'avantage dans ce combat, puisque les ennemis ne se sont pas servis de celui qu'ils avaient sur nous, qu'ils se sont retirés les premiers, et que les Anglais leur ont pris deux grands vaisseaux.

Chichely a été mené prisonnier en Hollande. Il y a plusieurs autres particularités qu'il était impossible de savoir, lorsque j'ai vu M. le duc d'Yorck, que l'on mandera à la première occasion.

» Pour les Français, dans le même temps que les ennemis commencèrent le combat du côté de l'escadre rouge et bleue, les Zélandais, qui leur étaient opposés, commencèrent aussi à les canonner ; mais, soit qu'ils n'eussent pas résolu de les enfoncer, ou qu'ils eussent l'ordre d'en user ainsi, ils tinrent le vent le plus qu'il leur fut possible, à une distance raisonnable, pour canonner. Il y eut un grand feu pendant tout le jour, que douze ou quinze vaisseaux de Sa Majesté soutinrent avec beaucoup de vigueur et d'ordre ; mais il ne fut pas possible d'exécuter le dessein qu'on avait pris de percer cette escadre et de lui gagner le vent ; car, outre que l'ennemi n'en donnait pas le moyen, les vaisseaux de l'avant garde ne tenaient pas assez le vent pour réussir, quoique le vice-amiral le tînt le plus qu'il fût possible, et qu'on le vît tout le jour entre ses vaisseaux et la ligne de l'ennemi.

» L'amiral zélandais tenta deux fois d'arriver sur le vice-amiral avec trois brûlots et trois ou quatre des plus grands vaisseaux de son escadre; mais, soit qu'il ne voulût faire qu'une tentative, ou bien qu'il crût qu'on n'en était pas étonné, la dernière fois il changea de bord, et se retira vers son amiral. On fit de notre part ce qu'il fut possible pour regagner au vent et rejoindre M. le duc d'Yorck, ce que l'on ne put faire qu'hier au matin, que tout le monde se rallia à lui; vingt vaisseaux anglais s'étaient joints à nous pour le rejoindre.

» On ne sait pas bien encore l'état auquel sont tous les vaisseaux. Ceux qui ont combattu plus que les autres sont tous assez incommodés. Le brûlot *l'Émérillon*, de l'escadre du sieur de Rabesnière, se tenant témérairement entre la ligne des ennemis et la nôtre, a été coulé bas; mais tout l'équipage s'est sauvé.

» *Le Superbe*, qui ne pouvait plus tenir sur l'eau à cause des coups de canon qu'il avait reçus, s'est retiré dans la Tamise ce matin. Je ne doute pas aussi qu'il n'ait perdu beaucoup de monde. Le capitaine est blessé à la jambe d'un coup de canon; mais on ne tient pas sa blessure mortelle. Desardens a eu la jambe emportée d'un coup de canon. Du Magnou est aussi blessé d'un éclat à la jambe. Pour *le Saint-Philippe*, quoiqu'il y ait eu quarante-deux hommes morts ou blessés mortellement, et vingt-cinq de blessures légères, le sort n'est point tombé sur les officiers, et il n'y a eu personne, de quelque considération, que le chevalier de Bezy, qui a été autrefois garde de la marine : il a reçu plusieurs coups à l'eau, et vingt dans ses mâts qui les ont un peu incommodés.

» Hier, 8 du mois, après que M. le duc d'Yorck eût rassemblé ses vaisseaux et vu les ennemis sous le vent, on arriva sur eux pour conserver la réputation et l'honneur du combat, ayant plié et s'étant retirés les premiers, quoique les avantages soient fort partagés. Ils me parurent moins forts de vingt vaisseaux ; il y en a eu de démâtés par les Anglais et deux par les nôtres.

» Quelques coups de canon du *Saint-Philippe* coulèrent bas une galiote, dont il ne se sauva personne; un brûlot de l'ennemi brûla de lui-même devant nous avec les hommes, et il est impossible que les ennemis ne soient furieusement incommodés, puisqu'ils ont pris le parti de se retirer si vite. On les poussa hier jusqu'à nous trouver engagés dans les bancs d'Ostende. On n'en vint pas aux coups de canon, parce qu'ils plièrent et mirent des voiles, qu'il survint une brume, et que les vaisseaux de notre avant-garde tinrent le vent plus qu'il ne fallait.

» Sa Majesté aura la bonté d'excuser, si cette relation est confuse, et si toutes les choses ne sont pas dans leur ordre, étant extrêmement pressé de lui envoyer la nouvelle de ce combat.

» Quoique l'on ne puisse rien reprocher au gros de l'escadre de Sa Majesté, cependant on peut l'assurer que si tous les vaisseaux s'étaient tenus dans leur rang et avaient observé exactement la manœuvre du vice-amiral, on aurait pu faire une action très-glorieuse et digne de ses armes; il est certain que les ennemis ne nous en ont pas toutefois donné le moyen. Comme il n'y a plus de remèdes sur le choix du capitaine de cette escadre, j'attendrai à rendre compte à Sa Majesté de ceux qui auront bien ou mal fait lorsque j'aurai l'honneur de la voir ; cependant elle le pourra juger par la revue des morts et blessés que l'on enverra à la première occasion.

» J'ai beaucoup de sujet de me louer des capitaines embarqués sur *le Saint-Philippe*, et particulièrement du sieur de Gabaret, en qui je ne connaissais pas les talents et les bonnes qualités qu'il a fait paraître. Le capitaine Heemskerk, que j'ai fait passer sur mon bord, sur le point de l'occasion, est un homme très-utile dans cette guerre, et qui a très-bien servi dans cette action. S'il plaisait à Sa Majesté de reconnaître, par quelque petite gratification, le zèle et les services que ces trois capitaines ont rendus, cela ne pourrait être que très-avantageux à son service. Le sieur de Cou a été blessé d'un éclat dans le côté, dont il est encore un peu incommodé.

» Le comte d'Estrées. »

» Le 9 juin 1672, entre Arwich et Ostende.

(Archives de la marine, à Versailles.)

Les Anglais furent très-irrités de la conduite de l'escadre française; ils la considérèrent comme un déni de secours, prétendant que le but de la France n'avait été que de regarder le combat, pour conserver ses vaisseaux, en laissant les deux nations de l'Europe les plus puissantes sur mer consumer leurs forces et s'entre-détruire, afin de pouvoir, dans la suite, venir à bout de ses desseins.

Ce combat fit naître également des aigreurs parmi les capitaines français, les uns ayant pris parti pour le comte d'Estrées, et les autres pour Duquesne. Il fallut l'intervention de M. de Colbert de Croissy, ambassadeur de France en Angleterre, pour faire cesser cette mésintelligence qui aurait pu avoir des suites fatales.

Les gens qui ont jugé la manœuvre du comte d'Estrées avec un sentiment d'impartialité, l'ont attribuée à des ordres secrets du roi.

— *Il était de bonne politique de laisser deux puissances rivales s'entre-detruire au profit de la France, qui, plus tard, pouvait avoir pour ennemie l'une ou l'autre de ces puissances.*

Le 7 juin 1673, un an, jour pour jour, après le combat de Southwold-Bay, l'escadre française eut l'occasion de se laver des reproches dont on avait accablé M. d'Estrées l'année précédente; amiral et officiers anglais lui donnèrent des éloges unanimes.

La flotte combinée se trouvait cette fois sous les ordres du prince Rupert, qui commandait *l'escadre rouge*, ou aile droite; *l'escadre blanche*, ou corps de bataille, était commandée par le comte d'Estrées, et *l'escadre bleue*, ou aile gauche, par le chevalier E. Spragge. Cette nouvelle disposition fut, sans nul doute, la conséquence des réclamations du parlement anglais.

La flotte hollandaise était commandée par l'immortel Ruyter, qui se trouvait secondé par le brave Tromp. L'action s'engagea à la hauteur de Schwelt sur le coup de midi, et ne cessa qu'à la nuit. Cette fois encore on laissera le vice-amiral raconter les détails de ce combat mémorable.

Relation de M. le vice-amiral, du combat qui se livra le 7 juin 1673.

« Le temps avait été si mauvais depuis le 2, que l'armée avait mouillé à l'entrée des bancs de Flandre; mais, le 7, toutes choses ayant été disposées après le conseil que l'on tint le 6, pour résoudre la manière de faire, j'ai ordonné, dès le soir, le détachement des vaisseaux qui devaient s'avancer à la tête de l'armée, suivant le projet dont j'ai rendu compte déjà. On mit à la voile à dix heures du matin avec un vent favorable, et la marée, dont on avait choisi le temps exprès, et tous les vaisseaux, tant les détachés que les autres, s'avancèrent pour combattre les ennemis, les premiers à la tête, ce qui apporta ensuite un peu de désordre et de confusion; car, comme ils étaient déjà plus avancés, ils engagèrent le combat plus tôt que ceux qui les suivaient, et ne se remirent pas après dans l'ordre qu'ils y devaient tenir.

» Il est vrai qu'ayant été envoyés dans cette pensée que *les ennemis ne voudraient pas s'opiniâtrer au combat, et que n'étant pas dans un si grand nombre qu'on les a trouvés ci-joint, ils prendraient le parti de se retirer,* les vaisseaux détachés, particulièrement les Français, crurent qu'ils devaient toujours donner devant les autres, et quoique ce fût par un motif de hardiesse et de courage, cela ne laissa pas toutefois de penser causer un grand embarras dans la suite.

» Quelques-uns se trouvèrent à la tête de l'escadre rouge et s'y signalèrent, particulièrement M. de Tivas, capitaine du vaisseau *le Conquérant*, qui, s'étant approché d'abord de l'amiral Tromp, qui tenait le poste de l'avant-garde avec douze ou quinze vaisseaux, se fit remarquer par M. le prince Rupert, qui a témoigné du regret de sa mort ; car il fut quelques temps après tué d'une volée de canon dans le combat, et son vaisseau, en assez méchant état, s'est retiré depuis dans la Tamise pour se raccommoder, sans que j'en aie pu apprendre des nouvelles. Le sieur d'Estivalle se trouva au même endroit, et les Anglais le remarquèrent, ainsi que deux autres moindres vaisseaux, *l'Aquilon* et *l'Oriflamme* ; mais il revint prendre son poste auprès du pavillon aussitôt qu'il put le faire.

» M. le prince Rupert avait engagé le combat avec l'escadre rouge, et commencé à faire plier l'ennemi, lorsqu'au corps de bataille, et particulièrement une partie des vaisseaux de la division du vice-amiral, et ceux qui restaient avec M. le marquis de Grancey, pressèrent si vivement les vaisseaux qui leur étaient opposés, qu'ils commencèrent à quitter leur ligne, et l'amiral de Zélande se trouvant lui-même incommodé par M. le marquis de Grancey, eut été emporté et poussé par les autres, si dans ce temps-là l'amiral Ruyter, voyant bien qu'il ne pouvait rétablir ce désordre sans le secourir, ou soit encore qu'il fût lui-même trop près des bancs, n'eût pris le parti de changer le bord, et de percer et de couper la ligne de notre armée entre le contre-amiral et le vice-amiral de vaisseaux de Sa Majesté. Près de vingt-cinq vaisseaux changèrent le bord avec lui ; et comme on jugea bien de son dessein, et combien il était nécessaire de s'y opposer en le tenant sous le vent, on résolut de l'attendre, en sorte qu'il fut obligé de plier ou de s'aborder plutôt que de se laisser gagner au vent.

» En approchant du pavillon de Sa Majesté, il jugea de la nécessité d'arriver sous lui, et passa entre lui et le vaisseau de M. de Preully, à la portée du pistolet, avec neuf vaisseaux ou brûlots qui le suivirent.

» *Le Tonnant* étant seul, pour lors, le plus près du vice-amiral, mais le *Foudroyant*, un peu plus sous le vent de lui à l'arrière, se voyant dans la nécessité de plier ou d'aborder l'amiral Ruyter, ou le premier vaisseau qui avait passé à sa tête, accrocha celui-ci, et ayant jeté du monde dessus, s'en rendit le maître. Chaboissière et le chevalier de Léry, lieutenant, y étant sauté, mais n'ayant point été suivis de tout leur équipage, y demeurèrent longtemps, ayant fait plier les Hollandais au fond de cale, pris et enlevé des prisonniers, et obligé, une partie, à se retirer dans les chaloupes à vers terre, dont on n'était alors éloigné que de deux lieues.

» Ces deux lieutenants firent parfaitement leur devoir : le premier fut blessé dangereusement d'un coup de pistolet, et l'autre ayant été colleté par le lieutenant du vaisseau hollandais, le tua d'un coup d'épée, et eût été en danger, sans un volontaire appelé Durivaux, qui tua le capitaine. Ils ont rapporté les épées de ces deux officiers. Pendant ce temps-là, Ruyter, qui avait été obligé d'arriver, s'étant mêlé avec tous les vaisseaux de l'escadre française qui étaient sous le vent, et une partie de l'escadre bleue, se trouva de la sorte séparé de son avant-garde, et entièrement de Tromp, qui conservait le vent sur une partie de la division du vice-amiral

» Le sieur Gabaret, capitaine du *Foudroyant*, n'eut pas le temps d'enfoncer le vaisseau ; on ne voulut pas s'en charger, soit à cause du monde qu'il aurait perdu, soit que c'eût été infailliblement commettre à se faire prendre, étant sous le vent de cette escadre dans le même temps que l'amiral Ruyter se trouvait mêlé avec les vaisseaux que l'on a dit ci-dessus. M. le prince Rupert, qui était toujours au vent de cette escadre, arriva sur eux, et l'on ne doutait point qu'étant entièrement séparée, elle n'eût couru fortune, si Ruyter n'eût pris le parti de courir de ce côté-là pour s'en approcher ; ce qu'il fit jusqu'à dix heures du soir que finit le combat.

» Il est aisé de considérer qu'ayant à combattre dans les bancs avec de grands vaisseaux qui tirent beaucoup d'eau, et où l'on ne peut s'étendre sans trouver la terre, on ne peut se servir de l'avantage qu'on a sur l'ennemi qu'on fait plier, par la raison que l'on a d'appréhender de s'échouer.

» Je ne doute pas aussi bien que, bien que les Hollandais aient beaucoup souffert, et qu'on ait vu brûler de leurs vaisseaux et d'autres se retirer en fort méchant état, *que sans le* peu d'ordre put gardèrent les capitaines de nos brûlots, dont ceux qui étaient détachés se précipitèrent eux-mêmes avec trop de témérité, sans attendre les vaisseaux pour les conduire, ils eussent encore plus fait de mal à l'ennemi, s'ils avaient conservé, dans la mêlée de l'escadre de Rotterdam avec nos vaisseaux, cette chaleur qu'ils employèrent si mal à propos.

» On rendra compte à la fin, de la manière dont ils sont tous péris, à la réserve du jeune Chaboisseau, qui vient d'arriver a ce que j'ai su, avec son brûlot.

» Il n'est pas possible de témoigner ici combien Sa Majesté a sujet d'être satisfaite de tous les capitaines qui ont l'honneur de la servir.

» M. le marquis de Grancey, et toute la division, ont pressé extrêmement les ennemis, et s'il y avait quelque chose à trouver à redire dans cette action, c'est un peu trop de chaleur qui le porta d'arriver sur l'ennemi avec une partie de la division du vice-amiral.

» Tous, hormis le marquis de Preully et le sieur Gabaret, dont on a déjà parlé, se trouvèrent mêlés avec l'escadre de Rotterdam, et y firent des merveilles.

» Les capitaines détachés qui combattirent à la tête de l'escadre rouge étaient les sieur Thivas, d'Estivalle, le chevalier de Bethune, et Louis Gabaret, et la division de M. Desardens lui-même, et le chevalier de Tourville, qui était à la tête, firent tout ce que l'on pouvait attendre d'eux, et empêchèrent particulièrement un vice-amiral, avec d'autres vaisseaux, de gagner le vent au pavillon de Sa Majesté.

» La chaleur même que la plupart des capitaines ont témoignée, d'abord en pressant les ennemis, n'a pas été accompagnée de trouble ni de confusion; mais au plus fort de la mêlée, ils ont parfaitement bien tenu leur ordre et fait leur manœuvre, et, je ne regrette rien que l'imprudence et la témérité des capitaines de brûlots.

» M. le prince Rupert m'a témoigné ce matin beaucoup de satisfaction du service que nos vaisseaux ont rendu, et a ajouté que les Hollandais n'avaient jamais combattu avec tant de hardiesse et de ruse qu'en cette dernière occasion. Et si l'on considère que le vaisseau qui porte le pavillon de Sa Majesté tire vingt-deux pieds et demi d'eau, et tous les grands vaisseaux anglais presque autant, on jugera sans doute que c'est une entreprise très-hardie, et que personne jusqu'ici n'avait osé tenter avec une grande armée.

» On a appris des prisonniers faits par le sieur Gabaret, que tous les vaisseaux qui composent l'armée des Etats sont au nombre de cent-sept voiles, dont il y avait soixante grands vaisseaux.

» Les Anglais ont perdu, à ce que j'ai appris, cinq capitaines, et M. d'Hamilton, qui commande un régiment, a eu la jambe emportée dans le vaisseau de M. le prince Rupert.

» Dans l'escadre des vaisseaux du Roi, on n'a perdu que le sieur de Tivas, capitaine, et un enseigne du *Sans-Pareil*, appelé Potier.

» Je ne sais point encore si dans *le Conquérant* et dans *le Bon* il n'y aurait point quelque officier de blessé : car ces deux vaisseaux ont été très maltraités.

» Le chevalier de Flacourt, capitaine, est blessé d'un éclat qui lui fend le menton, et lui casse une dent ou deux.

» Sur *l'Apollon*, un enseigne, appelé Sicart, a les deux mâchoires emportées.

» Sur le *Foudroyant*, Chaboissière, lieutenant, est extrêmement blessé d'un coup de pistolet à travers le corps ; sur le même vaisseau, un volontaire par lettre de cachet, nommé Durivaux, dont on a déjà parlé, est aussi blessé.

» Sur *l'Orgueilleux*, à ce qu'à dit M. de Grancey, le marquis de Bonivet, volontaire, blessé.

» Sur le vice-amiral, un garde de la marine, appelé de Sèche, blessé d'un éclat.

» Sur le *Tonnant*, le chevalier de Roncerolles a eu le bras droit emporté d'un coup de canon.

» Des capitaines de brûlot détachés, Vidaut fut tué au commencement du combat.

» Chaboisseau l'aîné fut coulé à fond, et revint au vice-amiral.

» Rocachon, tué d'un coup de mousquet, et son maître d'équipage, à ce que l'on a dit, n'a pas laissé de brûler un vaisseau hollandais.

» Saint-Michel : son vaisseau fut démâté, et, voulant aborder, fut blessé d'un coup de mousquet au travers du corps, duquel il y a peu à espérer.

» Desgrois : on sut seulement qu'il était démâté parmi les ennemis.

» Ozée Thomas, de même.

» Le vieux et le jeune Serpant, brûlots du vice-amiral : le vieux aborda un vice-amiral de Hollande par son beaupré, dans le temps que Ruyter se mêla avec les vaisseaux français; quant au jeune, qui était éloigné du pavillon, on n'en a appris aucune nouvelle, si ce n'est qu'il a brûlé.

» On ne sait pas encore le nombre des morts et des blessés des équipages de chaque bord.

» Parmi les prisonniers que les gens de M. Gabaret ont faits dans le vaisseau *le Deventer*, commandé par le capitaine Kirlenburg, il s'est trouvé deux Français et un Anglais. On a fait remettre celui-ci entre les mains de M. le prince Ruper, qui a dit qu'on en ferait une prompte justice; je fais garder les Français fort soigneusement pour les mettre dans le conseil de guerre après que Sa Majesté l'aura ordonné.

Comme il faudrait étendre ce mémoire, si l'on voulait rapporter ici toutes les aventures particulières de chaque vaisseau, le sieur de Saint-Amand ne manquera pas de rendre compte à Sa Majesté de ce que j'ai appris; mais on ne peut lui rien mander de tous qui ne la doive satisfaire.

» LE COMTE D'ESTRÉES. »

» On ne peut s'empêcher de dire ici que les sieurs comtes de Limoges et de Levaré, Desmaret de Vouzy, et les sieurs de la Porte et de Saint-Amand, volontaires, embarqués sur le vieil amiral, se sont parfaitement bien acquittés de leur devoir. »

(*Archives de la marine, à Versailles.*)

Le prince Rupert lui-même, dans la relation qu'il fit de ce combat, rendit justice à l'intrépidité des Français. Mais autant il s'était plu à combler d'éloges le vice-amiral d'Estrées, à la suite de cette affaire, autant il se plaignit amèrement de sa conduite dans celle qui eut lieu le 21 août, où le comte d'Estrées, par l'exigence de Louis XIV, fut placé à l'avant-garde et où il renouvela la manœuvre du 7 juin de l'année précédente. Après ce combat, l'indignation générale contre l'escadre française fut portée à son comble.

Il est évident, d'après les faits qui se sont passés dans ses trois combats, que les intentions formelles de Louis XIV étaient de laisser, autant que possible, les ennemis ou alliés s'entre-détruire, afin de profiter de leur ruine, à l'occasion; mais combien cette façon d'agir peu honorable dût être un cruel supplice pour tous ces braves capitaines de vaisseaux ou chefs d'escadre, tel que Duquesne, Valbelle, Grancey, Martel, Tourville, Desardens, Gabaret, et sans doute aussi pour le comte d'Estrées, lui-même; car la politique déloyale du roi leur imposait de jouer, aux yeux des Anglais et de toute l'Europe, un rôle de lâcheté qu'ils devaient bravement démentir plus tard à Messine, à Tabago, à La Hogue et à Rio Janeiro.

La lettre suivante de M. le marquis de Martel, relative au combat du 21 août, quoiqu'une grave accusation contre le comte d'Estrées, mérite d'être rapportée pour rétablir les faits dans leur jour véritable et pour que la conduite de l'escadre française retombe sur le véritable auteur.

Copie d'une lettre de M. le marquis de Martel, à monseigneur l'Ambassadeur.

Du 6 septembre 1673.

« Je ne doute pas que monsieur le Major ne vous ait informé du combat que nous avons fait le 21 août; mais je suis persuadé que les Anglais ne demeurent pas d'accord de sa relation : quoique je pourrais être en suspect pour n'être pas en bonne intelligence avec M. d'Estrées, je prends, monsieur, la liberté de vous dire à peu près les choses qui se sont passées, et toute l'armée en demeurera d'accord.

» Le 21 août, à la pointe du jour, l'armée des Hollandais parut au vent de nous, à deux lieues de distance, et le prince Rupert se mit en bataille sur une ligne; il composait le corps de bataille, M. Spragge, l'arrière-garde, M. d'Estrées, l'avant-garde; l'on m'avait fait l'honneur de me donner, avec ma division de dix navires, et trois brûlots, la tête de l'avant-garde. Comme nous marchions tous sur une ligne au plus près du vent, j'étais donc le premier de la ligne; les ennemis nous ayant considérés et vus en cet ordre, prirent leurs résolutions de la manière qu'ils devaient nous attaquer, qui fut de détacher le vice-amiral de Zélande avec des navires de guerre et deux brûlots pour m'attaquer, ce qu'il fit avec toute force de voiles; MM. Ruyter et Tromp arrivèrent sur le gros de l'armée. M. le prince Rupert et Spragge les reçurent avec beaucoup de résolution et d'honneur; M. d'Estrées, au lieu de prendre le parti de faire tête au gros de cette armée, et de combattre un des pavillons, fuit toujours au plus près du vent, et, par ce moyen, évita le combat, et laissa M. le prince Rupert et M. Spragge soutenir toute l'armée des ennemis, à la réserve de l'escadre de Zélande, qui était aux mains avec moi, si bien que M. d'Estrées se trouva dans un intervalle entre M. le Prince Rupert et moi, où il n'y avait pas un seul vaisseau ennemi; il y demeura deux heures, tantôt le vent sur les voiles; après il faisait porter, mais s'éloignant toujours de M. le prince de Rupert et de Spragge, qui faisaient un feu terrible les uns contre les autres ; cela dura depuis huit heures du matin jusque sur les onze heures, sans que M. d'Estrées eût tiré un coup de canon; je fus assez heureux, après un long combat, quoique peu assisté des vaisseaux de ma division, de battre les Zélandais, en leur gagnant le vent, leur ayant mis le feu à un de leurs brûlots, et d'un coup de canon, en avoir dégréé un de leurs plus forts ; de faire plier le vice-amiral vent arrière, lequel ne put éviter, avec trois de son escadre, de passer au milieu de la division de M. d'Estrées, ce qui lui donna lieu de tirer quelques coups de canon, et d'en recevoir, en passant, quelques-uns; sans cela, il n'aurait pas tiré, en toute la journée, un seul coup; et ce qu'il a tiré est comme rien et fort honteux pour lui, de n'avoir pas fait périr des vaisseaux maltraités, et qui lui passèrent au travers de toute sa division. Sur le midi m'étant raccommodé et mis en état de pouvoir tenir voile, j'arrivai sur l'armée des Anglais et des Hollandais, qui se battaient furieusement. M. d'Estrées, me voyant dans le dessein d'aller au secours des Anglais, fit même route ; et comme nous étions fort loin, nous ne pûmes y arriver que sur les cinq heures du soir.

» Voici donc la grande faute que M. d'Estrées a encore faite, car il pouvait réparer celle du matin ; ceci est l'Evangile. Les Hollandais, nous voyant arriver vent arrière sur eux, se retirèrent du combat, et firent un corps de quarante vaisseaux, croyant que M. d'Estrées fondrait sur eux : lui n'avait point combattu, et eux, qui étaient tous délabrés et maltraités du long combat, firent vent arrière afin de se battre en retraite, et de gagner la nuit, qui était proche. Comme j'avais approché plus près les ennemis que M. d'Estrées, je leur tirai quelques coups de canon, et partie de ma division leur en tirèrent, ne faisant qu'attendre M. d'Estrées pour donner dessus tous ensemble, ou ses ordres ou signaux de donner ; car il nous avait lié les mains de ne faire aucune attaque sans son ordre, à peine de désobéissance, comme l'on peut voir par son écrit envoyé par monsieur le Major. M. le prince Rupert, qui était proche et en état de donner, voyant que le temps se perdait, et que M. d'Estrées, au lieu d'arriver pour attaquer les ennemis, tenait le vent, M. le prince Rupert mit un pavillon bleu, marqué dans les signaux généraux pour arriver et attaquer les ennemis. M. d'Estrées continua de tenir le vent sans tenir nul compte d'attaquer les ennemis ; sur le soleil couché, il envoya le Major à M. le prince Rupert, et passa proche de moi, me demandant en quel état j'étais du combat que j'avais fait. Nous nous sommes séparés cette nuit-là ennemis. Voilà la vérité. M. d'Estrées a déshonoré la nation, ayant fait tout autant mal qu'il pouvait. Les Anglais pestent avec grande raison contre lui. Il cherche tous les moyens de s'excuser ; il a fait des relations qui se trouveront si fausses que cela lui fera tort ; il a pris tous les devants, envoyant son secrétaire à l'insu de tout le monde. J'ai écrit au roi et à M. Colbert la vérité de tout. Il est vrai que les Anglais ont fait tout ce qui se peut faire, et on a justé sujet de n'être pas content de M. d'Estrées. Tout roule sur lui ; car les capitaines auraient fait leur devoir s'il les y avait menés, je le veux croire. Si l'on veut faire réflexion sur tous les combats que l'on a rendus, M. d'Estrées n'a jamais fait aucune action de vigueur dans cette campagne ; et s'il l'avait voulu au premier combat, il aurait abordé Ruyter et l'aurait pris, étant très-maltraité ; ç'a été lui qui a fait perdre tous ces pauvres capitaines de brûlots, leur ayant fait le signal trop tôt. L'an passé, ce qu'il a fait à Duquesne crie vengeance devant Dieu ; enfin il a si bien pris ses partis qu'il n'a jamais voulu s'engager à faire aucune attaque. L'on peut dire avec vérité que c'est un pauvre homme, fort décrié parmi les Anglais ; je ne crois pas qu'ils veuillent aller à la guerre avec lui, n'y ayant nulle créance.

» Je suis avec le respect que je vous ai voué, monsieur, votre très-humble et très-obéissant serviteur

» P. Martel. »

Le 6 septembre 1673.

(*Archives de la marine à Versailles.*)

On pourrait rapporter plusieurs autres relations toutes aussi écrasantes pour le comte d'Estrées qui justifient le mécontentement des Anglais. Il n'y eut pas un officier qui ne fît retomber sur le vice-amiral la honteuse manœuvre de l'escadre française dans le combat du 21 août 1673, comme dans celui du 7 juin 1672. Si, comme on l'a fait remarquer déjà, les instructions et les ordres secrets du roi n'eussent fait retomber sur lui ce déni d'assistance, il est évident que le comte d'Estrées n'eût pu se laver d'une si grande lâcheté.

Cette action navale, qui fut la dernière de l'année 1673, amena la paix séparée de l'Angleterre avec la Hollande. Louis XIV mit tout en œuvre pour empêcher Charles II de céder aux exigences de son Parlement; mais toute sa politique habile échoua devant l'indignation de la nation anglaise : le traité fut signé à Westminster, le 9 février 1674, et Charles II resta neutre à l'égard de la France.

Le comte d'Estrées resta sans emploi jusque vers le milieu de l'année 1676. Ayant proposé au roi d'entreprendre la ruine des colonies hollandaises dans les îles du cap Vert et sur la côte orientale et méridionale de l'Amérique du sud, son projet fut très-goûté; on lui fournit pour cette expédition quatre vaisseaux de cinquante canons et quatre frégates de trente, et quatre cents hommes de troupes de débarquement.

Les Hollandais, de leur côté, avaient envoyé dans ces parages, sous les ordres de l'amiral Binckes, une escadre qui s'était emparée de Cayenne et de l'île de Tabago dans les Antilles. Cette dernière, dans sa position géographique, était un des points les plus importants pour les Hollandais.

Colbert, informé de ces nouvelles, hâta plus que jamais le départ du comte d'Estrées, qui mit à la voile le 6 octobre, le cap sur Cayenne, qu'il devait, par ordre du roi, reprendre à tout prix.

Après s'être ravitaillé aux îles du cap Vert, il reprit sa route, et, le 17 décembre, il laissait tomber l'ancre dans l'anse Miret, point distant de sept lieues environ du fort de Cayenne. Cette affaire fut brillante et hardie; le comte y déploya une grande intrépidité, et fut bravement secondé par ses officiers. Le chevalier de Lézi, l'ancien gouverneur de Cayenne, qui avait été obligé de livrer la place aux Hollandais, ayant obtenu du roi de faire partie de l'expédition, comme volontaire, effaça également par des traits de bravoure son premier échec.

L'amiral Binckes, avant de quitter la place pour la mettre en état de résister à toute attaque tant par mer que par terre, l'avait fait entourer de puissantes palissades, sur lesquelles on avait élevé des cavaliers défendus par vingt-six ou vingt-sept pièces de canons chacun, qui faisaient un feu croisé, et y avaient laissé trois cents hommes de troupes réglées.

Voici le compte-rendu que le comte d'Estrées fit de ce siège, qui couvrit les armées françaises d'une nouvelle gloire.

. . . .
. . . .

— Toute la difficulté de l'attaque consistait, outre les travaux bien palissadés, à rendre inutile cette grande quantité de canons que les Hollandais y avaient placés, et l'on n'imaginerait point de meilleur moyen que de les attaquer la nuit; mais, comme la lune était justement dans son plein, on crut qu'il fallut attendre jusqu'au 21 décembre, qu'il y eût assez de nuit depuis le soleil couché jusqu'au lever de la lune, pour donner le temps à chacun de se porter au lieu de son attaque sans être découvert, parce qu'il fallait défiler les bois à deux cents pas des travaux, chacun par différents chemins. Le plan qu'on joint à cette relation servira à faire voir les attaques. Ainsi il suffira de dire qu'elles commencèrent à l'heure qui avait été concertée, avec tant de vigueur de tous les côtés, que les travaux furent partout emportés en moins d'une demi-heure.

— Les ennemis s'étaient flattés que, parce qu'on avait différé de les attaquer, on n'avait pas résolu de le faire, mais seulement de piller l'île et de se rembarquer. Ce qui les confirma dans cette pensée, ou du moins qu'ils ne seraient pas attaqués ce jour-là, c'est qu'ils entendirent battre la retraite à l'ordinaire dans le camp, lorsque les troupes étaient déjà dans les bois et assez près des retranchements.

— Nonobstant toutes ces précautions et la surprise des ennemis, on n'a pas laissé d'y perdre du monde et d'y avoir assez eu de gens de blessés, même de coups de piques et d'espontons; mais on ne saurait assez louer la vigueur des officiers, dont il serait difficile de dire en paroles les actions. Cependant, si l'on considère que des troupes levées seulement quinze jours devant l'armement, avec quelques matelots peu aguerris, ont agi dans cette rencontre comme auraient pu faire les meilleurs régiments des armées de Sa Majesté, on l'attribuera sans doute à la valeur et à l'exemple des officiers.

— M. le vice-amiral a été témoin de la conduite et de la vigueur de M. le comte de Blenac à exécuter les ordres qu'il avait donnés, et il est certain qu'il ne s'y peut rien ajouter.

— Le sieur Panetier ayant été blessé dès le commencement de l'attaque d'une blessure très-grande, n'a cessé d'encourager ses soldats à bien faire, quoiqu'il ne fût plus en état d'agir.

— Le sieur de Grand-Fontaine étant incommodé d'un pied, en sorte qu'il ne pouvait marcher, se fit porter en chaise, et son premier porteur ayant été tué d'un coup de mousquet, n'a pas cessé d'achever son attaque avec le même ordre et la même vigueur que s'il eût eu d'aussi bonnes jambes que les autres.

— Le sieur chevalier de Machault, commandé avec trois chaloupes, a bien pris son temps et la marée, et a fort bien fait, aussi bien que le sieur Julien, lieutenant, qui était embarqué avec lui.

— Les sieurs de La Mélinière et chevalier de Lézy, chargés d'une attaque, et le sieur chevalier d'Hervault, d'un détachement de cinquante hommes, ont tous également et parfaitement bien fait : les deux premiers ont pris le gouverneur et quelques officiers prisonniers.

— Le sieur d'Arbouville, major de l'escadre, et Bellacroix, et d'Armanville, ont fait tout ce qu'on pouvait attendre d'eux.

— Tous les volontaires ci-dessus nommés ont été les premiers à arracher les palissades, et le sieur Patoutet, commissaire général, n'a pas quitté le vice-amiral.

— On peut dire toutefois que l'attaque la plus disputée a été celle de la Chapelle, que commandait le sieur comte de Blenac en présence et sous les ordres de M. le vice-amiral. Un soldat de celle de la porte ayant mis le feu à sa bandoulière à la sortie des bois, les ennemis tirèrent un coup de canon, et quelques gens du bataillon commandé par le sieur comte de Blenac, ayant marché sans ordre, ils furent suivis de plusieurs, quoique ce fût rompre l'ordre de l'attaque générale, qui devait, selon qu'elle avait été concertée, commencer par les palatuviers et les cavaliers; M. le vice-amiral crut toutefois qu'il était plus dangereux de faire revenir les troupes en arrière, que de tomber dans ce contre-temps. Il prit la tête de tout avec M. le comte de Blenac; mais tout cela fut bientôt réparé, parce que chacun était déjà au lieu de son attaque, et avec même ardeur et même impatience de donner. Il n'y eut pour ainsi dire qu'un moment entre le commencement de cette attaque et celui des autres.

. . . .
. . . .

Signé : Le comte d'Estrées.

A la rade de la Martinique, le 21 janvier 1677.

(Arch. de la marine, à Versailles.)

Le comte d'Estrées fit rétablir en toute hâte tout ce que le canon avait détruit, laissa une garnison suffisante à Cayenne, sous le commandement du chevalier de Lézy, et partit pour la Martinique, où il apprit que les Hollandais avaient fortifié Tabago, qu'ils y avaient construit un fort, qui était presque terminé, et que la garnison se composait de près de mille hommes de troupes réglées; il eut en outre avis qu'une flotte hollandaise se dirigeait sur Tabago. Il était important de prévenir son arrivée. Il hâta donc ses préparatifs, se recruta de quelques compagnies d'infanterie, et partit le 12 février. Il arriva le 20 du même mois en vue de la place, où l'escadre hollandaise était mouillée depuis quinze jours.

L'escadre française ayant jeté l'ancre à six ou sept lieues de la ville, le comte d'Estrées s'occupa d'abord de connaître la position des ennemis. Deux prisonniers, qui furent amenés par un détachement, l'informèrent que les ouvrages du fort étaient presque terminés ; que les vaisseaux hollandais étaient embossés dans le port, et si près de terre, qu'ils pouvaient donner des secours à la ville, comme ils pouvaient en recevoir.

Ces informations déterminèrent l'assemblée du conseil où il fut résolu que l'attaque par terre et par mer devait se faire simultanément.

Voici comment s'exprime M. le comte d'Estrées sur ce combat, qui eut lieu le 3 mars. . . . .
. . . .
— On convint que l'entrée des vaisseaux dans le port précèderait de trois quarts d'heure l'attaque de terre, et que les troupes, au lieu de sortir par des défilés, marcheraient de front et par les lieux les plus ouverts. Les deux jours qu'Hérouard avaient demandés étant expirés, on mit à la voile le mercredi des cendres 3 mars, et les vaisseaux entrèrent dans le port dans l'ordre que l'on envoie avec cette relation. Ils essuyèrent près de neuf cents coups de canon, sans en tirer aucun qu'après avoir pris leur poste à la portée du pistolet. *Le Marquis* aborda un vaisseau ennemi, et *le Glorieux*, qui portait pavillon, un autre ; ce dernier par la nécessité de le faire pour laisser de la place au *Précieux*, sans quoi il n'aurait pas eu de part au combat, ce qui nous aurait été d'un grand désavantage. On était convenu, dans le conseil de guerre dont j'ai déjà parlé, qu'il fallait vaincre ou mourir, et faire périr tous les vaisseaux ennemis, soit en s'en rendant les maîtres en les abordant, ou à coups de canon, selon que chacun jugerait à propos de le faire pour réussir dans cette action. Il eût été impossible de pouvoir ressortir d'une porte où l'on était entré à la faveur d'un vent qui souffle toujours du même côté, s'il était demeuré seulement deux vaisseaux ennemis sans être détruits.

— Pour l'attaque de terre, elle se fit tout au contraire de ce qui avait été résolu. Hérouard, toujours persuadé qu'il fallait éviter le feu des six pièces de canon qui battaient dans l'esplanade par où il fallait marcher de front, s'alla cacher dans les roseaux, qui, à la vérité, en étaient assez proches, et où l'on était à couvert de la vue des ennemis, mais d'où on ne pouvait sortir qu'en défilant. L'attaque du fort commença aussi dans les temps de l'entrée des vaisseaux dans le port : ce fut un autre contre-temps qu'il fut impossible de réparer : la plupart des officiers tués ou blessés en défilant, en sorte que de quarante il n'y en eut que deux qui n'eurent pas de blessure. Hérouard fut tué, désespéré du peu de succès de l'action ; de Grand-Fontaine eut le bras cassé : l'un et l'autre de ces officiers avaient beaucoup de valeur.

— A dix heures du matin, il y avait plusieurs vaisseaux ennemis brûlés ou coulés à fond. Outre que la chaleur était excessive ce jour-là, l'on combattait de si près que les valets que l'on met par dessus les boulets dans les canons, s'attachant aux vaisseaux, y mettaient le feu.

— *Le Glorieux*, comme j'ai dit, ayant abordé le contre-amiral de cette escadre, s'en rendit bientôt le maître ; mais on s'aperçut bientôt après que le feu y était assez près de la chambre aux poudres pour craindre qu'il ne sautât bientôt. L'on fit tout ce que l'on put pour l'éloigner de nous ; on coupa les amarres qui nous tenaient abordés, mais inutilement ; il n'était pas à vingt pas de nous que le feu prit aux poudres, et accabla *le Glorieux* de toutes sortes de débris de canon et de bois enflammés, qui y mirent le feu. Le comte d'Estrées prévoyant l'accident qui arriva, avait envoyé auparavant un homme quérir une chaloupe, les siennes l'ayant abandonné dès le commencement du combat ; il l'attendait sur le bord du vaisseau, blessé à la tête en deux endroits.

. . . .

Le Glorieux se trouvait, par l'abordage qu'il avait fait au contre-amiral des Hollandais, dans l'ordre de bataille des ennemis ; et si près d'un vaisseau hollandais où il y avait trois chaloupes, que l'on crut que pour sauver tout l'équipage, il était comme nécessaire de prendre une de ces chaloupes. Le Bertier, garde de la marine, s'offrit d'y aller avec un matelot. L'action était hardie, quoiqu'on le soutînt sous les armes qui nous étaient restées pour empêcher l'opposition des ennemis ; il nous l'amena sans peine : car ce vaisseau, qui brûlait par le haut et dans les hunes, comme *le Glorieux*, tirait vivement contre les nôtres, et, selon les apparences, ne s'était pas aperçu du danger où il était et de notre dessein ; de sorte que le comte d'Estrées s'étant embarqué avec les officiers dans la chaloupe hollandaise, devant que de s'éloigner, assura l'équipage qu'il devait venir une chaloupe pour les prendre, et qu'il reviendrait lui-même les chercher plutôt que de les laisser périr sans secours. Il se faisait porter à *l'Intrépide*, qui était le vaisseau français le plus proche ; mais le brûlot ennemi ayant mis à la voile, on ne sait à quel dessein, et présentant à un air de vent qui le mettait entre *l'Intrépide* et la chaloupe, il fut impossible au comte d'Estrées d'en approcher. Il fallut s'éloigner pour ne pas périr de l'enlèvement des poudres de ce brûlot, qui devait être prompt. Ce fut dans ce temps-là que Louis Gabaret fut tué d'un coup de canon, après avoir reçu trois blessures fort grandes par des éclats, sans avoir voulu ni songé à se faire panser qu'après la fin du combat : son exemple soutint l'équipage déjà fort affaibli, et quoiqu'il fût de deux cents hommes, et qu'il n'en restât pas quarante à cinquante en vie, on ne vit ni étonnement ni faiblesse tant qu'il vécut. Cependant la chaloupe où était le comte d'Estrées ne pouvant plus arriver à aucun vaisseau français sans faire le tour des deux grands vaisseaux ennemis qui seuls restaient debout d'une si grande escadre, reçut un coup de canon fort bas qui l'emplit d'eau et emporta le talon de soulier du chevalier d'Hervault, et lui fit une si grande contusion qu'il crut avoir le pied brisé.

Cependant la chaloupe, dont on avait bouché le trou avec un chapeau, et dont on vidait l'eau avec les autres, était devenue très pesante. Il y avait déjà demi-heure que les matelots criaient qu il fallait périr ou aller à terre ; le rivage était couvert de matelots des vaisseaux hollandais qui avaient péri, et l'on mit pied à terre guère loin d'une grande portée de mousquet du fort. Dans cette extrémité, le vice-amiral fit porter, par quatre matelots, Méricourt et d'Hervault hors d'état de pouvoir marcher, et s'étant réservé pour lui douze ou treize hommes, il leur dit de ne les point quitter, et de marcher fort serrés avec les sabres et les mousquetons, quoique mouillés, qui étaient restés dans le fond de la chaloupe. On s'avisa de détacher un matelot pour crier à ses gens épars qu'on leur donnait bon quartier : vingt-cinq ou trente se vinrent rendre; et ayant ôté les armes à ceux qui en avaient, on se trouva en état de se mieux défendre, et la grande chaloupe qu'on avait envoyé chercher, comme j'ai dit, nous ayant joints avec quarante hommes, nous donna le moyen de faire quatre-vingt-dix prisonniers, que l'on garda quelque temps dans un macquis, d'où on ne pouvait sortir qu'en défilant, et jusqu'à ce que la chaloupe de *l'Intrépide*, ayant passé assez près de nous, le vice-amiral s'y embarqua avec les officiers qui avaient suivi. Dans ce temps-là, les deux vaisseaux hollandais, amiral et vice-amiral de l'escadre, qui depuis trois heures soutenaient le feu de tous les nôtres, coupèrent les câbles, et s'échouèrent démâtés et presque entièrement ruinés à coup de canon. .

. . . . , ...

Le comte d'Estrées apprenant que l'attaque par terre avait complètement échoué, et que la plus grande partie des officiers avaient été tués, il ne songea plus qu'à une retraite honorable, et à mettre ses gens en lieu de sûreté pour les rembarquer. On retira les vaisseaux, par le moyen des ancres de touée, opération difficile qui dura trois jours. Le quatrième jour on mit à la voile et l'on se rendit à l'île de la Grenade, où l'on déposa les malades. Le comte d'Estrées, après quelques jours de repos, mit à la voile avec *l'Emérillon, le Soleil-d'Afrique, le Fondant* et *le Galant*, et arriva en France dans le mois de juillet.

Les Hollandais eurent sept vaisseaux brûlés dans cet affaire;

mais ce qu'il y eut de plus affreux, c'est que les habitants de Tabago, persuadés que les Français n'oseraient pas entrer dans le port, et ne redoutant qu'une attaque par terre, avaient renfermé leurs femmes, leurs enfants, leurs nègres, sur plusieurs bâtiments mouillés dans le port, et tous périrent dans les flammes.

Louis XIV ne songea qu'à réparer le mauvais succès de ses armées devant Tabago. Il fit équiper sur-le-champ une nouvelle flotte qu'il mit sous les ordres du comte d'Estrées, qui mit à la voile dans les premiers jours de novembre de l'année 1677, et mouilla le 6 décembre à une rade éloignée de deux lieues du fort. Le 7 et le 8 furent employé au débarquement des troupes, et, le 9, elles campèrent sur une hauteur située à six cents pas du fort.

Voici comment le comte d'Estrées s'exprime sur ce combat.

. . . .
. . . .

— Le 12, dès le matin, les ennemis commencèrent à canonner notre batterie et le camp avec cinq pièces de canon qu'ils avaient trouvées de ce côté-là.

» Mais on commanda, sur les dix heures du matin, de tirer des bombes, et la troisième tomba dans le fort, entre une heure et midi, au milieu des poudres, et fit un effet si prodigieux qu'elle enleva Binckes et tous les officiers au nombre de seize, qui dînaient, pour lors, avec plus de deux cents cinquante soldats, qui furent déchirés, étouffés ou brûlés d'une manière extraordinaire.

» M. le vice-amiral, qui dînait chez M. le comte de Blenac, qui avait relevé le marquis de Grancey, fit aussitôt prendre les armes, et avec quatre cents cinquante hommes et ledit sieur comte de Blenac, marcha droit au fort pour empêcher le ralliement des ennemis et se rendre maître des vaisseaux aussi bien que du fort. Tout cela fut fait en moins d'une heure.

et il n'eut pas besoin du secours de *l'Etoile,* de *l'Hercule* et du *Bourbon,* qu'il avait commandé d'entrer dans le port en cas d'une plus grande résistance

» Rasmus, fameux corsaire, n'ayant jamais voulu aller dîner dans le fort, après avoir tenté inutilement de rallier les Hollandais épars et fort épouvantés, se mit dans une chaloupe avec quatre ou cinq matelots, et suivit une galiote qui, ayant coupé ses câbles, passa entre les roches. Il y a apparence qu'il s'est sauvé dessus, ou qu'il est allé, dans sa chaloupe, à la Trinité.

» La corvette l'*Hirondelle* appareilla pour suivre la galiote, et on les vit si proche l'une de l'autre, que l'on espère qu'elle aura été prise, et que l'on en aura des nouvelles à la Grenade.

» *Le Belliqueux* et le *Brillant* arrivèrent le lendemain avec un renfort de près de six cents hommes. Tous les officiers ont très-bien servi en cette occasion, et ont donné des marques de leur zèle.

» MM. de Grancey, de Blenac et de Patoulet, commissaire-général, ont eu beaucoup de part aux fatigues et aux soins qui ont contribué à cet heureux succès..

Comme il serait trop de nommer ici tous les officiers subalternes qui ont été détachés à terre, on se contentera de dire que lorsque toutes les troupes y ont été jointes, M. le marquis de Grancey les a commandées le premier, sous les ordres de M. le vice-amiral, et a été relevé par M. le comte de Blenac; que l'on avait réglé qu'il y aurait toujours deux capitaines pour commander les troupes sous les officiers généraux, et avec eux le sieur de Bevedant, qui, étant seul de capitaine de frégate légère, n'en a pas bougé depuis le jour de descente, et a très-bien servi.

» Le premier jour, les sieurs de Sourdis et de Bleor;

» Le second, les sieurs de Saint-Aubin et de la Harteloire;

» Le troisième, les sieurs de Montortier et de Chaboissière;

» Le quatrième, les sieurs d'Amblimont et du Drot, qui venaient relever les dits capitaines lorsque la bombe fit son effet.

» Le sieur chevalier d'Hervault a fait sa charge avec beaucoup d'activité

» Le sieur de Combes a montré beaucoup de capacité et d'intelligence.

» Le sieur Sauvage était destiné pour commander l'artillerie, et le sieur de Belaires, les mineurs. En tout, l'on a remarqué beaucoup d'ardeur et de zèle; mais l'adresse du sieur Landouillet leur a ôté les moyens d'en donner des témoignages aussi considérables qu'ils auraient désiré.

Cet évènement fit que la place n'opposa qu'une très-faible résistance. Le duc s'empara en même temps de tous les navires hollandais qui se trouvaient dans le port et en retrouva un français qui avait échoué dès la première attaque.

Mais le duc était destiné à éprouver toutes les chances de la navigation : en retournant en France, son escadre alla faire tête sur les îles des oiseaux ; le désordre se mit dans son équipage ; les matelots défoncèrent les barriques de vin et d'eau-de-vie, se soulèrent, perdirent la tête et se noyèrent.

Pour le récompenser de ses services, le roi éleva le duc d'Estrées à la dignité de Maréchal de France, le fit chevalier de ses ordres, et le nomma vice-roi de l'Amérique. C'était en 1678. La paix avait été conclue entre la France, l'Espagne et la Hollande, et l'illustre Maréchal alla se reposer au sein de sa famille dont il faisait les délices.

Dans la suite de sa carrière ; il rançonna les corsaires de Tripoli et de Tunis. A son retour en France, d'Estrées sentit la nécessité du repos domestique. Le roi lui donna le commandement des côtes de Bretagne, et on doit dire à sa gloire que les Anglais ne purent opérer aucune descente dans ces parages durant tout le temps qu'il les eut sous sa surveillance.

ANNE-HILARION DE COTENTIN TOURVILLE

— 1642 —

Tourville naquit à Paris en 1642; son père, César de Cotentin, Seigneur de Tourville, avait rempli des fonctions très-importantes sous le règne de Louis XIII. Ce monarque, pour le récompenser de ses services, lui donna des lettres de conseiller d'état d'épée, en 1642. Il était à cette époque premier gentilhomme de sa chambre et premier chambellan du grand Condé; il suivit ce prince dans toutes ses campagnes, et mourut, en 1647, laissant trois fils de son mariage avec mademoiselle de La Rochefoucault. Anne-Hilarion était le plus jeune. A l'âge de dix-huit ans, il était déjà d'une taille haute et bien prise; mais il avait les traits si fins, si délicats et d'une si grande beauté, qu'il fit dire par le chevalier d'Hocquincourt au duc de La Rochefoucault qui lui recommandait son jeune parent :

— Que pourrons-nous faire, sur des vaisseaux de Malte armés en course, d'un Adonis plus propre à servir les dames de la cour qu'à supporter les fatigues de la mer?

Cependant son air annonçait plus de résolution que la douceur de sa voix ne semblait en promettre. Le chevalier d'Hocquincourt ne tarda pas à pressentir son mérite; il lui dit de se tenir prêt à partir et de se rendre à bord de la frégate qu'il armait en course à Marseille. Dès le premier jour de son arrivée, il apprit que son jeune volontaire s'exerçait du matin au soir à la manœuvre, et qu'il faisait au milieu de l'équipage, avec plus d'adresse et d'agilité que tout autre, ce qu'il voyait faire aux simples matelots. Il commençait comme Turenne, et ses premières années annoncèrent à l'ordre de Malte un de ses plus illustres chevaliers, a l'Europe un de ses plus grands hommes de mer.

Il fut six ans, dans ses caravanes, la terreur des Turcs et des barbaresques et revint en France vers la fin de l'année 1666. Ce fut aussi durant le cours de ces croisières que lui arrivèrent quelques aventures qui dénotent son courage et sa bonté, et qui méritent d'être racontées.

En 1659, le premier jour de son embarquement à bord de la frégate, il consulta le fameux Cruvillier, vieux routier d'eau salée, et vieux corsaire qui accompagna d'Hocquincourt devant Alger comme capitaine de brûlot et conseiller pilote, sur quelques détails du gréement. Ce vieux loup de mer, libertin comme le sont d'ordinaire les gens de son espèce, voyant les yeux bleus, les joues roses et le menton imberbe du jeune chevalier, le prit pour une jeune fille et se permit quelques propos indécents ; il finit même par vouloir l'embrasser. Mais Tourville, qui avait d'abord tout écouté avec le plus grand sang-froid, lui appliqua un soufflet si violent, que le vieux marin en demeura quelques instants étourdi, et, sans perdre de temps, le chevalier avait mis l'épée à la main. Un duel aux rapières fut immédiatement arrêté, et on descendit à terre. Après quelques passes des plus hardies, Cruvillier reçut un coup terrible à travers le corps. Tourville, en voyant couler le sang, se mit à fondre en larmes, car c'était la première fois qu'il se trouvait à telle fête. Loin de lui conserver rancune, le vieux Cruvillier le prit en grande affection et l'appela, à partir de ce jour, *sa jolie blonde au coup d'épée.*

Quelques jours après, Hocquincourt, ayant reçu avis que deux corsaires turcs croisaient dans la passe de Venitica et de Carrera, attendant cinq riches bâtiments génois à leur sortie du golfe de Venise, se rendit, en toute hâte, dans ses parages avec sa frégate, *l'Etoile de Diane*, et *la Sainte-Ampoule*, commandée par Cruvillier. Les deux croiseurs furent bientôt signalés sous le vent, et Hocquincourt fit le signal de laisser arriver. Les Turcs ne refusèrent pas le combat et approchèrent vergue à vergue. Après quelques heures d'une lutte acharnée, deux autres Turcs, attirés par le bruit de la canonnade et de la mousqueterie, vinrent prêter leur secours aux deux premiers, qui étaient sur le point de se rendre. Après une demi-heure de ce nouveau combat, Hocquincourt, voyant son gréement hâché et un grand nombre de ses hommes blessés ou tués, ordonna l'abordage de celui des ennemis qui était le plus près. Les grappins furent aussitôt jetés, et Tourville sauta le premier à son bord, suivi d'une quinzaine de volontaires. Les Turcs furent si effrayés du massacre qu'il faisait à leur bord qu'ils se rendirent à merci. Le chevalier reçut dans cette affaire un coup de pique dans le côté et un coup de sabre sur la tête, blessures qui le conduisirent à deux doigts du tombeau. Hocquincourt se retira à Syphanto pour se radouber. A leur rentrée en France, Tourville fut placé comme lieutenant de d'Artigny, à bord de la prise turque, à laquelle il avait si vaillamment contribué. Il ne tarda pas à reprendre la mer. Son vaisseau formait l'avant-garde, voguant sous toutes voiles, lorsque le matelot de vigie signala trois corsaires tunisiens. Le combat s'engagea bientôt, et d'Artigny ayant eu la tête emporté par un boulet, le jeune chevalier se trouva le capitaine Tourville. Après quelques heures d'une lutte des plus vigoureuses, un boulet lancé à propos mit le feu aux poudres du vaisseau tunisien, qui s'abîma en couvrant de débris le bâtiment de Tourville. Ses actions, d'une rare intrépidité, parvinrent à la cour, et le roi le nomma capitaine de vaisseau. Ce fut en cette qualité qu'il se distingua, lors de l'expédition de Candie, sous les ordres du duc de Beaufort, qui fut fait prisonnier, et qui fut remplacé par le duc de Vivonne, et surtout dans la guerre de 1671, où les forces maritimes des Provinces-Unies luttèrent plus d'une fois avec avantage contre les flottes réunies de la France et de l'Angleterre. A South-wolt-Bay, le 7 juin 1672, le brave Ruyter, profitant de l'avantange du vent, attaqua les flottes combinées. Le vaisseau du chevalier de Tourville se trouva le premier engagé ; il soutint le feu avec une fermeté qui fut admirée des Hollandais. Le combat durait depuis le matin, lorsque; vers le coucher du soleil, le vent changea et devint favorable aux flottes des deux rois. D'Estrées, qui commandait en chef, ne manqua pas d'en profiter. Tourville, par son ordre, recommença l'attaque, et mit en fuite le vaisseau qui lui était opposé : les autres vaisseaux ennemis se retirèrent à la faveur de la nuit.

L'année suivante, 1673, les deux armées ennemis en vinrent encore aux mains. On combattit encore de part et d'autre avec la même ardeur, depuis six heures du matin jusqu'à la nuit, vaisseau contre vaisseau ; Tourville eut l'avantage de couler à fond celui contre lequel il se battait.

En 1674, le marquis de Seignelay, ministre de la marine, ne mit point de flotte en mer contre les Hollandais ; il se contenta de pourvoir à la sûreté des côtes, et de faire équiper à Toulon une escadre pour aller secourir les habitants de Messine qui s'étaient révoltés contre le roi d'Espagne. Tourville fit partie de cette expédition, et là, comme ailleurs, il se fit remarquer par sa hardiesse d'exécution, par ses talents dans l'art maritime, et par son intrépidité.

Dès le début de cette campagne, le chevalier de Tourville, capitaine de *la Syrène,* exécuta un des plus beaux faits d'armes de la marine française, qui répandit la terreur dans la ville de Reggio. Il s'avança jusque sous le canon de la ville et de ses forts, en plein jour, et incendia, à deux heures de relevée, un bâtiment espagnol au milieu d'une grêle de boulets et de mitraille.

Voici un fragment d'une dépêche du chevalier de Tourville où il rend compte, avec une modestie sans égale, de ce brillant fait d'armes.

Lettre de Tourville à Colbert.

— « Depuis la dernière lettre que je me suis donné l'hon-
» neur de vous écrire, il est arrivé un contre-temps bien
» fâcheux à la frégate de Ganonville qui m'avait accompagné
» dans le golfe de Venise. Comme nous entrions dans Messine
» à la longueur d'un câble les uns des autres, il nous prit un
» calme si grand, qu'il fut cause que les courants séparèrent
» un peu la flotte de nous, et la fit tomber du côté de Reggio ;
» pour nous, ils nous conduisirent dans le port. Dès le lende-
» main au matin, à la pointe du jour, il parut dix galères
» d'Espagne qui la prirent à notre vue sans pouvoir lui don-
» ner aucun secours, quelque diligence qu'on pût faire ; le
» calme était si grand, et quoique nous eussions trois galères,
» Léry et moi, pour nous remorquer, nous ne pûmes la secou-
» rir. Je ne songeai dans ce moment qu'à venger ce malheur
» par quelque action qui pût mériter votre estime. Ils allèrent
» amarrer la frégate sous la forteresse de Reggio, qui est la
» ville capitale de la Calabre ; ils menèrent la frégate et la
» mirent d'une manière qu'elle était défendue de tout le canon
» de cette place. Je résolus avec Léry de l'aller brûler en
» plein midi, à la vue de tout Messine, ce que nous exécu-
» tâmes avec assez de bonheur. J'étais à la tête, Léry après
» moi, et le brûlot à la longueur d'un demi-câble. Après avoir
» canonné à la longueur d'un demi-fusil les batteries et les
» forteresses, je détachai le brûlot, commandé par Serpant,
» qui l'alla brûler, après que nous eûmes fait jeter à la mer
» tout ce qu'il y avait dans la frégate. Le brûlot fit un si grand
» effet qu'il brûla quatorze bâtiments qu'il y avait ; il y eut un
» bastion qui sauta à demi, et plus de trente maisons brûlées
» dans la ville, sans compter plus de vingt-cinq qui étaient
» au bord de la mer remplies de soie. Nous essuyâmes le feu
» de plus de septante pièces de canon ; Serpant fut abandonné
» de sa chaloupe, et sans le chevalier des Gouttes, que je
» commandai pour l'aller escorter, il y aurait demeuré : il en

» fut quitte pour un coup de mousquet ; le chevalier des
» Gouttes lui sauva la vie et lui servit de patron de chaloupe.
» Nos vaisseaux furent incommodés du canon et de la mous-
» queterie; il y eut un canon de Léry qui creva, qui lui tua
» quatre hommes, sans ceux qu'il perdit. Cela donna une
» timidité si grande à nos équipages, qu'ils n'osent faire le
» feu qu'on souhaiterait; il m'en creva un à Barlette. C'est à
» vous, monsieur, à y donner ordre. Serpant mérite que vous
» ayez la bonté de vous souvenir de lui. Pour le chevalier des
» Gouttes, il mérite d'être capitaine : c'est un garçon de cœur
» et qui a une application extraordinaire au métier ; Léry vous
» aurait, monsieur, les dernières obligations de songer à lui
» pour le distinguer des autres capitaines, et de le mettre à
» deux cents francs, avec la pension de mille livres : personne
» ne le mérite comme lui, c'est de ce que je vous réponds... »

(Archives de la marine, à Versailles.

Sur la nouvelle que la flotte hollandaise, commandée par Ruyter, avait fait son entrée dans la Méditerranée, le duc de Vivonne, alors vice-roi de la Sicile, et maréchal de France de fraîche date, assembla le conseil de marine, dans lequel il fut décidé que l'occupation du port et de la ville d'Agosta était de la plus haute importance.

1° Parce que, par ce moyen, on s'assurait la navigation de toute la partie sud de la Sicile et la passe sud du phare pour entrer dans Messine ;

2° Parce que Agosta était le magasin de blé de l'armée espagnole.

Ce projet ne fut néanmoins pris en considération par le duc de Vivonne que sur les observations énergiques du conseil ; sa mollesse et son insouciance étaient telles, qu'il partit sans donner ni *ordre de bataille*, ni *signaux de combat et de marches*, ni rendez-vous en cas de séparation

La flotte arriva devant Agosta le 17 septembre ; la lettre ci-après de M. de Tourville, tout en faisant ressortir l'incurie du duc de Vivonne, fait voir aussi que c'est à lui qu'on dut l'occupation de cette place.

Lettre de M. de Tourville.

« 19 aout 1695.

« Vous apprendrez, Monsieur, la prise d'Agosta. Je ne me
» chargerai point de vous faire un détail ; on doit beaucoup
» au peu de vigueur de ceux qui commandaient les forts, qui
» n'ont fait aucune résistance dans des lieux où des Français
» auraient tenu trois mois. J'obtins de M. de Vivonne d'entrer
» dans le port à la tête de l'armée par la connaissance que
» j'avais du lieu ; il commanda six navires pour battre le fort
» qui est dans la mer, à l'entrée où je fus mouiller, à une por-
» tée de fusil ; il distribua ensuite les autres vaisseaux pour
» battre les autres forts. Notre grand feu fit cesser celui du
» fort que nous attaquions, et ceux qui y commandaient pri
» rent le parti d'attendre qu'on les vînt attaquer à coups-de
» main, quoiqu'on n'eût point d'ordre d'aller aux forts ; je cru.
» qu'il était à propos d'envoyer une chaloupe pour voir ce que
» voudraient dire les ennemis : je détachai le chevalier de
» Coëtlogon avec quelques mousquetaires. *Lui, par son peu*
» *de connaissance du métier de terre*, alla s'attacher à la pre-
» mière barrière qu'il fit couper à coups de hache, malgré une
» grêle de boulets de canon et de pierres, et de quelques coups
» de mousquets, ce que voyant de mon bord, j'eus peur qu'il
» n'y demeurât : je m'embarquai dans mon canot avec tous les
» soldats que je pus prendre pour le secourir ; je le trouvai à
» la seconde barrière ; ils mirent pavillon blanc, et, comme
» nous en étions à la porte pour parler, ils commencèrent de
» nouveau à coups de mousquets et à coups de pierres sur
» nous ; cela dura bien une heure : ils nous firent une seconde
» bandière blanche, et nous manquèrent une seconde fois de
» paroles ; ils ne se rendirent que lorsque j'allais faire brûler

» la porte. Le gouverneur vint en bas et demanda à capituler,
» ce que je fis dans les formes. Cette affaire nous coûte quel-
» ques gens, mais qui aurait coûté beaucoup davantage à des
» peureux, et ce fut le seul fort qui se défendit ; il y avait
» quatre-vingts hommes dedans qui sortirent avec armes et
» bagages. Je prends la liberté de vous dire au vrai ce qu'il
» en est, parce que je suis persuadé que vous en ferez ma cour
« au roi, et que vous n'oublierez pas de faire celle de Coëtlo-
» gon, qui a bonne part à tout, et à qui je donne quelquefois de
» rudes corvées. J'espère qu'avec votre assistance et les petits
» succès que j'ai eu en campagne, je pourrai sortir cet hiver
» de l'emploi de capitaine de vaisseau, qui me devient assez
» insupportable. Je compte, Monsieur, que vous me permettrez
» de vous aller voir cet hiver.

» Le chevalier DE TOURVILLE. »

(Archives de la marine, à Versailles.)

A peine la flotte française était elle revenue à Messine, où le duc de Vivonne fit son entrée en véritable conquérant, que Ruyter jeta l'ancre à la hauteur de Melazzo pour fermer le passage à l'escadre de Duquesne, qui revenait de Toulon, où il était allé chercher des vivres et quelques renforts, et empêcher sa jonction avec le duc de Vivonne. Mais la valeur de Duquesne triompha de cet obstacle. Ruyter se dirigea aussitôt sur Agosta dans l'espoir de surprendre cette place et s'en emparer. Mais la défense organisée par M. de Mornas, son commandant, et l'approche de la flotte française le forcèrent à reprendre le large. Les deux flottes se rencontrèrent par le travers du golfe de Catane. Elles engagèrent le combat avec tant de valeur, que la plupart des vaisseaux furent de part et d'autre endommagés. Duquesne, apprenant la mort du commandant de l'avant-garde, envoya à Tourville deux vaisseaux pour le soutenir. Ruyter attaqua le chevalier, qui soutint avec une ferme intrépidité ce premier choc, et l'attaqua à son tour. Combien il dut se sentir glorieux d'avoir à combattre le pius grand capitaine de l'époque ! C'est là que le brave Ruyter tomba mortellement blessé. Deux jours avant sa mort, ce grand homme avouait qu'il s'était vu en danger au moment où Tourville l'avait attaqué; il rendit le témoignage le plus honorable à sa valeur, et prédit sa brillante destinée.

M. le duc de Vivonne, ayant reçu avis que l'armée navale des ennemis s'était retirée dans le môle de Palerme, il sortit de Messine, le 28 mai, avec l'intention de l'attaquer et de la détruire. Le chevalier de Tourville, détaché le 1er juin avec MM. de Preuilly et de Langeron, s'avança dans une felouque, à demi-portée de la flotte ennemie pour reconnaître son mouillage, et donna le plan d'attaque, qui réussit au-delà de tout espoir.

L'attaque fut donc résolue pour le lendemain. Tourville, qui commandait un détachement de neuf vaisseaux, attaqua l'avant-garde des alliés, mit le feu à trois de leurs vaisseaux, et brûla, dans le port, le vice-roi d'Espagne, le contre-amiral de Hollande, et sept autres bâtiments qui étaient échoués l'un sur l'autre.

La paix de Nimègue, le 10 août 1678, entre la France et la Hollande, et le 17 septembre avec l'Espagne, fut la conséquence de ce brillant fait d'armes.

Au mois de janvier 1682, Tourville fut nommé lieutenant-général des armées navales. Vers la fin du mois d'août et les premiers jours de septembre, sous les ordres de Duquesne, il bombarda la ville d'Alger; au mois d'avril 1684, la ville de Gênes; au mois de mai de la même année, une seconde fois Alger; et, sous les ordres de l'amiral d'Estrées, Tripoli au mois de juin 1685. Les corsaires de Barbarie furent contraints de payer les frais de l'armement, et de rendre les esclaves pris sous la bannière de France.

— « Le roi Jacques, comme disait l'archevêque de Reims, frère de Louvois, venait de quitter trois royaumes pour une messe. »

Louis XIV faisait des efforts extraordinaires pour le rétablir sur son trône. Il fallait, avant tout, joindre la flotte de Toulon à celle de Brest, et réunir sur l'Océan les forces de la Méditerranée. Tourville fut chargé de cette mission périlleuse ; la manière dont il s'en acquitta fit le plus grand honneur à son savoir, à sa prudence et à son habileté de tacticien consommé, et demeura un des plus beaux titres à l'admiration des gens du métier.

Parti de Toulon avec une escadre de vingt vaisseaux, il franchit le détroit de Gibraltar, et arriva par le travers d'Ouessant, le 29 juillet 1689. Il apprit d'un contrebandier breton que la flotte ennemie, forte de soixante-dix vaisseaux de ligne, tant anglais que hollandais, croisait à l'embouchure du passage de l'Iroise, pour empêcher son entrée dans la rade de Brest.

Or, les ordres qu'il avait reçus de ménager sa division jusqu'au moment de sa jonction avec les escadres du Nord étaient on ne peut plus précis. Il tint donc la mer pendant deux mois à attendre un moment favorable pour forcer la passe. Il savait que, pour entrer dans l'Iroise, il lui fallait des vents de nord-ouest ou de sud-ouest, et que ces mêmes vents forceraient les ennemis à se retirer dans la Manche. Il attendait patiemment, après avoir d'ailleurs fait tous les préparatifs d'un combat désespéré, dans le cas où l'ennemi viendrait l'attaquer.

L'événement confirma ses prévisions et prouva de quelle nécessité indispensable étaient toutes les branches du grand art qu'il avait si laborieusement approfondi. Cependant la position des équipages devenait des plus fâcheuses ; les matelots étaient réduits à un verre d'eau corrompue et à cinq onces de biscuit gâté, et il ne fallut pas moins que l'imposante autorité de Tourville pour les contenir dans le devoir. Mais quelle ne fut pas la joie à bord des vaisseaux lorsque les penons flottèrent vers le nord-est ! Tourville dépêcha aussitôt deux frégates légères pour s'assurer si le passage était libre. Elles revinrent bientôt, et confirmèrent que les ennemis se trouvaient à vingt lieues dans l'ouest d'Oues nt. L'escadre se mit immédiatement en route pour Iroise, et, le vent, ayant peu après tourné au nord-ouest, les ennemis, à dix lieues sous le vent, purent voir Tourville entrer vent arrière dans la passe.

Cette manœuvre prudente et savante révèle chez Tourville une tactique profonde.

Bientôt après (mars 1690), le roi fit partir de Brest, de Toulon et de Rochefort de nouveaux secours pour l'Irlande, et donna l'ordre d'armer à Brest la grande flotte qui devait aller dans la Manche chercher celle des ennemis. Il donna le commandement de cette flotte à Tourville, et le nomma vice-amiral du levant, avec ordre d'arborer le pavillon d'amiral. L'armée navale mit à la voile le 23 juin, et se trouva forte de soixante-douze gros vaisseaux, sans compter les frégates et les bâtiments de charge. Le 10 juillet, à la pointe du jour, elle découvrit, entre l'île de Wick et le cap Ferlay, l'armée ennemie rangée en bataille. On se battit depuis neuf heures du matin jusqu'à cinq heures du soir. Les Anglais ne soutinrent le feu que trois heures. La plupart des vaisseaux hollandais furent criblés et démâtés, les deux tiers de leurs équipages tués ou blessés, ou faits prisonniers. Ils perdirent quinze gros vaisseaux, le reste alla se cacher entre les bancs de la Hollande ou vers la Tamise. L'armée de Tourville ne perdit pas une chaloupe, et la France régna deux ans sur les mers.

Voici le rapport que Tourville envoya à M. de Seignelay, le lendemain de cette bataille :

« A six lieues du cap de Beveziers, le 11 juillet 1690.

« Monseigneur,

» Je n'ai pas le temps de vous faire le détail du combat que nous venons de rendre contre la flotte ennemie, il est impossible que j'en puisse savoir les particularités. Les ennemis avaient le vent sur nous ; j'ai formé notre ligne ; les Hollandais se sont trouvés à l'avant-garde, Herbert faisait le corps de bataille, et le pavillon bleu anglais l'arrière-garde ; M. de Châteaurenault se trouva à l'avant-garde, par la disposition de notre armée, et M. le comte d'Estrées à l'arrière-garde. Les Hollandais vinrent avec toute la vigueur possible sur notre avant-garde ; Herbert ne voulut pas combattre, et même ne combattit avec aucun de nos pavillons. Je combattis avec son vice-amiral et deux seconds aussi gros que lui, M. le comte d'Estrées combattit avec le pavillon bleu. Nous tînmes le vent si heureusement, que les Hollandais, s'étant un peu trop abandonnés, ne purent se rallier au vent avec facilité, ce qui fut cause qu'ils furent entièrement désemparés ; il y eut, *comptant les Anglais, douze de leurs navires rasés sans aucuns mâts.* Je ne crois pas que, pour un combat donné sous le vent, on ait eu un pareil avantage. Le calme vint, ce qui fut cause qu'il n'y eut qu'un de leurs vaisseaux qui tomba entre nos mains, et qui était un Hollandais de soixante-huit pièces de canon. Il est sûr que si nous avions eu nos galères, nous prenions tous ces navires démâtés, qui mouillèrent au jusant. Le soir, le vent tourna de notre côté environ une demi-heure ; s'il eût continué, il y avait dix vaisseaux hollandais de coupés. Lorsque l'armée ennemie eut mouillé pour ne pas tomber sur nous, et se conserver la marée, je m'aperçus de leurs manœuvres, quoiqu'ils eussent toutes leurs voiles, et je mouillai avec quelques vaisseaux de mon escadre, à la portée du canon de sept ou huit vaisseaux hollandais, qui étaient auprès de moi. Après la marée finie, ils levèrent l'ancre, et se firent remorquer avec leurs chaloupes ; ce sont des bâtiments plats qui tirent peu d'eau, et, par conséquent, plus aisés à remorquer que les nôtres. Ils s'éloignèrent un peu de nous ; nous sommes toujours en présence ; le vent est toujours de leur côté. L'avant-garde, commandée par M. de Châteaurenault, soutint parfaitement bien les vaisseaux ennemis ; M. le comte d'Estrées, qui était de l'arrière-garde, soutint, de son côté, parfaitement l'escadre bleue, qui le vint attaquer ; il y eut deux vaisseaux anglais de l'arrière-garde qui furent démâtés, le reste des vaisseaux fut démâté par l'avant-garde et notre corps de bataille. Vous ne doutez pas qu'après un combat de huit heures, nous ne soyons fort désemparés; la plupart de nos vaisseaux n'ont plus de munitions; nous suivons cependant l'armée ennemie. Je saurai plus de particularités dans la suite, que je vous manderai. On ne peut être plus satisfait que je suis de tous les capitaines : M. de Villette, qui était le troisième ou le quatrième vaisseau de l'avant-garde, commandée par M. de Châteaurenault, a fort bien soutenu. Je suis fort content de mes deux matelots, qui étaient le marquis de Laporte et Coëtlogon; le premier a été entièrement désemparé. Il y a eu trois à quatre vaisseaux de l'arrière-garde, commandée par M. le comte d'Estrées, qui ont été fort désemparés, particulièrement Pannetier. Il y a beaucoup de nos vaisseaux qui n'ont plus de poudre. Le vaisseau ennemi se rendit à M. de Nesmond. Je trouve que les ennemis se sont parfaitement bien battus; il n'y a eu qu'Herbert et ses seconds qui n'ont pas tiré de près et qui n'avaient choisi que des vaisseaux particuliers de l'escadre du marquis d'Amfreville. Si nous avions eu le vent, l'affaire eût été complète; mais, vous pouvez assurer le roi, qu'elle ne le peut avoir été davantage, les ennemis ayant le vent sur nous. Je suis fort content des chevaliers de Bouillon, d'Armagnac e de Luynes; Pinon a parfaitement bien fait son devoir et ne m'a pas été inutile. Je puis aussi rendre témoignage que j'ai été fort secouru de M. de Vauvré, par sa présence et par ses conseils. Le major-général m'a fort bien secondé en tout. *Le petit Renaud a eu la basque de son justaucorps emporté d'un coup de canon, qui lui est passé entre les jambes, en ce temps qu'il dressait un plan; il a de l'esprit, de la capacité et beaucoup de valeur, et est d'un bon conseil.*

» Je suis obligé de vous dire que le sieur Truillet a fait des merveilles; il commandait les batteries : c'est le meilleur officier de France; il y aurait de la justice que vous lui envoyiez une commission de capitaine; dans une occasion comme celle-ci, cela donnerait de l'émulation aux autres officiers.

» M. de Colombes s'est parfaitement acquitté de son devoir avec les gardes qu'il commandait.

» Je suis avec beaucoup de respect,

» Monseigneur,

» Votre très-humble et très obéissant serviteur.

« Le comte de Tourville. »

(Archives de la marine)

La nouvelle de cette victoire causa la plus grande joie à la cour, et M. de Seignelay donna l'ordre à Tourville de tenir la mer pour profiter de sa supériorité, de se rendre aux rades de Portland et de Torbay où il recevrait des munitions pour se radouber et se préparer à un nouveau combat, ou bien entreprendre une descente au port d'Amos ou à Kalwaler, lui laissant entendre que le roi ne lui saurait pas *mauvais gré de risquer ses vaisseaux dans cette entreprise.*

Tourville n'exécuta de ces ordres que selon les circonstances ; mais il rendit compte, jour pour jour, à M. de Seignelay, de ses opérations.

Lettre de M. de Tourville.

« 13 juillet 1690.

Monseigneur,

» J'ai reçu le duplicata de votre lettre du 10 de ce mois par un bateau de Dieppe.

» Depuis notre combat, nous n'avons pas perdu les ennemis de vue en appareillant toutes les marées ; les calmes sont cause que nous n'avons pas eu douze ou quatorze vaisseaux hollandais ; comme la plupart étaient sans mâts, ils se sont tirés avec plus de facilité avec leurs chaloupes : Cependant, la nuit du 10 et du 11, ils ont été obligés de mettre le feu à deux de leurs vaisseaux, dont un est vice-amiral de Hollande de quatre-vingts pièces de canon, et un autre de soixante-dix pièces. J'ai détaché des vaisseaux pour suivre un gros vaisseau hollandais à trois ponts, qui, n'ayant que son mât d'avant, faisait vent-arrière le long de la côte. J'en ai encore détaché d'autres pour tâcher à joindre six vaisseaux qui sont demeurés sous le vent de l'armée ennemie. Je continue à la poursuivre plus que les forces des équipages et les mâtures des vaisseaux ne me peuvent permettre : ils se servent comme nous des marées et du vent, qui leur a toujours été favorable pour se retirer du côté des Dunes. Je suis persuadé que si, après le combat, j'avais vu le vent sur eux, ç'aurait été une décision entière. Il est constant que, dans les combats qu'ils ont donnés, les Hollandais ne se sont jamais si fort engagés, ni avec tant de vigueur ; les Anglais ont fait de même, à l'exception d'Herbert et de ses deux seconds, qui n'ont pas approché de si près que les autres. La plupart des novices anglais étaient les plus forts qu'ils eurent ; il m'a paru douze navires du premier rang, et les moindres de soixante pièces ; les Hollandais avaient la plupart des navires à trois ponts, je n'en ai vu que deux qui n'eussent que cinquante canons. Les uns et les autres nous ont paru parfaitement bien armés par le grand feu qu'ils ont fait ; heureusement leurs bombes et leurs boulets artificiels n'ont pas eu tout l'effet qu'ils en espéraient ; cependant il y a eu une bombe qui a emporté la poupe du *Terrible*, commandé par le sieur Pannetier, qui a été obligé de sortir de la ligne pour se raccommoder et qui a tué beaucoup de monde. *L'Arrogant* a eu un boulet d'artifice qui avait mis le feu dans sa poupe ; *le Tonnant*, un autre boulet dans sa poupe qui y mit le feu pendant plus d'une demi-heure sans sortir de la ligne ni cesser de combattre ; je lui envoyai une chaloupe dans la pensée que j'avais qu'il n'y prenait pas garde.

» Le travail que nos équipages ont eu depuis qu'ils sont entrés dans la Manche, ne se peut imaginer. Si les galères étaient avec moi, je pourrais tenter quelque descente, ce qui ferait un très-bon effet et ferait mieux connaître au peuple la défaite de son armée, qu'on tâchera de lui cacher. Vous devez être persuadé que je tirerai tout l'avantage qui se pourra de l'état où sont nos deux flottes. *Mais la passion que j'ai pour votre satisfaction ne me fera toujours plus entreprendre que je ne dois dans l'état où est l'armée, vous suppliant d'avoir plus de confiance en moi que vous ne m'en avez témoigné depuis le commencement de cette campagne, et d'être persuadé du parfait attachement et de la reconnaissance avec laquelle je suis,*

« Monseigneur,

» Votre très-humble et très-obéissant serviteur.

» Le comte de Tourville.

Le 13 juillet 1690, au sud un quart de sud-est du cap de Fayerlay, éloigné de quatre heures.

» Le chevalier Jenings s'est parfaitement bien acquitté de son devoir ; il est homme de bon sens et du métier, et fort affectionné pour son roi.

(Arch. de la mar. Corresp. de M. de Tourville, 1690, n° 2.)

On voit par cette lettre de M. de Tourville, combien était grande l'impatience du ministre de voir la destruction complète de la flotte hollandaise, et, malgré sa poursuite acharnée et ses succès continuels, M. de Seignelay ne craignait pas de lui reprocher son *incroyable lenteur*. Voici comment M. de Tourville répondit à ces récriminations incessantes.

Lettre de M. de Tourville.

« 15 juillet 1690.

» Monseigneur,

» J'ai reçu les lettres que vous m'avez fait l'honneur de m'écrire du 11 et 12 de ce mois.

» Et depuis la dernière lettre que je me suis donné l'honneur de vous écrire par le marquis de Chateaumorand, les navires que j'avais détachés pour brûler des vaisseaux à la côte y ont réussi, et les ont obligés d'en brûler deux avant hier. deux hier; il y en a encore quatre échoués ou près d'échouer auxquels j'ai encore envoyé et dont j'espère le même succès ; il y en a quatre incommodés de leurs mâts, qui n'ont encore pu doubler la pointe des Pères, et qui sont sous le vent de l'armée ennemie, où j'ai envoyé le marquis d'Amfreville avec les meilleurs voiliers ; si bien que jusqu'ici en voilà sûrement sept de brûlés et quatre d'échoués, qui, suivant toutes les apparences, ne peuvent manquer de l'être, et deux que M. d'Amblimont et d'autres officiers assurent avoir été coulés à fond. J'ai lieu d'espérer que le marquis d'Amfreville pourra joindre quelques-uns des quatre qui sont à la pointe des Pères. Je n'ai pas vu dans tous les combats de la Manche ni ceux de Messine, lorsque nous avons combattu en ligne, quoiqu'on ait eu quelquefois l'avantage du vent, qu'on ait seulement pris ou brûlé aucun navire. Je suis persuadé que les vaisseaux de guerre brûlés à la flotte d'Angleterre, et la persévérance avec laquelle je poursuis les ennemis fera de très bons effets. Je ne saurais vous dire précisément jusqu'où je les conduirai, puisque cela dépend des vents et des événements ; mais s'ils rentrent dans la Tamise, comme il me paraît que c'est leur dessein, j'irai à la rade de Sainte-Hélène attendre les munitions, les mâts et l'eau ; il peut arriver qu'après un aussi long temps qu'il y a que les vents sont à l'est, ils changeront à l'ouest et m'empêcheront d'y arriver aussitôt qu'il serait à souhaiter.

» Je crois qu'il est à propos que les galères attendent au Havre les ordres que je leur enverrai pour me venir trouver à Sainte-Hélène quand je ferai route pour y aller. Je ne vous fais point le détail de tout ce qui s'est passé dans le combat, le major-général vous en informera. Je vous suis extrêmement obligé de la part que vous avez prise à ce qui m'est arrivé dans ce combat par la lettre que vous m'avez fait l'honneur de m'écrire de votre main ; mais votre lettre du 11, que j'ai reçue en même temps, a beaucoup diminué le plaisir que je venais de recevoir, puisqu'il paraît que vous avez pu douter de mon zèle et de mon ardeur pour l'exécution des ordres du Roi, qui n'ont jamais été moindres que le respect et l'attachement avec lesquels je suis,

» Monseigneur,

» Votre très-humble et très-obéissant serviteur,

» Le comte DE TOURVILLE.

» Devant La Rye *, le 15 juillet 1690.

« Je vous réitère la très-humble prière que je vous ai faite pour le sieur Truillet; c'est une justice que vous lui rendrez de le faire capitaine : il a servi toute sa vie avec distinction.

» Le sieur Chapuzeau mérite aussi que vous le fassiez major, et que vous donniez le commandement d'un vaisseau au sieur de Blenac quand l'occasion s'en présentera.

(Archives de la marine. Corresp. de M. de Tourville, 1690, n° 3.

Lettre de M. le comte de Tourville.

« Devant La Rye, le 16 juillet 1690.

« Monseigneur,

» Depuis le départ du major-général, les sieurs de Sepville et de La Rochelor ont obligé deux navires de se brûler, dont l'un est hollandais, de soixante pièces de canon, et l'autre anglais, à trois-ponts, de quatre-vingt-dix pièces ; l'on juge, par les trois fanaux qu'il portait, et de la manière dont il était démâté, que c'était celui que commandait le duc de Graffton.

* La Rye, port de la province de Sussex, sur la côte méridionale de l'Angleterre, par 56° 57' N., et par 1° 34' à l'O. de Paris.

On lui a compté, en se brûlant, soixante-dix-neuf coups de canon. Le vice-amiral de Hollande, échoué proche de Beveziers, s'est tiré à terre, et s'est déchargé de tout ce qu'il avait dans son bord ; on ne le peut brûler que par des détachements de chaloupes, ce qui est difficile, parce qu'aucun de nos navires de guerre n'en peut approcher pour les soutenir. Il y a lieu de croire qu'ils sont retranchés, ayant fait une tente proche du vaisseau, sur lequel ils ont arboré le pavillon de vice-amiral. Comme ce vaisseau est à sept lieues d'ici, au vent de l'armée, et que cela m'empêcherait de suivre les ennemis, je verrai, en repassant, ce que je pourrai faire. J'avais mouillé ce matin devant la Rye, sur le rapport qui me fut fait qu'il y avait cinq vaisseaux de guerre anglais échoués qu'on pourrait encore brûler ; mais les ayant envoyé reconnaître par le sieur Duchalart, il m'a rapporté qu'il y en avait deux de soixante pièces environ qui se sont retirés ce matin en dedans, de manière qu'il est impossible de les insulter, ayant une batterie qui commande l'entrée, et qui n'est pas plus large que la portée d'un mousqueton, dont les vaisseaux ne peuvent point approcher à la portée du canon, à cause des vents qui la couvrent. *Le Cheval-Marin* se trouvant détaché, j'envoie *le Faucon* en France, et je fais passer le sieur *Bart* à Dunkerque.

» Je ne puis m'empêcher de vous dire que nous ferions mille fois plus de diligence à la rade du Havre pour raccommoder et remâter nos navires, qui sont beaucoup plus incommodés que je ne croyais, et pour y prendre de l'eau et les autres besoins, et y débarquer les plus malades dont le nombre est fort grand.

» Je suis, etc.,

» Le comte DE TOURVILLE. »

(Archives de la marine.)

« A la rade de Torbay, 2 août 1699.

« Monseigneur,

» Depuis la dernière lettre que je me suis donné l'honneur de vous écrire, nous sommes arrivés à Torbay; les galères y mouillèrent le soir : nous fûmes obligés de passer la nuit à la mer, et, le lendemain, nous vînmes mouiller à l'abri de la baie de Torbay ; comme nous en étions éloignés, nous appareillâmes le lendemain pour nous approcher des galères. Les détachements sont faits, comme je vous ai déjà mandé, à vingt hommes par chaloupe. Comme je me suis approché du corps des galères, ce mouvement a fait que quelque cavalerie a paru sur la côte : il paru aux capitaines des galères qu'ils ont fait quelques retranchements. Le vent, qui est force au nord-ouest, empêche d'exécuter notre projet ; nous attendons que le vent se soit calmé, afin qu'à l'entrée de la nuit les galères appareillent avec les chaloupes commandées pour aller à Bratport, qui est à neuf lieues d'où nous sommes mouillés; les galères remorquent trois chaloupes, afin qu'elles y puissent arriver en même temps. Vous serez informé par MM. de Bonrepos et de Vanvre de l'état auquel nous sommes. J'ai fait mouiller notre armée en trois colonnes, afin d'avoir plus de communication les uns et les autres. Il ne peut venir aucun bâtiment de Cherbourg ni du Havre par le vent qu'il fait.

» Je suis, avec beaucoup de respect,

» Monseigneur,

» Votre très-humble et très-obéissant serviteur,

» Le comte DE TOURVILLE. »

(Archives de la marine.)

A la rade de Torbay, ce 5 août 1690.

« Monseigneur,

Après avoir demeuré quelque temps à la rade de Torbay sans pouvoir rien entreprendre avec les galères, par la contrariété des vents qui nous ont toujours été contraires sur les vues que j'avais eues, je n'ai pas voulu perdre un moment de temps pour tâcher d'entreprendre quelque chose. JE M'EMBARQUAI HIER DANS MON CANOT POUR VISITER MOI-MÊME LA CÔTE ; *j'étais accompagné par le brigantin de M. le chevalier de Noailles.* Je n'ai point trouvé d'endroit plus propre ni qui convînt mieux aux galères pour faire un débarquement que *(Tingmouth)* (1), dans la vue que j'avais de faire brûler douze vaisseaux qui y étaient. J'en apportai un petit plan aux officiers généraux, et je donnai les ordres pour exécuter ce dessein le lendemain à la pointe du jour. J'avais donné ce commandement à M. de Villette; mais M. le comte d'Estrées me l'a demandé. Je donnai ordre aux galères d'être à la pointe du jour devant Tingmouth. Tous les détachements ont été faits selon le projet que je vous en avais envoyé; les troupes débarquèrent le plus heureusement du monde sans qu'elles aient éprouvé aucune résistance, et elles se sont rembarquées de la même manière, après avoir brûlé les navires qui étaient dans cette rivière. Ladeneau a été commandé avec son canot pour exécuter ce dessein : il y a réussi parfaitement, et a eu toute la bonne conduite que vous pouvez souhaiter. J'avais vu de la cavalerie dans le temps que je fus sonder cette rade ; j'avais ordonné à M. le comte d'Estrées de ne point s'y engager s'il trouvait de la résistance. Le major

---

* *Tingmouth*, port du Nortumberland, à l'embouchure de la Tyne, neuf milles à l'E. de Newscastle. Cette rivière est barrée de sables et de roches très-dangereuses que l'on nomme *Blackmeddins ;* il ne reste que sept pieds d'eau au jusant. L'entrée de la rivière de Tingmouth est per 55° 3' N. et 3° 42' à l'O de Paris.

La mer.

général étant sur la galère de M. de Mailly, avec lui, l'on a proposé de le laisser descendre avec les grenadiers, et, qu'en cas qu'il trouve une grande résistance, il n'engagerait pas davantage de troupes pour le faire soutenir, et que, s'il se rendait maître des premières maisons, la descente était assurée, ce qui a très-bien réussi, et, n'ayant point trouvé de résistance, il a fait prendre les retranchements et la batterie des ennemis à revers, et dans ce temps-là toutes les troupes se sont débarquées. Par le détail que M. de Bonrepos vous fera de la conduite qu'il a eu dans cette affaire, vous serez convaincu qu'il était propre pour avoir ce détachement, comme je vous l'avais proposé. M. le comte d'Estrées s'est comporté dans toute cette affaire avec beaucoup de prudence, et les troupes se sont rembarquées en très-bon ordre. Je mets à la voile pour aller du côté de Plymouth, où j'apprends qu'il y a quantité de vaisseaux. Soyez persuadé, s'il vous plaît, que je n'oublierai rien de ce qui peut aller à la gloire du Roi et à notre satisfaction ; M. de Bonrepos vous informe de tout ce détail.

» Je suis, avec beaucoup de respect,

» Monseigneur,

» Votre très-humble et très-obéissant serviteur.

» Le comte DE TOURVILLE. »

(Archives de la marine.)

Après ce brillant coup de main, Tourville remit à la mer, brûla cinq autres vaisseaux, et vint se mettre au mouillage, dans les derniers jours d'août, dans la baie de Bertheaume, à cause de l'approche des équinoxes, qui amènent des coups de vent terribles, dans la Manche d'abord, et, en second lieu, pour réparer ses vaisseaux, qui nécessairement avaient beaucoup fatigué.

M. de Seignelay, en apprenant le retour de la flotte à Bertheaume, ne se contenta pas de blâmer M. de Tourville ; dans un moment d'emportement, il le menaça de lui retirer le commandement de la flotte pour la donner au comte d'Estrées.

Le roi le récompensa en lui donnant, l'année suivante (1691), le commandement de la flotte de l'Océan. Il tint la Manche libre, prit, avec trois vaisseaux de guerre qui les escortaient, onze bâtiments marchands qui allaient en Amérique, et favorisa la descente en Irlande des troupes que Louis XIV envoyait au roi Jacques. Mais ces secours furent inutiles; Jacques perdit sa couronne et rentra en France.

Bien que les forces navales offrissent un grand développement, elles n'eurent pour résultat que la défense des côtes et le bombardement de quelques places fortes.

L'année suivante, le cabinet de Versailles fit un nouvel effort pour changer la fortune des Stuarts. Les troupes étaient rassemblées entre Cherbourg et la Hogue. Plus de trois cents bâtiments de transport étaient prêts à Brest. Tourville, avec quarante-quatre grands vaisseaux, les attendaient sur les côtes de Normandie, et d'Estrées arrivait de Toulon avec l'escadre de la Méditerranée.

Les deux flottes réunies devaient balayer la Manche, et préparer un passage libre au convoi des troupes. Les Anglais, de leur côté, veillaient sur leur liberté et sur leurs côtes; soixante-trois vaisseaux, sous les ordres de l'amiral Russel, croisaient devant leurs ports; trente-six autres se préparaient en Hollande pour la défense de l'Angleterre. Le succès de la France dépendait de sa promptitude; il fallait débarquer sur le territoire ennemi avant que les flottes alliées eussent opéré leur jonction. Si la fortune avait également favorisé les deux parties, la lutte eût été longue et sanglante; mais les éléments, cette puissance au-dessus du génie de l'homme, se déclarèrent contre l'armée française. La flotte de d'Estrées fut assaillie et dispersée par une violente tempête, et ne put opérer sa jonction. Tourville lui-même fut un mois avant de pouvoir pénétrer dans la Manche. Il y entra enfin, mais avec quarante-quatre vaisseaux seulement, et le lendemain du jour où la réunion des escadres avait donné quatre-vingt-dix-neuf vaisseaux à l'amiral anglais.

Le 29 mai, à sept heures du matin, l'armée navale des alliés fut signalée au large : une brume épaisse ne permettait pas d'en reconnaître le nombre ; mais dès que le soleil l'eût dissipé, on compta *quatre-vingt-huit vaisseaux de guerre, dont dix-neuf à trois-ponts*. Tourville assembla aussitôt le conseil de guerre, qui se composait de MM. de Gabaret, d'Amfreville, de Langeron, de Vilette, de Pannetier, de Belingues et de Coëtlogon. Ces messieurs étaient assis autour de la table, tandis que Tourville, dominé par une grande préoccupation, se promenait de long en large dans la chambre, les mains croisées derrière le dos.

— Messieurs, dit Tourville, après quelques instants de silencieuse attente, — voici le sujet de la délibération ; il est bien simple : la flotte ennemie est forte de *quatre-vingt-huit vaisseaux;* nous en avons *quarante-quatre* : faut-il combattre, oui ou non ?

Tourville continua à se promener, tandis que les autres officiers discutaient les chances d'un combat dans des proportions aussi inégales. Vingt batailles rangées avaient suffisamment établi leur bravoure, leur décision ne pouvait donc faire douter de leur courage en cette circonstance. Mais, en face de forces d'une disproportion si écrasante, ces hommes de cœur décidèrent, à l'unanimité, que livrer bataille serait compromettre l'honneur et le salut de la France, parce que c'était s'exposer volontairement à une défaite si désastreuse, que les côtes et les ports resteraient à la merci des ennemis.

Après un résumé plein de force et de dignité de M. de Gabaret, chaque officier se leva, et prononça gravement ces paroles :

En mon âme et conscience, mon avis est qu'il ne faut pas combattre.

Le moment de silence qui se fit ensuite avait quelque chose de profondément solennel. Les yeux fixés sur Tourville, chacun attendait avec le plus grand calme sa décision. Enfin Tourville reprit d'une voix ferme et sonore

En mon âme et conscience, Messieurs, mon avis est QU'IL FAUT COMBATTRE.....

Quoique cet avis fût en opposition directe à celui de tous les autres généraux, la confiance qu'ils avaient en leur amiral était tellement profonde et sympathique, que tous se levèrent spontanément et répétèrent :

Il faut combattre!

En même temps Tourville, tirant une lettre de la poche de son justaucorps :

— *Un ordre de la main du Roi, Messieurs!*

Et Tourville lut ce qui suit :

« — *Vous attaquerez les Anglais forts et faibles.* »

L'ordre était précis : tout le monde se prépara au combat en silence. La manœuvre était simple.

— Arriver vent arrière sur l'ennemi et le combattre, tel fut l'ordre que donna Tourville.

Quarante-quatre vaisseaux, poussés par un vent favorable, allèrent intrépidement élonger à portée de pistolet toute la flotte de l'Angleterre rangée en ligne de bataille et en panne par le travers du Havre. Dès le commencement de l'action, l'amiral Russel voulut profiter de sa supériorité numérique pour nous envelopper ; il détacha ses vaisseaux d'avant-garde qui devaient doubler la tête des Français ; mais les vents se turent quand le combat fut engagé ; les détonations de tant de milliers de bouches à feu troublèrent l'atmosphère et lui imposèrent un calme effrayant.

Voici l'orde de combat :

Relation du combat naval donné le 29 mai 1692, entre l'armée du Roi et les Anglais et Hollandais joints ensemble.

« . . . .

M. de Tourville, commandant le corps de bataille, ou l'escadre rouge, composée de seize vaisseaux ; M. le marquis d'Amfreville, commandant l'avant-garde, ou l'escadre blanche-bleue, composée de quatorze vaisseaux, et M. Gabaret, commandant l'arrière-garde, ou l'escadre bleue, composée de quatorze vaisseaux. Du côté des ennemis, le corps de bataille, ou l'escadre rouge, était commandé par l'amiral Russel ; l'avant-garde, composée de Hollandais, était commandée par l'amiral Almoude, et l'arrière-garde, ou escadre bleue, était commandée par l'amiral Rook.

M. de Tourville ayant, ainsi que je l'ai déjà marqué, pris le parti de combattre, et, voyant que quelques vaisseaux n'avaient pas encore pris le poste qu'ils devaient avoir, fit un second signal pour les avertir de le prendre ; ensuite il arriva vent arrière sur les ennemis, faisant gouverner directement sur l'amiral d'Angleterre, duquel il observait tous les mouvements, afin de ne pas perdre l'occasion de le combattre. M. le vice-amiral de l'escadre blanche, s'attachant de son côté au vice-amiral rouge anglais, fit la même manœuvre sur lui, et M. de Langeron, qui commandait la 3me division de notre corps de bataille, entra aussi en ligne et y prit son poste.

D'un autre côté, M. le marquis d'Amfreville, avec l'avant-garde, s'approchait de celle des ennemis, et, comme le vent était calme et qu'il ne pouvait plus gouverner, il se fit remorquer par des chaloupes. MM. de Nesmond et de Relingues, qui commandaient la première et la troisième division de l'avant-garde, en firent autant.

Mais M. de Nesmond, étant plus de l'avant que MM. d'Amfreville et de Relingués, approcha plus vite et plus près qu'eux, et se porta directement à la tête des ennemis, en sorte que *le Bourbon,* premier vaisseau de sa division, et commandé par le sieur Périnet, se trouva par le travers du premier vaisseau des Hollandais ; cela fit que, comme la ligne des ennemis était beaucoup plus étendue que la nôtre, et que M. de Nesmond, en se portant vis-à-vis des premiers vaisseaux de leur tête, empêchait qu'elle n'excédât la nôtre de ce côté-là, il se trouva un grand espace de la ligne des ennemis dont les vaisseaux n'étaient point occupés entre la dernière division de notre avant-garde, qui était celle de M. de Relingues, et la première du corps de bataille, qui était celle de M. de Vilette. C'est pourquoi M. d'Amfreville, appréhendant que ces vaisseaux des ennemis, n'étant point occupés, ne vinssent à la couper et ne revirâssent sur nous, nous n'aurions pas davantage : il se tint, aussi bien que M. de Relingues, à la grande portée de canon des ennemis, pour être toujours au vent d'eux, et fit en cela une manœuvre très-utile.

Dans notre arrière-garde, MM. de Gabaret et de Coëtlogon, avec leurs divisions, se portèrent dans la ligne et arrivèrent sur les ennemis qui leur étaient opposés ; mais M. Pannetier et sa division, qui était la dernière de l'arrière-garde, s'étant trouvé le plus éloigné de toute l'armée lorsqu'on commença à se mettre en ordre de bataille, ne put arriver aussitôt que les autres, bien qu'il fît force de voiles pour se mettre dans son poste.

De leur côté, les ennemis avaient mis en panne pour nous attendre et étaient rangés sur une ligne qui n'était pas aussi droite qu'elle eût dû l'être ; mais ce défaut, aussi bien que ceux qu'il pouvait y avoir dans notre ordre, venait du manque de vent.

Toutes choses étaient dans cet état, et MM. de Tourville, de Vilette, de Langeron, de Coëtlogon et Gabaret étaient, avec leurs divisions, à la portée du mousquet des ennemis, sans que nous eussions encore commencé de tirer, lorsqu'un des vaisseaux hollandais de l'avant-garde ennemie ayant tiré deux ou trois coups de canon sur le vaisseau *le Saint-Louis* de notre avant-garde, commandé par M. de La Rogue-Persin, un de ses canonniers, impatient, tira un coup de canon, et ce coup fut le signal pour les deux armées ; car, dans l'instant (et ceci arriva sur les dix heures du matin) on vit un feu terrible sur toute la ligne, mais surtout dans le corps de bataille. Il n'y eut aucun vaisseau de cette escadre qui n'eût affaire à deux ou trois des ennemis, principalement dans la division de M. de Tourville et M. de Vilette ; et cela est aisé à comprendre, d'autant qu'entre l'amiral d'Angleterre, qu'attaquait M. de

Tourville et le vice-amiral-rouge, qu'attaquait M. de Vilette. il y avait seize des plus grands vaisseaux de leur armée, et que, de notre côté, entre M. de Tourville et M. de Vilette, il n'y en avait que six. M. de Tourville soutenait tout le feu de l'amiral rouge et de ses deux matelots, qui étaient des vaisseaux de cent pièces de canon : chacun y répondit si bien qu'il fit arriver deux fois le premier.

Notre avant-garde, quoique occupée à tenir le vent, ne laissait pas de combattre : M. de Nesmond et sa division, plus avancée que les deux autres, fit un si grand feu sur la tête des Hollandais qu'il les obligea d'arriver : mais s'apercevant que plusieurs de leurs vaisseaux, qui n'en avaient aucun des nôtres par leur travers, s'efforçaient à nous couper, il fit dire au sieur Périnet, qui combattait avec chaleur, de tenir le vent pour les en empêcher; cette précaution, néanmoins, aurait été inutile si MM. d'Amfreville et de Relingues n'avaient observé de près les mouvements des ennemis pour s'y opposer.

A l'égard de notre arrière-garde, MM. Gabaret et Coëtlogon, avec leurs divisions, se trouvèrent en ligne lorsque le combat commença. Ils soutinrent long-temps un grand feu des ennemis, et répondirent vigoureusement; mais M. Pannetier et sa division n'ayant pu, ainsi que je l'ai déjà marqué, arriver aussitôt que les autres, bien qu'ils forçassent de voiles, l'escadre bleue des ennemis, composée de vingt-cinq vaisseaux anglais, profita de ce retardement et du changement de vent, qui était alors au nord-ouest : elle tint le vent en passant dans l'intervalle que M. Pannetier laissait entre sa division et celle de M. Gabaret; elle le coupa et le sépara de notre arrière-garde. Cette manœuvre pouvait produire deux effets très dangereux; le premier, que M. Pannetier, ainsi séparé et ayant vingt-cinq vaisseaux ennemis entre lui et nous, tomberait vraisemblablement entre leurs mains; le second, que ces vingt-cinq vaisseaux ennemis, nous ayant doublés, nous mettraient entre deux feux. M. Pannetier évita le premier inconvénient en prenant le parti de forcer de voiles et de tenir toujours le vent pour s'aller joindre à notre avant-garde, et M. Gabaret remédia au second en envoyant dire à tous les vaisseaux de son escadre de tenir le vent pour empêcher les ennemis de mettre notre corps de bataille entre deux feux. Mais cette dernière précaution n'eut son effet que pour quelques heures seulement, et n'en aurait eu aucun sans la faute que firent ces vingt-cinq vaisseaux ennemis, car après nous avoir doublés, ce qui arriva sur les deux heures, ils s'attachèrent à suivre M. Pannetier dans ses eaux, au lieu de venir d'abord sur notre corps de bataille, où le courant les porta après qu'ils se furent amusés dans cette poursuite jusqu'à sept heures du soir.

Ils vinrent donc mouiller alors au vent de notre corps de bataille et le mirent entre deux feux : ce fut-là le rude du combat, et il y eut tel de nos vaisseaux qui eut à soutenir, tant d'un bord que de l'autre, le feu de quatre ou cinq de ceux des ennemis. MM. de Tourville et de Vilette en soutinrent plusieurs et en furent entièrement désemparés.

M. de Coëtlogon, voyant le danger imminent où était M. de Tourville quitta avec M. de Bagneux son poste de l'arrière-garde pour venir à son secours, et ne quitta plus l'amiral et en partagea tous les périls jusqu'à la fin. D'ailleurs M. Gabaret, qui avait jusqu'alors fait tous ses efforts pour tenir le vent contre les ennemis, entraîné par une force si supérieure, prit le parti de venir se joindre à notre corps de bataille avec M. de La Harteloire ; mais à peine y furent-ils mouillés que l'escadre bleue des ennemis, qui était au vent à eux, se laissa dériver sur eux avec des brûlots qu'ils ne purent éviter qu'en coupant.

Pendant que toutes ces choses se passaient dans notre corps de bataille et dans notre arrière-garde, notre avant-garde mouilla en s'éloignant un peu plus des ennemis, et, sans presque combattre, faisait la sûreté de toute l'armée en empêchant la tête des ennemis de nous doubler.

Nous fûmes dans cet état jusqu'à environ huit heures et demie, qu'une brume fort épaisse survint et fit cesser de tirer de part et d'autre, n'y ayant pendant ce temps que M. de La Ha teloire qui combattit un vaisseau ennemi qui était par son travers à la portée de la voix. La brume dura une demi-heure, et étant passée, on recommença le combat au clair de la lune plus fort qu'auparavant. C'est ici que M. de Tourville se vit dans un danger plus grand qu'il n'avait encore été : il se trouva mouillé et environné de plusieurs vaisseaux ennemis. Le contre-amiral rouge et ses deux matelots qui l'avaient doublé étaient mouillés au vent à lui avec cinq brûlots derrière eux. Ce contre-amiral détacha d'abord un de ces brûlots, qui vint avec le flot sur la proue de M. de Tourville. Il fut détourné par les sieurs de Clerac, d'Hautefort et Vatey, lieutenants, qui, dans deux chaloupes, allèrent avec des grapins saisir ce brûlot, tout en feu, et le remorquèrent plus loin. Un second fut détaché et fut détourné par les mêmes officiers et de la même manière. Le troisième obligea M. de Tourville à couper pour l'éviter ; un quatrième, mal adressé, passa par les intervalles de MM. de Tourville et d'Amfreville, et le cinquième, plus mal adressé encore, passa à une portée de fusil des vaisseaux. Tous ces brûlots étaient accompagnés d'un feu de canon épouvantable que les ennemis faisaient de tous côtés pour les favoriser.

Enfin tous les vaisseaux ennemis que nous avions doublés, tant de l'escadre rouge que l'escadre bleue, voyant leurs brûlots manqués, et lassés du feu que nous faisions sur eux, prirent la résolution de profiter du reste de flot pour aller rejoindre leur armée. Ils coupèrent et vinrent passer en dérivant dans les intervalles de nos vaisseaux. Ils firent en cela une faute considérable, car il est certain que, s'ils se fussent tenus dans ce poste, notre armée, inférieure comme elle était, aurait eu de la peine à s'en tirer ; mais cette faute que firent ces vaisseaux qui nous avait doublés, ne fut que la suite d'une autre qu'avaient faite ceux qui étaient sous le vent à nous, lesquels n'ayant pas aussitôt que nous mouillé au flot, avaient dérivé et s'étaient écartés de notre ligne ; cet éloignement fit craindre aux vaisseaux ennemis qui nous avaient doublés que lorsque le vent viendrait à nous, nous n'en profitassions pour tomber sur eux comme ils avaient fait sur nous. C'est pourquoi ils prirent le parti d'aller rejoindre leur corps d'armée : ils coupèrent donc et revinrent passer dans nos intervalles ; mais ce passage fut terrible pour eux et leur rendit avec usure le mal qu'ils nous avaient fait, parce que, comme nous étions mouillés, nous leur présentions le côté pendant qu'ils ne nous présentaient que la proue ; ainsi, passant auprès de nous à bout portant, ils reçurent généralement tout notre canon sans pouvoir nous nuire ; le contre-amiral rouge surtout, qui passa par le travers du chevalier d'Amfreville, à la longueur d'une demie-pique, n'en perdit pas un boulet. Cette dernière action finit le combat, et il était alors dix heures du soir.

Voilà l'action en général. A l'égard des actions particulières, voici celles que nous savons, et que je ne toucherai que légèrement, pour ne point trop étendre un récit qui n'est déjà que trop long par lui-même.

MM. d'Amfreville, du Magnou et Beaujeu, matelots de M. de Tourville, ne quittèrent jamais d'un instant ; cependant le danger était très-grand en cet endroit, et il n'y avait qu'une extrême valeur qui pût inspirer cette exactitude.

M. de la Rochelard eut la même attention pour M. de Vilette, dont il était matelot : il soutint longtemps le feu de plusieurs vaisseaux ; il était entièrement désemparé et avait la vergue de son petit hunier coupée, lorsque le chevalier de la Rougère, s'apercevant du mauvais état où il était, s'en approcha pour partager le feu qu'on faisait sur lui, bien que lui-même ne fut guère en meilleure posture, ayant été exposé aux efforts de quatre vaisseaux ennemis ; aussi pensa-t-il y rester, et il ne s'en tira qu'au moyen de grands avirons avec lesquels il se fit nager.

Les sieurs de Montgon, de Saint-Maure, de la Luzerne, de Feuquières, d'Hervault, du Rivault, de Chalais, Bagneux et chevalier de Château-Morant, se trouvèrent en place à se faire distinguer ; le dernier surtout fut fort remarqué par les ennemis, qui étaient ce jour-là des juges compétents, et qui s'i formèrent soigneusement, de quelques prisonniers qu'ils on envoyés depuis, qui était le commandant d'un vaisseau qui portait une croix noire à son petit hunier, et avancèrent qu'il les avait fort incommodés; M. de la Harteloire, matelot de M. Gabaret, le suivit toujours depuis, soutint le feu de plusieurs vaisseaux ennemis, fut des premiers à combattre et combattit tout le dernier.

Il y eut plusieurs autres actions particulières dont l'absence de MM. de Gabaret, Pannetier, de Nesmond et de Langeron nous dérobent la connaissance, et que la fumée et la nuit ne nous permirent pas de découvrir; mais on peut dire que chacun y fit bien son devoir, et que si quelques-uns n'y firent pas des choses distinguées, c'est que la fortune ne leur en présenta pas l'occasion, et que la prudence et le soin de l'affaire générale les empêchèrent de la chercher.

Quant aux avantages du combat, nous n'y perdîmes aucun vaisseau, nous n'en avions même aucun qui ne fût en état de naviguer; les ennemis, de l'aveu de nos officiers, en perdirent deux: l'un qui fut coulé à fond, et l'autre qui sauta; le reste de leurs vaisseaux furent autant et plus incommodés que les nôtres; ils perdirent plusieurs brûlots qu'ils nous envoyèrent sans aucun effet. Ainsi, malgré l'inégalité prodigieuse des deux armées, les avantages furent pour le moins égaux dans cette première journée.

Je voudrais qu'il me fût permis de finir là mon récit, et pouvoir couvrir d'un voile les jours qui ont suivi, non pas qu'il s'y soit rien passé dont notre marine puisse rougir, puisque nous nous sommes soutenus et même fait craindre tant que le combat a eu lieu, mais seulement pour cacher des malheurs qu'une destinée insurmontable semble avoir attirés sur nous.

Le combat étant fini, ainsi que je l'ai expliqué, chacun se rangea sans ordre auprès du premier pavillon qu'il rencontra; et le vent étant venu à une heure après minuit, M. de Tourville, qui en voulut profiter pour s'éloigner des ennemis, tira le coup de canon pour signal d'appareiller, et mit à la voile avec huit vaisseaux qui s'étaient joints à lui. MM. d'Amfreville et de Villette en firent autant chacun de leur côté, l'un avec douze vaisseaux et l'autre avec quinze. Le grand éloignement qu'il y avait entre notre avant-garde et notre corps de bataille, joint à une brume qui était survenue, empêcha M. d'Amfreville de se rallier dès la même nuit à M. de Tourville, et la brume seule en empêcha M. de Villette; mais comme M. d'Amfreville avait résolu avec M. de Relingues de rejoindre l'amiral, quoiqu'il pût arriver, et qu'ils en avaient concerté ensemble tous les moyens, leur jonction n'alla pas loin et fut faite dès le lendemain à sept heures du matin. M. de Villette, qui avait la même intention et qui sans cela aurait pu aisément faire sa route à Brest, se rejoignit presque à la même heure. Ainsi M. de Tourville se trouva alors avec trente cinq vaisseaux, et il ne lui en manquait plus que neuf, savoir, six qui avaient pris, avec M. de Nesmond, la route de la Hogue, et trois autres qui étaient ceux de MM. Gabaret, de Langeron et de Combes, qui avaient gagné les côtes d'Angleterre pour se rendre à Brest.

Comme nous avions navigué toute la nuit du 29, le 30, à huit heures du matin, nous nous trouvâmes à une lieue au vent des ennemis. Cette avance aurait dû suffire pour nous tirer d'affaire; mais le *Soleil-Royal*, qui avait été fort maltraité, naviguant mal, retarda toute l'armée, et, à six heures du soir, nous fûmes obligés, pour étaler le flot, de mouiller par le travers de Cherbourg, à une demi-lieue des ennemis.

Cela fit prendre deux partis à M. de Tourville : le premier fut de changer de vaisseau, ce qu'il n'avait pas voulu faire jusqu'alors; de crainte que le *Soleil-Royal*, s'il le quittait, ne tombât entre les mains des ennemis : mais enfin il s'y résolut, et passa sur *l'Ambitieux*, avec M. de Villette. L'autre parti fut de prendre la route du raz de Blanchard, qu'il espérait passer du jusant, pour pouvoir, par le moyen des courants, devancer les ennemis, qui prirent celle des Casquets.

Le raz de Blanchard est un canal qui est formé d'un côté par la côte de Costant'n, depuis le cap de la Hogue jusqu'à

Flamenville, et de l'autre par les îles d'Aurigny et de Guernesay ; il a environ cinq lieues de long et une lieue et demie de large; les courants y sont très-violents et le fond mauvais. Nous levâmes l'ancre de devant Cherbourg à onze heures du soir, la nuit du 30 au 31, et entrâmes dans le raz. Cette route nous avait presque réussi ; à cinq heures du matin nous nous voyions déjà à quatre lieues des ennemis, et de nos trente cinq vaisseaux, vingt avaient passé le raz; les treize autres, desquels celui de M. de Tourville était un, s'en voyaient dehors à une portée de canon près, lorsque le jusant venant à leur manquer, ils furent obligés d'y mouiller ; mais comme le fond y était très-mauvais, les ancres chassèrent et les courants nous firent tellement dériver que nous nous trouvâmes sous le vent des ennemis et séparés de nos vingt autres vaisseaux.

De ces treize vaisseaux qui se trouvaient en cette extrémité, trois, savoir : *le Soleil-Royal, l'Admirable* et *le Triomphant*, étant les plus incommodés, restèrent à Cherbourg, de crainte de tomber entre les mains des ennemis; le premier entra dans la fosse du galet, et les deux autres dans la petite rade de ce port. M. de Tourville, suivi des dix autres, vint se réfugier à la Hogue, et prit cette résolution parce que n'ayant plus d'ancres il ne pouvait pas naviguer.

Il arriva le 31 au soir et fut joint en cette rade par deux vaisseaux des six qui s'y étaient rendus avec M. de Nesmond, lequel, avec les quatre autres, prit, pendant la même nuit, la route du nord d'Ecosse, pour de là se rendre à Brest. Ainsi M. de Tourville se trouva à la Hogue avec douze vaisseaux, qui étaient *l'Ambitieux, le Merveilleux, le Foudroyant, le Magnifique, le Saint-Philippe, le Fier, le Fort, le Tonnant, le Terrible, le Gaillard, le Bourbon* et *le Saint-Louis*. D'un autre côté, la flotte ennemie se partagea en trois divisions pour poursuivre ces trois débris de la nôtre; une partie s'attacha aux vingt vaisseaux qui avaient passé le raz, mais inutilement; car ces vaisseaux ayant de beaucoup devancé, elle ne put les atteindre, et ils se rendirent à Saint-Malo, le premier du mois de juin ; une autre partie, composée de dix-sept vaisseaux et de huit brûlots, resta à Cherbourg pour y enlever nos trois vaisseaux, et n'ayant pu les prendre, elle les brûla le 1ᵉʳ juin, après leur avoir livré plusieurs assauts qui furent soutenus avec une extrême valeur par les sieurs des Mottes, Champonclin, Machault et Beaujeu, qui les commandaient, et ces capitaines furent secondés vigoureusement dans cette défense par leurs officiers subalternes ; la troisième partie de la flotte ennemie, composée de quarante vaisseaux et de plusieurs brûlots, auxquels les deux autres détachements vinrent se joindre deux jours après, suivit beaupré sur poupe les vaisseaux de M. de Tourville à la Hogue et les y renferma.

Dès que M. de Tourville y fut arrivé, le Roi d'Angleterre, M. le maréchal de Bellefonds et M. de Bonrepos examinèrent avec MM. les officiers-généraux de la marine quel parti il convenait de prendre ; et après avoir reconnu qu'on ne pouvait sauver ces vaisseaux et que même, en les défendant, ils couraient risque d'être enlevés par les ennemis, il fut résolu que our en sauver au Roi les équipages et les agrès, on les ferai. .houer, et que, par le moyen des chaloupes qu'on armerait, 'ı tâcherait d'empêcher les ennemis de les brûler. Cela ayant été arrêté, on échoua six de ces vaisseaux, à côté du fort de l'Ilet, et les six autres derrière le fort de la Hogue ; ensuite l'on en retira le plus d'agrès que l'on put, et l'on prépara les chaloupes que l'on destinait à leur défense, mais ces chaloupes s'étant trouvées au nombre de douze seulement, et les bateaux qu'on y joignit étant mal propres à nager et d'ailleurs armés d'équipages abattus et effrayés, on ne put empêcher les ennemis, qui firent un détachement de deux cents chaloupes légères et bien armées, de brûler, le soir du 2 juin, les six vaisseaux échoués à l'Ilet, bien que MM. de Tourville, de Villette et de Coëtlogon, avec plusieurs officiers subalternes de marine, fussent eux-mêmes dans nos chaloupes pour les animer. M. de Sebbeville, capitaine de vaisseau, fut blessé en cette occasion, et le chevalier Aubré y fut tué.

Le lendemain, 3 juin, au flot du matin, qui commença à dix heures, les ennemis étant entrés dans la petite rade de La

Hogue avec un nombre de chaloupes et de canots plus grand encore que le jour précédent et soutenus d'une frégate armée de trente pièces de canon, d'une demi-galère aussi armée de canons, et de deux brûlots, on ne put, non plus, les empêcher de brûler les six vaisseaux qui étaient échoués en ce lieu-là. Ils mirent aussi le feu à quelques-uns des bâtiments marchands qui en étaient les plus proches.

Telles ont été les suites d'une action dont les commencements avaient été si beaux, et que j'oserai dire être l'action la plus glorieuse qui se soit jamais passée en mer; si les événements, qui se sont attribué parmi les hommes le droit de décider du mérite des choses, n'en avaient été si malheureux. Mais j'espère que le roi, qui a un discernement toujours sûr et toujours juste, voudra bien démêler ce qui est en cela de notre faute ou de celle du hasard et de la fortune, et, qu'aimant la gloire autant qu'il fait, celle que sa marine s'est acquise, en cette occasion, le consolera des pertes qu'elle a essuyées.

(Bibl. roy., Mélanges de Colbert, t. XV n° 606).

Le roi rendit justice à Tourville.

— « J'ai eu, dit-il, plus de joie d'apprendre qu'avec quarante de mes vaisseaux vous en avez battu quatre-vingt-dix de mes ennemis pendant un jour entier, que je ne me sens chagrin de la perte que j'ai faite.

— « Cette défaite, dit Voltaire, a rendu Tourville plus célèbre que ses victoires.

L'amiral Russel lui écrivit pour le féliciter sur l'intrépidité qu'il avait montrée en l'attaquant avec des forces aussi inégales.

Le 27 mars 1693, le roi, pour le récompenser de ses longs et éclatants services, le nomma maréchal de France et lui donna le commandement de l'armée navale qui devait partir de Brest; mais cette fois, avec un plein pouvoir d'agir comme il jugerait à propos.

La flotte appareilla le 26 mai, et se trouva le premier juin à la hauteur de Lisbonne. Le 28 du même mois, Tourville aperçut la grande flotte marchande ennemie, destinée pour Cadix, les côtes d'Italie et les échelles du levant. Elle était de vingt-sept vaisseaux de ligne, dont le moindre était de cinquante canons. Vingt-sept bâtiments furent pris, entr'autres deux vaisseaux de guerre, et quarante-cinq furent brûlés. Il détacha une partie de son escadre pour aller croiser devant le détroit de Gibraltar, où devait se rendre une partie de la flotte des alliés; cinq navires anglais furent brûlés et neuf autres pris. Le maréchal s'arrêta devant Malaga pour mettre le feu à quelques vaisseaux mouillés dans la rade de cette ville et rentra à Toulon. Il y resta quelque temps au milieu des réjouissances de la victoire la plus éclatante, entouré d'une cour brillante de quatre mille officiers plein du feu sacré de l'honneur français.

En 1694, il eut le commandement de l'escadre destinée à protéger les opérations des troupes du maréchal de Noailles en Catalogne. En 1695, la France ne mit point d'armée navale en mer. Tourville, qui était toujours à Toulon, reçut l'ordre de veiller à la sûreté des côtes de Provence. Les deux années suivantes, il commanda les places maritimes de l'Aunis.

A l'époque de la guerre de la succession, (1701), le cabinet de Versailles fit armer un grand nombre de vaisseaux à Toulon, Brest et Rochefort, et mit une flotte sur la Méditerranée, afin d'empêcher une descente en Italie, une autre sur l'Océan, pour défendre les côtes d'Espagne. Tourville fut appelé au commandement de la flotte de la Méditerranée. Le maréchal, accablé d'infirmités, ne put obéir aux vœux de la cour; il sentit sa fin prochaine, et bientôt après il rendit le dernier soupir entouré de sa famille.

A son retour de l'expédition de Messine, il essuya une tempête si violente que son vaisseau fut entr'ouvert; mais il ne consentit à se jeter à la nage qu'après avoir sauvé la meilleure partie de ses compagnons d'armes. Intrépide au milieu des combats, il savait saisir d'un coup d'œil le parti qu'il fallait prendre, prévoir et braver les dangers. Le ministre de la marine parlant au roi de sa mort lui dit :

— « Que le maréchal de Tourville avait enrichi de plusieurs inventions nouvelles la science de la manœuvre, formé par son exemple d'excellents officiers ; que la marine de France lui devait une grande partie de son éclat, et faisait une perte difficile à réparer.

Malgré tous ces brillants témoignages de haute estime, la gloire de Tourville fut obscurcie par la perte qu'il essuya à La Hogue ; sa bravoure même ne l'a pas sauvé aux yeux de la postérité, tant est grande la prévention contre le malheur ! Le seul reproche qu'on pourrait lui adresser, c'est d'avoir hésité à fuir : aussi l'artiste qui a sculpté sa statue lui a-t-il mis entre les mains L'ORDRE FUNESTE D'ATTAQUER, comme pour demander grâce aux générations futures du désastre de **La Hogue.**

JEAN BART

— 1650 —

Jean Bart naquit à Dunkerque en 1650. Son père, Cornille Bart, capitaine de corsaire, qui s'était acquis une grande réputation de bravoure, reçut, pendant le siége de Dunkerque par les Anglais, dans le flanc droit, deux balles de mousquet, dont il mourut. Dès ce moment, le jeune Bart jura une haine mortelle aux Anglais. On verra qu'il a tenu son serment.

Jean Bart, qui n'était alors âgé que de neuf ans environ, était un robuste garçon, d'une taille moyenne, mais vigoureuse. Son front large, ses sourcils prononcés, ses grands yeux bleus bien fendus et bien vifs, exprimaient une résolution peu commune, tandis que ses bonnes joues rondes, hâlées par le grand air, annonçaient la force et la santé. La turbulence et la vivacité du *jeune Monsieur*, ainsi que le nommait son vieil ami Sauret, vieux matelot et serviteur de son père, étaient témoignées par maints accrocs plus ou moins récents de son justaucorps et de ses chausses, qui lui attiraient d'incessantes réprimandes de Catherine Bart, sa mère.

Dès son enfance, Jean Bart fit preuve d'un goût prononcé pour la marine. Aussi, au lieu d'aller à l'école des Pères Minimes, aimait-il mieux se rendre sur le port et monter aux mâts des vaisseaux. Cette conduite ne plaisait nullement à sa mère, qui n'y voyait que des dangers pour son fils, et un jour qu'elle fit observer à Cornille Bart que Jean connaissait à peine ses lettres tandis que ses autres enfants lisaient couramment :

— C'est vrai, femme, répondit-il ; mais mon petit Jean sait lire dans le gréement d'un vaisseau, et il pourrait te nommer les mâts, voiles et manœuvres d'un navire, depuis l'*arbre* (le grand mât) jusqu'au bourset (grand mât de hune), et depuis le *pacfi* (la grande voile) jusqu'au bâton d'enseigne... Après tout, femme, je ne veux pas en faire un clerc non plus...

Le vieux corsaire avait pressenti l'avenir de son fils.

A peine âgé de dix-sept ans, Jean Bart servait de second maître à bord du brigantin *le Cochon-Gras,* que M. le comte Charost, gouverneur de Picardie et pays Boulonnais, avait fait acheter pour servir de paquet-boot entre la France et l'Angleterre ; mais depuis la déclaration de guerre de cette année (1666), *le Cochon-Gras* faisait le service de garde-côte, et croisait incessamment dans le Pas-de-Calais, soit afin d'annoncer la venue ou le passage des vaisseaux ennemis, soit afin de piloter dans le Havre de Calais les vaisseaux hollandais assez désemparés pour ne pouvoir regagner un de leurs ports.

Depuis huit ans, Jean Bart avait tellement changé, qu'une mère seule aurait pu reconnaître en lui ce frais enfant d'autrefois, aux joues roses et aux cheveux blonds. Ses traits avaient grossi et pris un caractère prononcé ; c'était maintenant un robuste garçon, d'assez haute taille, à l'air insouciant et hardi, au teint hâlé par la bise de mer, aux épaules larges, carrées et un peu rondes, qui dénotaient une force extraordinaire ; ses yeux étaient toujours clairs et perçants, mais les longs cheveux blonds, que Catherine Bart aimait tant à caresser, avaient été si souvent coupés, que le front saillant et large de son fils n'était plus couvert que d'une chevelure courte, épaisse et rude comme les crins d'une brosse.

La France et la Hollande venaient de s'allier contre l'Angleterre. La flotte hollandaise, sous les ordres de l'amiral Ruyter, se trouvait, à la hauteur des bancs d'Harwich, prête à attaquer la flotte anglaise. Deux jeunes chevaliers français, MM. d'Harcourt et de Cavoye, qui avaient obtenu de Louis XIV la permission d'aller joindre l'amiral, se présentèrent à bord du *Cochon-Gras,* vers huit heures du soir, avec un ordre du gouverneur, pour le pilote, pour se faire conduire auprès de Ruyter. Le maître du brigantin, maître Vallué, était allé en haute mer pour piloter une ramberge hollandaise dans la passe de Calais. Ce fut donc Jean Bart qui reçut les deux chevaliers; l'ordre était positif. Jean Bart leur proposa de les conduire en l'absence du maître. Son jeune âge les fit hésiter quelques instants; mais sa fermeté et son air de conviction les confondirent tellement, qu'ils acceptèrent sa proposition.

Un quart-d'heure après, le léger bâtiment, doublant la pointe de Kenean, courait du nord-est, favorisé par la brise et le jusant. Le lendemain au matin il arrivait dans les eaux du vaisseau, *Sept-Provinces,* de quatre-vingt, sur lequel Ruyter avait mis son pavillon amiral. Le soldat de garde au château d'avant héla une caravelle qui, toutes voiles dehors, paraissait se diriger vers l'amiral.

— FRANCE, *et message du gouverneur de Calais,* répondit-on en assez bon hollandais, pendant que le léger navire approchait toujours.

— PASSE *à tribord,* — cria le soldat. Un instant après, la caravelle accostait au bas de l'échelle du vaisseau amiral, et MM. de Cavoye et d'Harcourt se trouvaient sur le pont des *Sept-Provinces,* précédés de Jean Bart, qui, plus leste et plus au fait de la gymnastique maritime, les avait devancés. La vue de Ruyter le remplit d'un si grand enthousiasme, qu'il lui demanda de le garder sur son escadre. Le ton résolu dont il appuya cette demande décida l'amiral à le prendre à son bord. Les rêves de Jean Bart s'étaient réalisés, il allait enfin, comme il disait, tirer du canon sur les Anglais, ou en voir tirer... mais là... de bien près...

Les bancs d'Harwich sont situés au large de l'embouchure de la Tamise. Ainsi qu'on l'a vu plus haut, la flotte des Provinces-Unies y était à l'ancre le 30 juillet ; elle était forte de soixante-quinze navires de guerre et de onze brûlots.

La flotte anglaise, commandée par le général Monk et le prince Robert, composée de soixante-seize vaisseaux, sans compter les brûlots et les bâtiments légers, était mouillée auprès de Lucens-Borough, non loin de l'île de Shepey. Les flottes ennemies étaient donc à une distance d'environ vingt lieues l'une de l'autre, et n'attendaient sans doute qu'un temps favorable pour se livrer bataille.

Jean Bart était heureux ; il allait assister à un combat, à un grand combat naval, disait-il.

Enfin, le 3 août, ses désirs furent réalisés. Au lever du soleil, la flotte anglaise fut signalée toutes voiles au vent. On déjeuna en toute hâte, et on attendit dans le plus grand silence... Ce ne fut que sur le coup de midi que le second lieutenant cria : Canonniers, faites feu. Jean Bart était mireur et tireur.

Un instant avant que la bataille ne s'engageât, Jean Bart, s'adressant à un matelot français, nommé Sauret, qui était venu avec *le Cochon-Gras,* et qui, sur ses instances, avait été inscrit avec lui.

— Ah çà ! mon vieux Sauret, lui dit-il, je n'ai jamais vu pareille fête... Je ne crois pas avoir peur ; mais je ne veux pas déshonorer le nom de Bart... Ainsi, veille bien sur moi... et si je pâlis... si je suis lâche... casse-moi la tête.

En terminant sa recommandation, il remit un pistolet au vieux matelot.

Cependant, dès la première bordée, Jean Bart, voyant trois hommes de sa pièce jetés sur les bragues, et se voyant couvert de leur sang, il pâlit. Mais à la seconde bordée, relevant fièrement sa tête, les yeux brillants :

— Allons, sainte-croix ! je n'ai plus peur, et je pourrai venger mon père sur les Anglais.

Il était environ neuf heures quand le feu cessa. L'amiral descendit dans la batterie, et, passant auprès de notre pièce, il donna un petit coup sur l'épaule de Jean Bart en lui disant :

— *Eh bien ! mon enfant, comment trouves-tu cela ?*

— Je trouve ça si brave et si beau, que j'en dirais long, si j'avais le gosier moins sec, monsieur l'amiral.

Le combat recommença avec une nouvelle ardeur le lendemain. Jean Bart se fit remarquer par son sang-froid ; il mirait, il pointait sans cesse, en poussant des cris de joie comme un enfant en approchant la mèche de la lumière, et, lorsqu'il se trouvait trop échauffé, il se plongeait la tête dans la baille d'eau de mer, qui était là pour rafraîchir les canons, en disant complaisamment :

— *Ce qui est bon pour le canon est bon pour le canonnier.*

La flotte anglaise fut si maltraitée, qu'elle fut forcée de battre en retraite et de rentrer dans la Tamise.

Louis XIV envoya à Ruyter le collier de l'ordre de Saint-Michel, en témoignage des services qu'il venait de rendre à la France. De nombreux détachements de marins assistaient à la cérémonie. Au premier rang étaient Jean Bart et Sauret.

Cette scène fit une si vive impression à Jean Bart, qu'il n'en parla qu'avec une extrême exaltation de souvenir jusqu'à ses derniers jours, et, dès ce moment, l'ambition et la ferme résolution d'être un jour le héros d'une pareille cérémonie, commença à s'établir *toute en son âme,* selon son énergique et naïve expression.

En sortant de la grande salle, les yeux de Jean Bart brillaient d'un éclat extraordinaire, et, s'adressant à son camarade Sauret, il s'écria :

— Sainte-Croix ! vieux Sauret, quel jour pour M. l'amiral de Ruyter !... Aussi bien j'espère.., oui, c'est comme malgré moi, mais j'espère ; et puis, tiens, vois-tu, je crois que c'est d'entendre les récits de bataille du *Renard de la mer* et de mon père qui m'ont fait matelot... comme je crois que la vue de toutes ces grâces accordées à ce vaillant amiral me donne l'ambition d'en obtenir autant, et me fera peut-être aussi un jour amiral.

— Dà !... l'amiral Jean Bart... eh ! l'amiral Jean Bart... Cela résonnerait galamment aux oreilles du vieux Sauret ; mais il y a une chose, la discipline militaire, qui ne vous sied guère au moins, et bien fort et bien adroit celui qui vous bridera.

— Tu as raison, vieux Sauret, l'abordage, l'abordage, à chacun son ennemi, à chacun sa hache ; et huzza pour le vainqueur, c'est la vraie guerre... Oui, oui, je crois que j'aimerais mieux commander la caravelle du vieux Valbué qu'un de ces vaisseaux de haut bord, s'il fallait être soumis aux ordres d'un amiral, et puis avoir mon matelot de gauche, mon matelot de droite, mon matelot d'avant, mon matelot d'arrière... Non, non, poupe et proue, bâbord et stribord ; je veux çà libre et bien à moi... Le marin n'est marin que seul et en haute mer, n'attendant d'ordres que de lui, et n'espérant qu'en Dieu.

L'exaltation du futur amiral Jean ne fut calmée que par le commandement du sergent de se rendre à bord, où il y eut grand gala en l'honneur de Ruyter.

Le traité de paix, qui fut signé à Breda le 31 juillet 1667, entre les États-Généraux, l'Angleterre et la Hollande, fit rentrer les flottes dans leurs ports, et Jean Bart demeura au service de la Hollande, où, par la protection de Ruyter, il entra dans la marine commerciale.

Le 10 avril 1672, le brigantin hollandais, *le Canard doré*, était mouillé dans le port de Flessingue. M. Sroëlt en était le capitaine. Gaspard Keyser était son premier lieutenant, et Jean Bart le second. Jean Bart avait alors vingt-deux ans ; une moustache blonde assez épaisse couvrait sa lèvre, sa figure avait pris une teinte plus brune, et ses sourcils, ainsi que ses cheveux, étaient devenus presque châtains ; ses larges épaules et ses membres musculeux annonçaient chez lui une force prodigieuse ; mais ses yeux bleus, toujours vifs et bien ouverts, pétillaient de hardiesse et de gaieté.

Comme les deux lieutenants venaient de terminer leur déjeuner, le capitaine Sroëlt entra dans la cabine en compagnie du secrétaire du collége de l'amirauté de Flessingue, M. Van Berg. A la vue de leur capitaine, les deux jeunes marins se disposaient à sortir. Le capitaine retint Jean Bart en lui disant qu'il avait à lui parler.

M. Van Berg, au nom de MM. de l'amirauté de Flessingue, proposa à Jean Bart de le nommer second lieutenant à bord d'une quaiche de guerre.

— D'une quaiche de guerre! moi..... servir militairement ni plus ni moins qu'un soldat! chapeau bordé en tête, habit vert au dos, sabre au côté, saluer le lieutenant, saluer le second, saluer le capitaine, saluer ci, saluer ça... ou à l'amende. Non, non; quand on me prendra à naviguer au militaire, le *Canard doré* du bonhomme Sroëlt gloussera et battra des ailes.

— Mais, songez donc, jeune homme, qu'une fois au service de la Hollande, vous pouvez devenir. . . . lieutenant! capitaine!

— Oui, oui, lieutenant bridé, capitaine bridé, ne pouvoir déferler une voile, ou tirer un coup de canon sans dire : *Plaît-il!*.... Non, non, vous prenez le saumon pour la truite monsieur du velours noir.

— Ainsi donc, mon jeune ami, vous refusez le service militaire?

— Oui, cent fois oui, aussi bien que vous refuseriez de troquer votre plume et votre écritoire contre une hache et un polverin (corne d'amorce) si on vous le demandait.

— Mais, si par hasard MM. de l'amirauté vous offraient le commandement d'une caravelle de six canons, bien armée et bien équipée, que diriez-vous à cela, mon jeune ami?

— Sainte-Croix! mon brave monsieur, cela sonne autrement; n'être ni gêné, ni entravé par personne à son bord, si ce n'est pas tout, c'est beaucoup; car au moins, si l'on a des voisins, on est seul dans sa maison. Aussi pour la caravelle de six canons, je dirais autant de oui que je disais de non pour la bride de guerre que vous vouliez me donner à ronger

— A ce prix vous engagerez-vous au service des Etats?

— Un instant, mon digne monsieur, à la condition que Gaspard Keyser aura une caravelle comme moi.

— Mais vous déraisonnez, jeune homme.

— Je déraisonne ! mais c'est vous, mon brave homme, en refusant mon matelot, meilleur marin que moi. Vous ne voulez pas? Adieu.

— Mais.....

— Il n'y a pas de mais, une caravalle pour moi, une caravalle pour Keyser, ou rien...

— Mais M. l'amiral d'ra...

— Mais, Sainte-Croix ! il n'y a pas d'amiral là-dedans. Est-ce oui, est-ce-non?

— Mais votre ami consentira-t-il?

— Un matelot n'a que la parole de son matelot!

— Veuillez donc lui demander. Non que je promette positivement, car ce serait en vérité trop m'engager... et.....

— Alors, rien de fait.... Bonjour.

Et Jean Bart sortait, si M. Van Berg n'eût crié :

— Si, si je promets ; décidez-le, et tout est fini.

Jean Bart accosta son camarade en lui disant :

— Bonjour, capitaine Keyser, capitaine de la caravelle *le Canard*, pour sûr.

— Allons, fou, tais-toi ; tiens, voici une lettre du vieux Sauret, qu'un patron de Bélandre a apportée.

Il s'agit bien du vieux Sauret et de Dunkerque? — dit Jean Bart, en prenant la lettre. — Je te dis, Keyser, que tu es capitaine, capitaine d'une caravelle de six canons, et moi aussi.

— Tu es fou !

Enfin cédant au ton de conviction de Jean Bart :

— Merci, matelot?

Ils se serrèrent la main et se rendirent dans la cabine.

— Voilà Keyser — dit Jean Bart — il accepte; touchez là, monsieur !

— Allons, bien, mes jeunes amis, les Etats-Généraux comptent deux braves marins de plus, dit Van Berg; mais il s'agit de signer l'engagement que voici, et que je vais vous lire.

— Si vous voulez, je le lirai moi-même, — demanda Keyser, plus méfiant que Jean Bart.

L'engagement conférait aux deux jeunes marins le grade de lieutenants de brûlots, et le commandement des caravelles *le Cerf* et *la Trompe d'Eléphant*.

Jean Bart fit sa croix en disant :

— Excusez-moi, monsieur le secrétaire si je ne suis pas clerc; mais cette croix m'engage à vous tête et corps pour quatre ans.

Le secrétaire au comble de la joie de voir l'engagement signé :

— Eh bien ! capitaine Sroelt, dit-il, ne viderons-nous pas une bouteille de ce vieux vin de Bordeaux qui moisit dans votre soute pour fêter nos jeunes commandants?

— Si, pardieu! monsieur le secrétaire; et si Reyser veut appeler mon garçon, il va nous en monter.

— En même temps, Reyser, — dit Jean Bart, — lis donc ce que le vieux Sauret me raconte. Voici sa lettre.

Reyser, le tint livide, rentra presque aussitôt sorti de la cabine et fermant la porte à clef : — Fais comme moi, cria-t-il à Jean Bart, en sautant au collet de M. Van Berg.

Jean exécuta la manœuvre, et serra le cou du capitaine à l'étrangler.

— Mets-leur un gobelet entre les dents, dit Keyser et amarre-le avec un mouchoir.

Aussitôt dit, aussitôt fait.

— Amarre-leur les coudes avec la corde du panneau.

Ainsi liés et bâillonnés, ils ne pouvaient ni faire un mouvement, ni pousser un cri.

— Pourquoi tout cela, demanda enfin Jean Bart.

— Pourquoi, parce qu'ils ne voulaient rien moins que nous faire fusiller en France, aussitôt arrivés, si la fantaisie nous en avait pris.

— Sainte-Croix ! que dis-tu ?

— La lettre du vieux Sauret t'apporte la déclaration de guerre entre la France et la Hollande, qui a été affichée à Dunkerque, et voici la fin.

« *Recommandons à nos sujets de ne prendre aucun service chez nos ennemis sous peine de la hart.* » — De la corde, si tu aimes mieux.

Ils se mirent aussitôt à fouiller le secrétaire pour retrouver l'engagement, qu'ils déchirèrent et dont ils jetèrent les morceaux à la mer.

Après s'être assurés que les liens qui attachaient les deux malencontreuses victimes étaient bien consolidés, ils fermèrent la porte en recommandant à l'équipage de ne pas interrompre la conférence et se firent conduire à terre.

Deux jours plus tard ils arrivaient à Flessingue ; et deux jours après ils entraient à Dunkerque.

Les deux amis prirent de l'emploi à bord d'un corsaire, mais leur intrépidité les fit bientôt apprécier par les armateurs qui leur confièrent à chacun un bâtiment. Jean-Bart avec la galiote *le Roi David*, et Keyser avec *l'Alexandre*, s'emparèrent, le 2 avril 1674, de *l'Homme-Sauvage*, bâtiment hollandais chargé de charbon. Les prises nombreuses de Jean-Bart, et particulièrement celle d'un vaisseau de guerre de Hollande de trente deux pièces de canon lui valut une magnifique chaîne d'or que le roi lui envoya en récompense de son action brillante.

Jean Bart exerçait une telle influence sur les corsaires de Dunkerque qu'il fut un moment question de les former en escadre sous son commandement, comme le témoigne le mémoire du roi à M. Hubert, intendant de la marine à Dunkerque, du 18 septembre 1676, à Versailles.

Le mois de janvier 1679, Louis XIV envoya le brevet de lieutenant dans la marine royale à Jean Bart, qui le refusa, et sur l'observation que lui fit le maréchal d'Estrades qu'on pourrait le forcer à servir :

— Me forcer à servir, moi !

— Oui, vous, monsieur Bart.

— Il faudrait avoir rudement du poil aux yeux pour me faire servir malgré moi, M. le maréchal?

— Savez-vous, M. Bart, qu'il y a des prisons dans Dunkerque pour enfermer les mauvais serviteurs.

— Eh bien.... Est-ce donc cela que vous appeler me forcer à servir?

— Mais si le Roi vous l'ordonnait lui-même, ajouta le maréchal.

— Je lui répondrais : Non, monsieur.

— Vous répondriez non à Sa Majesté?

— Comme je le fais à vous-même, et j'ajouterais : Sire, je ne suis pas un trop mauvais capitaine de corsaire, je vous fais gagner pas mal de tiers de prises, sans que vous dépensiez un sou. Je vous prends des bâtiments, des canons; je vous rosse les Anglais et les Hollandais, que c'est un plaisir; à chacun son métier; laissez-moi continuer le mien ou donnez-moi une bonne frégate, alors je pourrais vous être utile à quelque chose, mais comme lieutenant, non. C'est convenu, vous n'en tâterez pas, ni moi non plus.

— Je plaisantais, monsieur Bart, répondit le maréchal, Sa Majesté n'a jamais forcé personne de le servir.

En effet, Jean Bart avait le droit de se vanter de faire participer le Roi à pas mal de prises, car, d'après la liste sommaire des registres du conseil des prises (*Arch. du Roy.*) on compte :

Dans l'année 1674 : 10 prises.
Dans l'année 1675 : 7 prises.
Dans l'année 1676 : 16 prises. } Total : 52 prises.
Dans l'année 1677 : 16 prises.
Dans l'année 1678 : 3 prises.

On a vu par la conversation entre le maréchal d'Estrades et Jean Bart que ce dernier préférait de beaucoup demeurer capitaine de corsaire que de naviguer en sous ordre à bord d'un navire de guerre; mais Colbert était trop éclairé pour ne pas comprendre tous les partis qu'il pourrait tirer de Jean Bart; c'est ainsi qu'en 1681 il lui fit donner le commandement de deux frégates pour courir sus aux pirates de Salé. Il est le premier lieutenant de vaisseau qui, à cette époque, ait reçu un tel commandement.

Jean Bart mit à la voile le 17 avril 1681, et le 30 juin, comme il se trouvait à la hauteur des côtes du Portugal, deux pirates saletins de 20 et de 24 pièces de canon furent signalés. Il leur donna chasse sous toutes voiles. L'un se réfugia sous le pavillon de l'escadre anglaise, mais l'autre fit force de voiles vers les côtes d'Algarve; il était si vivement poursuivi qu'il fut forcé de se jeter à la côte. Il y avait à bord cent trois Maures qui furent faits esclaves par les indigènes. Jean Bart les fit réclamer comme étant ses prisonniers. On ne voulut les lui livrer que sur ordre du régent. Ce fut le seul résultat de Jean Bart dans la Méditerranée. Il rentra à Dunkerque après une croisière d'un an et reprit la navigation commerciale pour le compte de ses armateurs. Ce n'est qu'en 1686 qu'il fut nommé capitaine de frégate.

En 1686 Jean Bart, commandant *la Railleuse*, attaqua la flûte hollandaise *le Cheval-Marin*. L'engagement fut terrible. Selon sa coutume, Jean Bart était à l'arrière, attendant le moment d'ordonner l'abordage. La première bordée du *Cheval-Marin* tua ou blessa onze hommes, et un boulet vint se loger dans les caissons du couronnement tout près de Jean Bart et de son fils âgé de douze ans, qui voyait le feu pour la première fois. A ce bruit épouvantable, le pauvre enfant songea d'abord à fuir. Son père le saisit par le bras et, pour l'encourager, lui dit en riant.

— Voilà les premières dragées de ton baptême de corsaire, mon petit Cornille. Ne te baisse pas pour les ramasser.... il s'en trouvera d'autres.... Il le prit dans ses bras et l'embrassant avec tendresse;

— Je te dis que ce n'est rien, cela n'attrape que les couards, et alors cela ne nous regarde pas.

La Hollandaise avait viré de bord et revenait sur *la Rail-*

leuse serrant le vent. Le lieutenant de Jean Bart, Peler-Mall, lui demanda s'il fallait lâcher la bordée.

— Non, Sainte-Croix ! non.... qu'on soit paré pour l'abordage ; attends qu'ils soient bord à bord, et alors, vieux Mall, envoie leur ça à la Dunkerquoise, *que la bourre ferme le trou du boulet et lui serve d'emplâtre*.... N'est-il pas vrai, mon petit Cornille ?....

A ce moment, *le Cheval-Marin* lâcha sa seconde bordée, qui fit peu de dommage ; mais le jeune Bart, saisi de frayeur, se jeta sur le pont en s'écriant :

— Mon père, j'ai peur !... Mon père, je suis perdu !...

Quelles idées passèrent sur le large front de Jean Bart, nul ne peut le dire... Cependant il fallait prendre un parti. Le moment de l'abordage approchait ; l'équipage attendait en silence... Poussé par un sentiment de courage féroce, Jean Bart saisit un bout de manœuvre, releva son fils, et, avec l'aide de son lieutenant, l'attacha au mât d'artimon, la face tournée à l'avant ; puis, sautant sur le couronnement : Feu !.. feu !... partout !... et aborde, cria-t-il d'une voix terrible. Tournant aussitôt ses regards sur son fils, il eut la gloire de voir qu'il redressait fièrement sa tête, et que son air était fixe et hardi. Peu de temps après, *la Hollandaise* était amarinée.

L'intrépidité de Jean Bart, et surtout sa prompte décision, le faisaient choisir pour les entreprises hasardeuses et téméraires, comme le prouve la dépêche ci-après du 12 février de M. Seignelay à M. Paloutet, intendant à Dunkerque.

— Je vous ai écrit en diligence, le 7 de ce mois, d'armer la frégate *la Railleuse*, sous le commandement du sieur Bart, pour passer promptement à Brest les trente milliers de poudre qui sont à Calais, avec les trente milliers de plomb et de mèches. Il faut que vous joigniez à cette frégate *la Serpente*, commandée par M. le chevalier Forbin. Ces deux bâtiments prendront les munitions ci-dessus, et se rendront ensuite au Havre, pour embarquer celles que M. de Louvigny leur donnera. J'écris au sieur Bart *qu'il y a à la hauteur de Plymouth six frégates hollandaises, commandées par le vice-amiral Vander Putten, et qu'il doit y avoir aussi six vaisseaux anglais dans la Manche, afin qu'il les évite.* Sa Majesté désire néanmoins qu'il donne chasse aux corsaires hollandais qui sont en grand nombre sur les côtes de France, et qu'il fasse en sorte d'en enlever quelques-uns. *(Bibl. roy. — Mss.)*

C'était livrer bataille sur un volcan.

Cette mission périlleuse fut remplie avec le plus grand succès. Les deux capitaines entrèrent dans le port du Havre, traînant à leur remorque deux navires espagnols, *le Roi-David* et *l'Union*.

Jean Bart fut ensuite chargé de protéger un convoi de vingt navires marchands jusqu'à Brest. Arrivé par le travers des casquettes, deux vaisseaux anglais, de cinquante canons chacun, furent signalés. Des forces si supérieures effrayèrent le chevalier de Forbin, alors sous ses ordres, qui lui conseilla d'éviter le combat, au risque d'exposer la flotte marchande à être prise ou détruite.

— Fuir devant l'ennemi, s'écria Jean Bart, jamais !... et le signal du combat flotta au haut des mâts. Il arma comme il put trois des navires marchands, donna l'ordre aux autres de prendre le large au plus vite, et vira fièrement sur l'ennemi. Le combat fut long et terrible ; plusieurs fois Jean Bart tenta l'abordage, mais les trois bâtiments marchands n'ayant pas secondé sa manœuvre, il fallut céder au nombre. Cependant Jean Bart n'amena son pavillon qu'après avoir vu son navire et son équipage hâchés par les boulets et la mitraille. Quoique serré de près dans sa prison de Plymouth, il parvint à s'évader, fit soixante lieues en mer dans un canot de pêcheur, et arriva sur les côtes de France. Le Roi l'éleva au grade de capitaine de vaisseau à la suite de cette évasion, 25 juin 1689.

Le 23 mars 1690, Jean Bart partit de Dunkerque avec les vaisseaux *l'Alcyon*, *le Capricieux* ou *l'Opiniâtre*, et fit six prises importantes sur les Hollandais, par le travers du Texel, sur le Dogher-Banc.

Cette même année, une flotte fut envoyée en croisière dans la Manche, sous les ordres de Châteaurenault. Jean Bart en fit partie avec le vaisseau *l'Alcyon*. Aussitôt après la rentrée de la flotte dans les ports, il se remit en mer avec le même navire, et prit, dans l'espace de quatre mois, douze navires, qu'il rançonna pour la somme de 131,250 livres. La fin du procès-verbal ci-après prouve que Jean Bart avait une bien petite part à ces prises.

— Sa Majesté a confirmé et confirme ledit jugement du 5 novembre 1690, et, ce faisant, a confisqué à son profit lesdites douze rançons desdits bâtiments, et, en conséquence, ordonne que la somme de 131,250 livres, à laquelle elles se montent, sera remise, si fait n'a été, au commis ou trésorier de la marine du port de Dunkerque, pour être employée, ainsi qu'il lui sera ordonné, à la réserve du dixième appartenant au sieur comte de Toulouse, amiral de France.

Signé : BOUCHERAT.
(*Archives du royaume, 1690.*)

C'est à cette époque que se rapporte une anecdote qui dépeint merveilleusement l'intrépidité et l'inébranlable résolution de Jean Bart.

S'étant retiré à Bergen, port neutre, où il restait pour se radouber, un jour qu'il se promenait à terre, le capitaine d'un corsaire anglais l'aborde, et lui demande s'il n'est pas Jean Bart.

— Oui, répond celui-ci.

— Eh bien ! reprend l'Anglais, il y a longtemps que je vous cherche, je veux avoir une affaire avec vous.

— J'accepte, dit Jean Bart; aussitôt mon navire réparé, nous irons nous battre en pleine mer.

Sur le point de quitter le port, l'Anglais l'invite à déjeuner à son bord.

— Deux ennemis comme nous, répond Jean , ne doivent se parler qu'à coups de canon.

L'Anglais insiste, sollicite, et Jean Bart, confiant dans sa loyauté, accepte enfin. Après le déjeuner, le capitaine anglais lui déclare qu'ayant juré de le ramener mort ou vif à Plymouth, il le fait son prisonnier. Jean Bart, indigné de tant de lâcheté, saisit une mèche allumée, se précipite vers un baril à poudre qui se trouvait par hasard sur le pont, et menace de faire sauter le navire si on ne lui rend sur-le-champ la liberté. A la vue de tant d'audace, l'équipage reste muet d'effroi. Les matelots français, qui étaient à peu de distance, entendent le cri de leur capitaine, volent à sa défense, et, malgré la neutralité du port, enlèvent à l'abordage et coulent bas le navire anglais.

Jean Bart fit la campagne de la Manche, sous le chevalier de Tourville, comme capitaine de *l'Entendu*. Aussitôt la flotte rentrée dans les ports, il fit part à M. de Pontchartrain, comme il l'avait fait à M. de Seignelay, du projet de lancer une escadre dans le nord contre le commerce hollandais. Son idée fut acceptée cette fois, et on lui en donna le soin de l'exécution.

La lettre suivante de M. Patoulet, intendant de Dunkerque, rapporte un trait d'une audace sans exemple de Jean Bart.

A M. de Villermont.

A Dunkerque, le 26 juillet 16..

— « En accusant, monsieur, la réception de la lettre que vous m'avez fait l'honneur de m'écrire, je vous donnerai avis du passage de l'escadre de M. Bart, cette nuit, à travers trente-sept vaisseaux des ennemis, dont dix-huit ou vingt lui donnent à présent chasse, et, je crois, assez inutilement.

» M. Bart a été près de quinze jours dans la rade sans que les ennemis aient jugé à propos de venir l'attaquer; les vaisseaux de son escadre n'étant que de quarante pièces de canon (les plus forts), *ils sont sortis du port le boute-feu à la main.*

» Je ne saurais vous dire la force des vaisseaux qui occupent les passes de cette rade; il y en a depuis soixante jusqu'à vingt-quatre canons. *(Bibl. roy. — Collection Dangeau. Dunkerque.*

Au point du jour, les Anglais avaient complètement perdu ses traces, et, vers le soir, Jean Bart ayant reconnu quatre vaisseaux anglais escortés de deux vaisseaux de guerre, l'un de quarante canons et l'autre de cinquante, il les serra de près toute la nuit, les attaqua dès la première heure le lendemain matin, et les força à se rendre après un combat court mais terrible. Peu de jours après, il attaqua la flotte hollandaise, qui revenait de la pêche aux harengs, qu'escortaient deux vaisseaux de quarante, qu'il enleva à l'abordage avec plusieurs bâtiments de pêche.

Louis XIV l'ayant mandé à la cour, il lui demanda comment il avait fait pour passer au travers des Anglais ; Jean Bart, voulant faire une peinture énergique de cette sortie, rangea plusieurs courtisans en ligne serrée, les écarta, administrant de furieux coups de poings et de coude, puis, s'adressant au roi :

» *Sire, voici comment j'ai fait pour passer à travers l'ennemi!* »

Le combat de La Hogue avait presque anéanti la marine de Louis XIV, et les ennemis bloquaient tous les ports français. Vingt-deux vaisseaux croisaient devant Dunkerque; Jean Bart parvint encore à sortir avec trois frégates, *le Comte* de 44, *l'Hercule* de 36, *le Tigre* de 36, et un brûlot. Le lendemain, 8 octobre 1693, il enlevait quatre vaisseaux anglais ; le 10, il attaquait une flotte anglaise de 86 navires de commerce sur lesquels sept restèrent en son pouvoir; deux jours après, il brûlait plusieurs centaines de maisons aux environs de Neucastle, et enfin il rentra à Dunkerque avec ses prises, estimées 450,000 livres.

Cette même année, il contribua à la brillante affaire de Lagos sous les ordres de Tourville.

Le 19 août 1694, Louis XIV le nomma chevalier de Saint-Louis. Un mois plus tard M. de Pontchartrain lui transmettait l'ordre de Sa Majesté d'appareiller son escadre et d'y joindre les flûtes *le Bienvenu* et *le Portefaix*. Il avait pour mission de protéger une flotte chargée de blé qui devait partir de Fleker, le laissant le libre arbitre des mesures à prendre, suivant les nécessités.

Jean Bart mit donc à la voile. Sa lettre, ci-après, au ministre de la marine, en donnant les plus grands détails sur son brillant combat du 29 juillet, montre comment il remplit cette mission importante.

A Dunkerque, le 3 juillet 1694

— « J'ai l'honneur, monseigneur, de vous rendre compte que, le 29 du mois passé, je rencontrai, entre le Texel et la Meuse, douze lieues au large, huit navires de guerre hollandais, dont un portait pavillon de contre-amiral. J'envoyai les reconnaître : on me rapporta qu'ils avaient arrêté la flotte de grains destinés pour la France, et avaient amariné tous les vaisseaux qui la composaient, après en avoir tiré tous les maîtres. Je crus, dans cette conjecture, devoir les combattre pour lui ôter cette flotte. J'assemblai tous les capitaines des vaisseaux de mon escadre, et, après avoir tenu un conseil de guerre où le combat fut résolu, j'abordai le contre-amiral, monté de quarante-huit pièces de canon, lequel j'enlevai à l'abordage après une demi-heure de combat. Je lui ai tué ou blessé cent cinquante hommes. Ce contre-amiral, nommé Hyde de Frise, est du nombre des blessés : il a un coup de pistolet dans la poitrine, un coup de mousquet dans le bras gauche, qu'on a été obligé de lui couper, et trois coups de sabre à la tête. Je n'ai perdu en cette occasion que trois hommes et vingt-sept blessés.

» — *Le Mignon* a pris un de ces huit vaisseaux de cinquante pièces de canon.

» — *Le Fortuné* en a pris un autre de trente pièces ; les cinq autres restant des huit, dont un est de cinquante-huit pièces, un autre de cinquante quatre, deux de cinquante, et un de quarante, ont pris la fuite après m'avoir vu enlever leur contre-amiral.

» — J'ai amené ici trente navires de la flotte, lesquels sont en rade.

» — J'ai donné ce combat à la vue des vaisseaux de guerre danois et suédois, qui ont été témoins de cette action sans s'y mêler. Ils sont passés aujourd'hui avec le reste des vaisseaux de charge, au nombre de soixante-six voiles, pour aller en France. . . . .

» — L'exprès qui vous remettra cette lettre est mon fils, qui a vu l'action, aussi bien que le sieur Vandeermeerch, mon beau-frère.

» Le Chevalier BART

» Il y a, dans les trois navires de guerre hollandais pris, plus de trois cents hommes tués ou blessés.

» *(Arch. de la Mar. à Versailles.)* »

Louis XIV récompensa cette action brillante par les lettres de noblesse qu'il envoya à Jean Bart le 1ᵉʳ août 1694.

C'était justice, car il venait en outre de faire cesser la disette qui désolait la France.

Le 18 juin 1696, Jean Bart, qui avait pris sa croisière entre le cap Dernous et le nord du Dogher-Banc, pour ne pas manquer une flotte hollandaise qui venait de la Baltique, l'attaqua, quoique supérieure en force. Elle se composait de quatre-vingts bâtiments marchands escortés par cinq navires de guerre dont deux de quatre-vingt-quatre canons, deux de trente-huit et de vingt-quatre. Il enleva   convois après un combat opiniâtre dans lequel il eut qu... hommes tués, parmi lesquels était M. de Carguères, et quinze ... essé. Comme il le dit dans son rapport :

Il fit rendre lui-même en particulier celui de vingt-quatre pièces par le canon et la mousqueterie, et s'empara du commandant à l'abordage, qu'il ne lui refusa pas ; il donna ensuite dans la flotte avec l'escadre, où il y eut vingt-cinq grosses flûtes de cinq, six à sept cents tonneaux, chargées de blé, de mâts ou goudron, de prises, desquelles il en prit neuf pour sa part, et les autres furent prises par les autres vaisseaux de l'escadre. Il eût détruit toute la flotte sans une escadre de douze vaisseaux de guerre hollandais qui avaient été témoins du combat, et qui étaient à sa vue avant qu'il eût attaqué. Comme elle était fort supérieure en nombre et en grosseur, et qu'elle avait vent arrière sur lui avec un bon frais, et qu'il ne pouvait pas, sans compromettre beaucoup les armes du roi, entreprendre de soutenir contre cette escadre, il fut obligé de faire brûler toutes les prises marchandes, aussi bien que les quatre vaisseaux de guerre, et donna celui de vingt-quatre canons, après avoir encloué et mouillé les poudres, pour reporter les prisonniers en Hollande, qui l'auraient fort embarrassé, s'il avait été obligé de livrer un second combat, et qui auraient d'ailleurs consommé tous ses vivres. Tout cela fut exécuté avec tant de diligence et si à propos, que les ennemis n'étaient qu'à deux portées de canon de lui, lorsqu'il commença à faire servir.

La gloire dont Jean Bart se couvrit dans cette campagne lui valut le grade de chef d'escadre. La prédiction du vieux Sauret, que *son jeune monsieur Jean* serait peut-être amiral comme Ruyter, était réalisée..

La vacance du trône de Pologne, par suite de la mort de Jean Sobieski, en 1696, fournit à Bart une nouvelle occasion de faire connaître ses merveilleuses preuves d'adresse, d'audace et de supériorité de manœuvre. Il avait pour mission de conduire M. le prince de Conti, qui avait été élu roi de Pologne, à Dantzik. Une flotte anglo-hollandaise bloquait le port de Dunkerque. Jean Bart choisit six des meilleures frégates qui se trouvaient dans le port, les fit armer avec la plus grande hâte, et le 6 septembre 1697, le vent et la marée étant favorables, il mit à la voile

Jean Bart comprenait sa mission difficile et périlleuse, aussi prit-il toutes les précautions que put lui suggérer une longue et énergique expérience. Les canonniers, la mèche à la main, debout à côté de leurs pièces, dans la batterie, dont il avait fait soigneusement fermer les sabords; il surveilla la manœuvre.

Les deux premiers jours, la légère escadre ne fit aucune rencontre; ce n'est que le 8 au matin que la vigie signala trois vaisseaux et neuf frégates au vent. On se trouvait à la hauteur de la Tamise. Jean Bart, toujours impassible comme d'habitude, fit venir son fils, lui parla bas à l'oreille, et reprit sa longue vue pour examiner les ennemis, tandis que son fils disparut par le panneau de la grand'chambre. Les Anglais chassèrent inutilement l'escadre quatre heures durant. A une heure de l'après-midi, Jean Bart s'aperçut qu'il gagnait de' vitesse les ennemis..... Deux heures plus tard, il les avait perdus de vue.

Pour rassurer le prince de Conti, Jean Bart lui avait persuadé que ces vaisseaux faisaient partie d'un convoi marchand; mais quand il se vit en pleine sureté, il descendit dans la chambre de M. de Conti, qui n'avait nullement soupçonné le danger.

— Savez-vous, monseigneur, lui dit-il, que vous l'avez échappé belle.

— Je ne vous comprends pas, monsieur Bart.

— Eh bien, monseigneur, nous avons été chassés par trois vaisseaux de quatre-vingts et neuf frégates.

— Et ces vaisseaux, monsieur Bart? dit M. le prince de nti, qui ne put cacher un mouvement de surprise.

— Disparus, monseigneur, disparus.

— Mais, monsieur Bart, si nous avions été pris?

— Oh! monseigneur, nous prendre!.... Je les en défiais bien.

— Comment cela?

— Ah! Sainte-Croix, cela était impossible, monseigneur.

— Comment impossible?

— Par la raison que mon fils était dans la sainte-barbe, une mèche allumée à la main, avec l'ordre de mettre le feu aux

— Que dites-vous, monsieur Bart? — s'écria le prince de Conti en faisant un bond de son fauteuil, car il savait que Jean Bart l'aurait fait comme il le disait.

Je dis la vérité, monseigneur; car je n'aurais jamais voulu qu'on pût dire : — Le prince de Conti a été pris sur un bâtiment que commandait Jean Bart, attendu que Sa Majesté m'avait défendu de vous laisser prendre.

— Cela est bel et bien, monsieur Bart, mais je vous défends d'avoir jamais recours à de tels moyens pour m'empêcher d'être pris.

Peu de jours après, la légère escadre jetait l'ancre à Elseneur, d'où elle partit le 17 de septembre, et malgré les vents contraires, déposa le prince de Conti à Dantzick, le dernier jour du même mois.

Vers le commencement de 1702, Jean Bart fut envoyé dans les mers du nord. Ce fut au retour de ces croisières qu'il mourut à Dunkerque, le 27 avril 1702, à l'âge de cinquante-deux ans.

Le caractère de Jean Bart fait époque dans les annales de la marine française; son nom est passé en proverbe; pour peindre un marin déterminé, on dit : c'est un Jean Bart. Brave jusqu'à la témérité, doué d'une inébranlable résolution, franc jusqu'à la rudesse, il semble le vrai type de l'officier de marine

CLAUDE FORBIN, COMTE DE JAUSON

— 1656 —

Claude Forbin était né au village de Gardanne, auprès d'Aix, en Provence, le 6 août 1656. Issu d'une famille très-ancienne et peu fortunée, son père le destinait à la carrière des armes; mais il mourut avant d'avoir pu réaliser son projet, et laissant plusieurs enfants. Sa mère désirait, au contraire, voir son dernier fils entrer dans les ordres ; elle s'opposa donc positivement aux volontés de son mari, et Claude Forbin dut se résigner à continuer ses études.

Il était alors âgé de quinze ans. Déjà son caractère fougueux et violent, qui devait plus tard l'entraîner dans des fautes si graves et lui causer des si cuisants chagrins, laissait éclater des emportements terribles. Mme de Forbin, femme d'une grande piété, dans l'espoir de dompter cette nature bouillante, le confia à un prêtre, homme d'une nature calme et froide, mais d'une volonté ferme et sévère. La mère et le précepteur avaient mal préjugé de leurs moyens ; raisonnements, remontrances, prières, menaces, privations et rigueurs, ne purent amener aucun changement chez le jeune élève, et leur patience fut enfin mise à bout par ses reparties insolantes. Un jour enfin, le prêtre, poussé hors de lui-même, s'oublia jusqu'à vouloir le frapper de sa canne. La menace n'était pas faite que la canne, arrachée des mains du précepteur, était brisé sur ses épaules, et les morceaux lancés à la tête. Après cette équipée, Forbin se réfugia chez son frère aîné, auprès duquel il espérait trouver un soutien, mais qui lui refusa nettement toute intervention auprès de sa mère, pour la faire consentir à s'engager volontaire. C'est dans cette circonstance que Forbin fit ce trait de courage et de sang-froid presque incroyable, mais que confirment plusieurs biographes.

Un chien enragé causait des ravages terribles dans une rue de la ville d'Aix. Tout le monde était dans la consternation, et personne n'osait affronter cet animal furieux. Forbin se présente fièrement en face et lui tend son chapeau. Le chien de se jeter dessus, et, tandis qu'il le déchire à belles dents, Forbin, d'une main assurée, lui plonge son couteau de chasse entre les épaules, et l'étend roide mort.

Un duel, qu'il eut quelque temps après, et dans lequel il blessa dangereusement son adversaire, le força de se sauver à Marseille, où il eut le bonheur de rencontrer son oncle, M. le commandeur de Gardanne, capitaine d'une des galères du Roi, qui fit cesser les poursuites déjà commencées contre son neveu, et qui parvint à vaincre l'opiniâtreté de Mme de Forbin. Claude fit donc ses premières armes sur la galère de son oncle. Plus tard, il prit part à la guerre de Messine, et, à la paix de 1678, il entra dans une compagnie de mousquetaires, sous les ordres de M. le bailli de Forbin.

Mais son caractère aventureux ne put s'accommoder longtemps de la discipline de ce corps. Il le quitta et se rendit à Toulon pour s'embarquer de nouveau. A peine arrivé dans cette ville, il se prit de querelle au jeu avec un autre gentilhomme, le chevalier de Gourdon. Un duel s'ensuivit, et ce dernier après quelques passes vigoureuses, reçut un coup d'épée, qui le tua sur le coup. Les tribunaux évoquèrent cette cause, et le chevalier n'échappa aux poursuites dirigées contre lui que par la fuite. Son procès fut instruit par le Parlement d'Aix, qui le condamna par contumace, à la peine de mort. Il dut encore sa grâce à l'intervention du cardinal Janson son oncle. Nommé lieutenant de vaisseau, il fit, en 1678, la campagne d'Amérique, sous le comte d'Estrées, et celle d'Afrique, sous Duquesne, en 1682 et 1683.

Il fit ensuite partie d'une ambassade que Louis XIV envoyait dans le royaume de Siam, en qualité de major général, et passa au service du roi, qui lui conféra, en 1685, le titre de *grand amiral*, et la qualification siamoise *d'Opra-sacdixomkram*, ou source de toute lumière. Dégoûté des fourberies du ministre favori de Sa Majesté siamoise, qui souvent attenta à ses jours, Forbin parvint à s'enfuir, et reprit, en 1688, son rang sur les cadres de la marine française.

A son retour de Siam, Forbin trouva la guerre allumée entre la France et l'Angleterre. On lui confia le commandement d'une frégate, sur laquelle il se rendit dans la Manche, sous les ordres de Jean Bart.

Forbin réunissait toutes les qualités qui constituent l'homme de guerre; il était hardi, entreprenant et audacieux jusqu'à la témérité. Il avait fait une étude approfondie de la manœuvre et de la construction des navires.

Le 12 février 1696, monté sur la frégate *la Serpente*, il partit de Dunkerque avec Jean Bart, qui commandait *la Railleuse*, en destination du Havre. La dépêche de M. Seignelay, ministre de la marine, portait « qu'*il y avait à la hauteur de Plymouth six frégates hollandaises, commandées par le vice-amiral Vander Putten, et qu'il devait y avoir aussi des vaisseaux anglais dans la Manche, afin qu'ils les évitassent.* Elle ajoutait que la volonté du Roi était néanmoins qu'ils donnâssent la chasse aux corsaires hollandais qui étaient en grand nombre sur les côtes de France, et qu'ils fissent en sorte d'en enlever quelques-uns. » *(Bibl. roy. — Mss.)*

Ils manœuvrèrent si habilement, qu'ils atteignirent le Havre, malgré les croisières, et Forbin prit sur sa route *le Roi-David*, navire espagnol, chargé de bois rouge, le 25 avril.

Ils repartirent du Havre le 20 mai pour envoyer quatre bâtiments marchands jusqu'à Brest. Cette fois Forbin commandait la frégate *les Jeux*. Se trouvant, le 22, dans la Manche, par le travers des Casquettes, ils soutinrent un rude et sanglant combat contre deux vaisseaux anglais, de quarante-deux et de quarante-huit canons. Le chevalier de Forbin attaqua son ennemi avec une grande impétuosité; il l'aborda à tribord, et sans la défection de l'équipage de Jean Bart et des trois vaisseaux marchands, ils fussent certainement sortis victorieux de la lutte; mais tous les efforts suggérés par la plus grande intrépidité durent céder au nombre, ce qu'ils ne firent cependant qu'après que leurs frégates furent rasées, et qu'ils tombèrent eux-mêmes blessés. Ils furent faits prisonniers et conduits en Angleterre.

Forbin était un brave officier, et joignait à sa bravoure l'intelligence des combats. L'intrépidité avec laquelle il vint au feu pour soutenir Jean Bart, mal engagé contre des forces supérieures, l'audacieuse précision de sa manœuvre, si bien calculée pour sauver son commandant du danger ou périr lui-même avec lui, lui firent le plus grand honneur; car, dans un engagement naval, où la fuite paraît si facile, il n'y a pas seulement de la grandeur d'âme à rallier au feu, la victoire est toujours du côté des opérations concertées.

Jean Bart et Forbin trouvèrent le moyen de s'échapper et retournèrent en France. Louis XIV, à la sollicitation des amis de Forbin, l'éleva au grade de capitaine de vaisseau. Se trouvant alors sans emploi, il arma en course, et alla croiser dans les mers d'Irlande, où il fit plusieurs prises; mais il faillit terminer son expédition par un désastre.

Le vent était violent, la mer grosse, le navire à *cap;* une vague le prend en flanc, défonce sa grande voile, jette sur le côté le bâtiment qui *engage* (plonge le nez dans l'eau), et ne peut plus *arriver* (fuir devant le vent); l'équipage perd la tête et se voue à tous les saints du paradis; Forbin les rallie, en leur recommandant d'invoquer *sainte Pompe*, pour les délivrer de l'eau qui les envahit, puis, après un instant d'embarras, il donna l'ordre d'appareiller la voile de misaine (grande voile de l'avant); le navire, pressé par une force qui agit toute entière sur son avant, pirouette, se redresse, et se sauve de la lame qui brisait sur lui.

Forbin servit de nouveau avec Jean Bart dans la mer du nord, où il fit preuve en maintes circonstances de la plus grande intrépidité. Il commandait un vaisseau au combat de La Hogue, de désastreuse mémoire, où notre malheureuse flotte fut complétement anéantie. Le chevalier de Tourville, en déclarant que tous les officiers de sa flotte avaient noblement fait leur devoir, a fait aussi leur éloge. On doit ajouter, à la gloire de Forbin, qu'au milieu de ce désastre il sauva son navire.

Il fut ensuite appelé dans la Méditerranée, où il fit de longues croisières, soit comme chef, soit en sous-ordre, mais dans lesquelles il ne survint aucun événement remarquable. Il passa ensuite dans l'Adriatique avec la mission d'empêcher les Vénitiens de secourir les impériaux, alors en guerre contre la France pour la succession d'Espagne. Son caractère violent et emporté compromit les intérêts de la France. Il fut rappelé à la cour pour rendre compte de sa conduite, ainsi que le constatent plusieurs lettres déposées au ministère des affaires étrangères.

Comme partout, il se montra dans cette croisière plein d'activité et de résolution ; il tenta un coup audacieux, qui fait l'éloge de sa haute entente des choses de la guerre plus encore que de son courage. Suivi seulement de deux embarcations, il alla mettre le feu à un vaisseau amarré dans le port de Venise. C'était une action digne des plus hardis flibustiers ; car, avant d'y clouer la chemise soufrée qui l'embrasa, il l'enleva à l'abordage, le sabre au poing. En général, dans les entreprises douteuses et surtout dans les coups de main maritimes, on ne tient pas assez compte de l'effet produit par l'audace et la surprise. Forbin sut apprécier ces puissants auxiliaires ; il osa, il réussit. Dans cette campagne, il montra, comme chef, une supériorité incontestable ; comme homme de cœur, il méritait des éloges et des récompenses ; mais il n'avait pas la faveur du ministre; on le tint à l'écart. Jamais il ne put franchir le grade de contre-amiral. Des désappointements multipliés brisèrent son ambition; il reconnut la vanité des services réels, et se retira dans ses terres, où il vécut doucement jusqu'en 1732.

RENÉ DUGUAYTROUIN

1673

Dugueytrouin naquit à Saint-Malo le 10 juin 1673. Son père, riche armateur de ce port, qui, de même que le père de Jean Bart, commandait des vaisseaux corsaires en temps de guerre et marchands en temps de paix, l'avait d'abord destiné à l'église. Il fut envoyé en conséquence au collége de Rennes, où il reçut les premiers ordres. La mort du père de Dugay-trouin changea complétement ces dispositions, et le jeune René abandonna une profession qu'il n'avait embrassée que par obéissance pour son père, pour laquelle il avait le plus grand dégoût, et qui d'ailleurs était en opposition flagrante avec son caractère impétueux.

A peine rentré auprès de sa mère, qui avait pour lui la plus grande tendresse, il se livra à ses penchants turbulents. Il devint bientôt un des plus vaillants académistes de la ville de Caen, et, jeté au milieu d'une société de jeunes gens aussi étourdis que lui, il devint le héros d'une foule d'aventures de toutes sortes. Pour mettre fin à ces désordres, sa pauvre mère le suppliait de retourner à Saint-Malo et s'engager comme volontaire à bord d'un navire pour soutenir la gloire de son antique famille de corsaires. Dugay-Trouin se rendait aux pressantes supplications de sa mère, lui prodiguait ses caresses lui racontait ses folies, dont elle tremblait et riait tout à la fois, et, une fois sa mère rassurée, il retournait auprès de ses joyeux compagnons, lui disant gaiement :

— « Pour recommencer à expérimenter la terre tant et si bien, qu'une fois homme de mer, il n'y voulut plus poser le pied.

Au milieu de cette existence licencieuse et turbulante, Duguaytrouin conserva toujours intacts ses principes de probité et d'honneur. Un trait qu'il raconte dans ses mémoires prouve combien ses principes étaient naturels et inébranlables chez lui.

Voici l'aventure :

Ayant mis l'épée à la main, à la suite d'une querelle, deux amis de son adversaire prêtèrent main forte à ce dernier. Un gentilhomme qui vint à passer, voyant le parti si inégal, se rangea du côté de Dugaytrouin, qui aurait infailliblement succombé, le dégagea et l'emmena souper avec lui.

— « Ce jeune homme, — dit Dugaytrouin, — c'était cependant un honnête filou que je ne connaissais pas, et même qui n'était pas bien connu pour tel : je l'appelle honnête en ce qu'il perdait noblement son argent ; mais aussi dès qu'il en manquait, il mettait son adresse en pratique. Au demeurannt il était brave et joignait à une belle figure beaucoup d'esprit et de manières fort engageantes, le tout accompagné d'une passion pour le beau sexe et pour le vin qui allait jusqu'à la plus extrême débauche.

« Belle école pour un jeune homme de mon âge ! Il voulait que je fusse de tous ses plaisirs, me faisant le confident et fort souvent le compagnon de ses entreprises ; il m'apprit même quelques tours de cartes et de dés, dont, grâce à Dieu, je n'ai jamais fait usage. »

On n'aura pas de peine à le croire quand on saura que, malgré ses prises considérables, il mourut dans le plus grand dénûment.

Une nouvelle et dernière aventure qui fut évoquée par le

parlement de Rouen et qui prit immédiatement une apparence de gravité, le fit retourner à Saint-Malo Ce fut alors qu'il fut embarqué en qualité de volontaire sur *la Trinité*, frégate de dix-huit canons, armée par un de ses oncles. C'était en 1689. Il était âgé de seize ans. Son apprentissage eût commencé par un naufrage si le vent n'avait tourné tout-à-coup au moment où le bâtiment allait se briser contre les rochers. La vue du danger augmenta l'ardeur du jeune Dugaytrouin. Son organisation de fer ne l'empêcha pas, durant cette croisière, de souffrir du mal de mer jusqu'à son retour à Saint-Malo.

La Trinité se remit en mer après s'être réparée. Cette fois elle fit la rencontre d'un corsaire hollandais et l'aborda. Au moment ou le fougueux Dugaytrouin se disposait à se lancer sur le pont de l'ennemi, le maître d'équipage, qui le précédait, se laissa tomber entre les deux navires qui, soulevés par la lame, écrasèrent en se heurtant la tête de ce malheureux.

Cet événement lui fit la plus vive impression; et voici ce qu'il dit à ce propos :

— « Lorsque je vis ses membres et sa cervelle écrasés, j'a-
» voue que cet objet effrayant m'arrêta, d'autant plus que
» n'ayant pas comme lui le pied marin, je crus qu'il me serait
» impossible d'éviter ce genre de mort hideux. Cependant le
» corsaire ennemi, après avoir soutenu trois abordages con-
» sécutifs, fut enlevé l'épée à la main, et l'on trouva que, pour
» un novice, j'avais témoigné assez de fermeté. »

Monté sur la frégate *le Grénédan*, il eut la gloire de sauter le premier à l'abordage d'un vaisseau de quarante canons et l'enleva aux Anglais; mais il faillit subir le sort du malheureux maître d'équipage.

— « Car, dit-il, lorsque nous abordâmes un second na-
» vire de vingt-quatre canons, soit faiblesse ou pressenti-
» ment, la pensée de notre maître d'équipage me revint au
» moment où je m'avançais sur notre bassoir pour m'élancer le
» premier à l'abordage; mais la secousse de l'abordage et celle
» de notre beaupré, qui brisa le haut de la poupe de l'enne-
» mi, fut si grande, qu'elle me fit tomber à la mer entre les

» deux vaisseaux : heureusement j'étais à poupe et je tenais
» à la main une manœuvre que je ne lâchai point, et je fus
» raccroché par quelques matelots de notre équipage, qui me
» tirèrent par les pieds à bord de notre vaisseau. »

Il n'en fit pas moins cette nouvelle capture. Le commandement d'une flûte de quatorze canons fut la récompense de ces faits d'armes. Dès ce moment aussi commencèrent ses actes d'intrépidité. Dans la campagne de 1691, il brûla deux navires et s'empara d'un château sur les côtes de Limérick, et incendia deux vaisseaux échoués à terre. Mécontent de la marche de sa frégate, il revint à Saint-Malo, et remit à la voile peu de temps après avec la *Coëtqueu*.

Les natures les plus fougueuses ont quelques fois leurs faiblesses; Dugaytrouin avait celle de croire aux pressentiments et à l'influence mystérieuse des songes. Voici ce qu'il raconte lui-même avec une bonne foi et une naïveté remarquables

« J'avais, dit-il, croisé plus de deux mois, et je n'avais plus
» que pour quinze jours de provisions et de vivres ; j'étais
» d'ailleurs embarrassé de prisonniers et soixante malades.
» Mes officiers et tout mon équipage, voyant que je ne parlais
» pas de relâcher, me représentèrent qu'il était temps d'y
» penser, et que l'ordonnance du roi était positive là-dessus.
» Je ne l'ignorais pas, mais j'étais saisi d'un *pressentiment se-*
» *cret* de quelque heureuse aventure qui me faisait reculer de
» jour en jour. Quand je me vis pressé, j'assemblai tous mes
» gens, et les ayant bien harangués, je les engageai, moitié
» par douceur, moitié par autorité, à consentir qu'on dimi-
» nuât un peu de leur ration, les assurant que, si nous fai-
» sions capture, je leur accorderais le pillage et les récompen-
» serais amplement; je ne disconviendrai pas que ce parti était
» un peu extravagant, *et je ne comprends pas moi-même ce*
» *qui me portait à leur parler de la sorte et si affirmativement;*
» mais j'étais poussé en cela par une voix inconnue à laquelle
» il m'était impossible de résister. Quoiqu'il en soit, *le hasard*

» *voulut qu'au bout de ces huit jours je visse en songe deux*
» *gros vaisseaux venant à toutes voiles sur nous.* Cette vision
» mit tous mes sens en agitation et me réveilla en sursaut.
» L'aube du jour commençait à paraître ; je me levai, et, sor-
» tant en même temps sur le gaillard, je portai ma vue autour
» de l'horizon ; *le premier objet qui la frappa fut deux vais-*
» *seaux réels, dans la même situation et tels que j'avais*
» *cru les voir en dormant.* Ils me parurent d'abord vais-
» seaux de guerre, parce qu'ils venaient nous reconnaître à
» toutes voiles et qu'ils étaient d'une apparence à nous le faire
» croire. Dans cette idée, je jugeai à propos de prendre chasse
» pour m'éprouver un peu avec eux avant que de m'exposer ;
» mais, ayant reconnu que j'allais beaucoup mieux que ces
» deux vaisseaux, je revirai de bord aussitôt, et, ayant livré
» combat, je m'en rendis maître après trois heures de résis-
» tance fort vive. Ces vaisseaux étaient percés à quarante-
» huit canons et en avaient chacun vingt-huit montés : ils se
» trouvèrent chargés de sucre, d'indigo, et de beaucoup d'or
» et d'argent. Le pillage, qui fut très grand, n'empêcha pas
» mes armateurs de gagner une grosse somme. Je menai ces
» deux prises à Nantes, où je fis caréner mon vaisseau ; et,
» étant retourné en croisière, je fis encore trois autres
» prises avant de m'en aller à Brest. Comme je dois la prise
» de ces deux vaisseaux dont je viens de parler à ce *pressenti-*
» *ment secret* qui me fit demander huit jours de croisière à
» mon équipage, je ne puis m'empêcher de dire ici *que j'en*
» *ai eu plusieurs autres qui ne m' ont pas trompé.* Je laisse
» aux philosophes à expliquer ce que ce peut être cette voix
» intérieure qui m'a souvent annoncé les biens et les maux.
» Qu'ils l'attribuent, s'ils le veulent, à quelque génie qui nous
» accompagne, à notre imagination vive et échauffée ou à no-
» tre âme elle-même, qui, dans des moments heureux, perce
» les ténèbres de l'avenir pour y découvrir certains mouve-
» ments, je ne les chicanerai point sur leur explication ;
» *mais je ne sais rien de plus marqué en moi-même que cette*
» *voix basse, mais distincte, et pour ainsi dire opiniâtre, qui*

» m'a annoncé et fait annoncer plusieurs fois et à d'autres jus-
» qu'au jour et aux circonstances des événements

En effet, que les philosophes expliquent des faits énoncés avec une aussi sincère naïveté, mais il n'en ait pas moins vrai qu'il est de ces mystères impénétrables à l'intelligence de l'homme.

Attaqué, en 1694, sur la frégate *la Diligente*, par six vaisseaux de 60 et de 70, abandonné par un équipage, par ses officiers même, que décourageait une lutte aussi inégale, il ne se rendit qu'après avoir été renversé par un boulet, qui heureusement n'avait plus de force pour le tuer

Conduit à Plymouth, il y fut traité comme un héros de vingt et un ans ; mais sa frégate ayant été reconnue dans le port par un capitaine anglais qu'il avait bravé et canonné en pleine mer sous un autre pavillon que le sien, il fut mis en prison par un ordre de l'amirauté, et menacé même d'un jugement. Une jeune femme favorisa son évasion avec quatre des siens. Une chaloupe achetée à un bâtiment suédois le transporta sur les côtes de Bretagne. Il prit aussitôt le commandement du vaisseau *le Français* de quarante-huit canons, et se signala par de nouveaux traits d'héroïsme. Deux vaisseaux et six navires marchands devinrent sa proie dans cette croisière, après un combat *de deux jours*.

Voici la relation qu'il donne lui-même de ce brillant fait d'armes.

— « Je montai dans *le Français*, dit Dugaytrouin, et cin-
» glant en haute mer, j'établis ma croisière sur les côtes
» d'Angleterre et d'Irlande ; je pris d'abord cinq vaisseaux
» chargés de tabac et de sucre, ensuite un sixième chargé de
» mâts et de pelleteries, venant de la nouvelle Angleterre ; ce
» dernier s'était séparé depuis deux jours d'une flotte de
» soixante voiles, escortée par deux vaisseaux de guerre an-
» glais, l'un nommé *le Sans-Pareil*, de cinquante pièces de
» canons, et l'autre *le Boston*, de trente-huit canons, mais

» percé à soixante-douze, les habitants de Boston ayant fait
» construire exprès ce vaisseau pour en faire présent au
» Prince Georges. Il était chargé de très-beaux mâts et de pel-
» leteries ; je m'informai avec grand soin de l'aire de vent où
» cette flotte pouvait être et courus à toutes voiles de ce côté
» là ; j'en eu connaissance vers midi. L'impatience que j'avais
» de prendre ma revanche me fit, sans hésiter, attaquer les
» deux vaisseaux de guerre qui lui servaient d'escorte. Dans
» mes premières bordées, j'eus le bonheur de démâter *le Bos-*
» *ton* de son grand mât de hune, et de lui couper sa grande
» vergue : cet accident le mit hors d'état de traverser le des-
» sein que j'avais de traverser *le Sans-Pareil* ; cet abordage
» fut à l'instant exécuté, et mes grappins furent jetés au mi-
» lieu de notre feu mutuel de canons et de mousqueterie, cela
» fut suivi d'un si grand nombre de grenades que j'avais fait
» disperser de l'avant à l'arrière, que ses ponts et ses gaillards
» furent nettoyés en fort peu de temps. Je fis battre la charge,
» et mes gens se présentèrent à l'abordage ; mais le feu prit
» tout d'un coup à la poupe si vivement que, dans la crainte
» de brûler avec lui, je me vis contraint de faire pousser vite
» au large. Dès que cet embrasement fut éteint, je raccrochai
» le vaisseau *le Sans-Pareil* une seconde fois, et le feu ayant
» aussi pris à ma hune et dans ma misaine, je me trouvai en-
» core dans la nécessité de déborder. Sur ces entrefaites, la
» nuit vint, et toute la flotte se dispersa. Les deux vaisseaux
» de guerre furent les seuls qui se conservèrent et que je con-
» servai de même très soigneusement ; cependant je fus obligé
» de faire changer toutes mes voiles criblées et brûlées, tan-
» dis que les ennemis étaient, de leur côté, occupés à se rac-
» commoder.

» Sitôt que le jour parut, je recommençai une troisième fois
» l'abordage du vaisseau *le Sans-Pareil* ; mais au milieu de
» nos deux bordées de canon et de mousqueterie, ses deux
» grands mâts tombèrent dans mes ports-haubans ; cet acci-
» dent, qui le mettait hors de combat et hors d'état de s'enfuir,
» m'empêcha de permettre que mes gens sautassent à bord ;

» au contraire, je fis pousser précipitamment au large, et cou-
» rus avec la même activité sur le vaisseau le Boston, qui fai-
» sait alors tous ses efforts pour s'enfuir. Je le joignis, et m'en
» étant rendu maître en peu de temps, je revins sur son ca-
» marade qui, étant ras comme un ponton, fut obligé de
» céder.

» Ces deux vaisseaux étant soumis, un Hollandais, capi-
» taine d'une prise que j'avais faite peu de jours auparavant,
» monta de notre fonds de cale sur le gaillard pour venir
» m'en faire compliment; il me dit d'un air joyeux qu'il ve-
» nait aussi de remporter une petite victoire sur le capitaine
» de la prise anglaise qui m'avait donné avis de cette flotte,
» qu'étant descendus tous deux ensemble au fond de cale, un
» moment avant notre combat, l'Anglais lui avait dit : — Ca-
» marade, réjouissons-nous, vous serez bientôt en liberté,
» le vaisseau le Sans-Pareil est monté par un des plus braves
» capitaines de l'Angleterre qui, avec ce même vaisseau, a pris
» à l'abordage le fameux Jean Bart et le chevalier de Forbin ;
» son camarade aussi bien armé et bien commandé, ayant for-
» tifié leur équipage de celui d'un vaisseau anglais qui s'est
» perdu depuis peu sur la côte de Boston, et ce vaisseau fran-
» çais ne saurait jamais leur résister longtemps. » — Le capi-
» taine hollandais m'assura qu'il lui avait répondu qu'il me
» croyait plus brave qu'eux, et, qu'il parierait de sa tête que
» je remporterais la victoire. L'Anglais, indigné, répliqua à
» celui-ci qu'il en avait menti, et l'autre lui ayant donné un
» soufflet, ils en étaient venus aux mains. Le Hollandais de-
» meura le vainqueur et vint, dans le moment, me raconter son
» combat, en me demandant en grâce de faire monter son ad-
» versaire sur le pont, afin qu'il vît de ses propres yeux ces
» deux vaisseaux soumis et qu'il en crevât de dépit. En effet,
» je l'envoyai chercher; il faillit en devenir fou quand il eut
» vu le Sans-Pareil et le Boston dans le pitoyable état où je les
» avais mis ; il se retira, jurant comme un païen et s'arra-
» chant les cheveux.

» Cependant j'eus une peine extrême à pouvoir amariner

» ces deux vaisseaux ; ma chaloupe et mon canot étaient ha-
» chés, et il survint un orage qui nous mit en très grand pé-
» ril par le désordre où nous avait mis un combat si long et
» si opiniâtre. Le capitaine et tous les officiers du vaisseau
» *le Sans-Pareil* furent tués ou blessés, et l'on m'apporta les
» brevets de MM. Bart et Forbin, depuis chefs d'escadre, qui
» avaient été ci-devant pris par ce même vaisseau. Je perdis,
» en cette occasion, près de la moitié de mon équipage ; la tem-
» pête nous sépara les uns des autres. M. Boscher, mon cou-
» sin germain, qui était mon capitaine en second et qui s'était
» fort distingué dans ce combat, se trouvant à bord du Sans-
» Pareil, fut obligé de faire jeter à la mer tous les canons de
» dessus son pont et ses gaillards, et quoiqu'il fût sans mâts,
» sans canons et sans voiles, il eût l'habileté de sauver ce
» vaisseau et de le mener dans le port Louis. Le vaisseau le
» Boston trouva, après la tempête, quatre corsaires de Flessin-
» gue qui le reprirent à la vue de l'Ile d'Ouessant, et ce fut
» avec bien de la peine que je gagnai le port de Brest, avec
» mon vaisseau démâté de ses mâts de hune, d'artimon, et
» tout délabré.

» Le feu roi Louis-le-Grand, attentif à récompenser la vertu
» militaire, voulut, après cette action, m'honorer d'une épée ;
» je la reçus avec une lettre très-obligeante du ministre de la
» marine, qui m'exhortait à mettre mon vaisseau en état d'al-
» ler joindre M. le marquis de Nesmond, aux rades de la Ro-
» chelle ; j'obéis, et ne perdis point de temps à me rendre à
» ma destination. »

La capture du Sans-Pareil était d'autant plus glorieuse que, comme on vient de le voir, c'était le capitaine de ce même vaisseau qui avait pris à l'abordage le fameux Jean Bart et le chevalier de Forbin, et qu'on trouva à bord leurs brevets, noble trophée précieusement conservé par les Anglais.

La gloire dont se couvrait le jeune Duguaytrouin excita contre lui la jalousie des officiers de la marine royale. M. de Feuquières, capitaine d'un grand mérite, sous le prétexte que Duguaytrouin ne l'avait pas salué, alors que son vaisseau ne portait aucune marque de distinction, poussa la brutalité jusqu'à le menacer de lui donner la cale. Sa lettre à M. de Pontchartrain, où il rend compte des expéditions de sa campagne en même temps que de son aventure avec M. de Feuquières, fait connaître que le respect pour la discipline put seul maîtriser son caractère emporté et violent.

Au Port-Louis, le 30 mai 1699.

Monseigneur,

Dans l'espérance que Votre Grandeur voudra bien me permettre l'honneur de lui rendre compte de ce qui m'est arrivé dans la campagne que je viens de faire, je prends la liberté de lui dire qu'étant parti de Port-Louis le 7 juillet, après m'être donné l'honneur de l'informer de la résolution que j'avais prise de monter le vaisseau *le Sans-Pareil*, sur l'offre qui m'en avait été faite, et de lui demander l'honneur de sa protection, qu'elle eut la bonté de me faire espérer quand je lui rendis mes très-humbles respects à Versailles.

» Je croisai quelque temps sur le cap de Finistère, et j'y appris, par un Portugais, qu'il y avait sept vaisseaux anglais et hollandais sous la forteresse de Vigo, en Galice, attendant convoi. Je résolus d'aller les enlever, et comme le vent était contraire et qu'ils étaient amarrés à portée de pistolet du fort, au fond de la rivière, je ne pus que mouiller à l'entrée sous pavillon anglais, mes perroquets, mon petit hunier déferlés, et tirant un coup de canon pour contrefaire le convoi. Les chaloupes des deux vaisseaux hollandais et des deux anglais avec les capitaines vinrent d'abord recevoir l'ordre ; et dès qu'ils furent à mon bord, je fis faire plusieurs saluts de canon, comme les Anglais font souvent en buvant à la santé du prince d'Orange : ce qui persuada si fort que j'étais Anglais que, quand je fus appareillé pour les aller enlever de dessous le fort, les deux vaisseaux hollandais m'épargnèrent la moitié du chemin, et je les pris sans coup tirer ; les Anglais en auraient fait autant s'ils avaient eu leurs voiles en vergue, persuadés qu'ils étaient que nous étions un des deux vaisseaux de cinquante canons qu'ils attendaient. Je fis mes efforts pour aller enlever le reste, mais le vent contraire fit que je ne pus qu'envoyer mes chaloupes faire une tentative, lesquelles ayant reconnu qu'il y avait trente-six à quarante canons en batterie, et que les vaisseaux qui n'avaient ni voiles ni mâts de hune étaient la plupart échoués, ne s'exposèrent pas témérairement à y rester sans espoir de réussir. J'attendis inutilement que le vent changeât pour aller les brûler, et je fus, à la fin, obligé de sortir pour éviter les deux vaisseaux de cinquante canons, qui devaient arriver incessamment.

En convoyant ces prises, j'eus connaissance, au vent, le 24 de ce mois, par les 45° 47' de latitude, au sud quard de sud-est d'Ouessant, environ quarante-six lieues de l'armée des ennemis, qui courait au nord quart de nord-ouest d'Ouessant; je fis arriver vent arrière mes prises; et ayant parlé à deux navires d'Olonne, chargés de morue, qui en étaient poursuivis, je leur marquai la route et la manœuvre qu'ils devaient tenir, leur promettant de les conserver autant qu'il dépendrait de moi. Je comptai jusqu'à quarante vaisseaux dont il en fut détaché cinq pour me donner chasse. Je les attendis à portée de canon, et me mêlant parmi eux, j'amusai, par cette manœuvre, quatre de leurs plus gros, en cessant de fuir quand je les éloignais, et en m'éloignant quand je me sentais trop près d'eux; je les tirais de cette manière hors la vue de mes prises et loin de leurs corps d'armée; après quoi n'ayant plus rien à craindre ni pour les deux prises ni pour les deux autres français, je fis force de voiles, et ils cessèrent la chasse. Quand j'en fus débarrassé, je revirai de bord sur le plus petit des cinq, qui avait joint les deux navires d'Olonne et qui les allait prendre avec mes prises; étant à portée de canon, j'attaquai cette frégate de vingt canons, malgré deux gros vaisseaux qui venaient à toutes voiles; et dans une heure de combat je l'aurais infailliblement prise, si, étant au vent comme elle était, elle n'eût reviré de bord sur ses deux camarades, qui l'avaient considérablement rapprochée pendant le combat; ce qui m'obligea de la quitter, étant moi-même exposé à être pris si je l'eusse suivie plus longtemps. Elle se trouva si incommodée qu'après avoir mis pavillon rouge au grand mât et tiré plusieurs coups de canon pour appeler du secours, elle disparut en s'approchant des deux autres vaisseaux, qui restèrent en panne, ce qui nous a fait juger qu'elle coula à fond, n'en ayant eu depuis aucune connaissance.

» Voilà, monseigneur, la manœuvre avec laquelle j'ai sauvé mes prises et ces deux autres vaisseaux dont les capitaines ont rendu témoignage des circonstances de cette action à M. le chevalier de Rosmadec.

» Il serait à souhaiter pour moi que je n'eusse jamais pensé à retourner à la mer, puisqu'elle m'a attiré un des plus sensibles affronts qu'on puisse faire ressentir à un honnête homme. Je supplie très-humblement Votre Grandeur de me pardonner la liberté que je prends de lui en faire mes justes plaintes et de l'importuner d'un détail qui pourra lui être ennuyeux

» Arrivant à l'île de Gorée avec mes deux prises et les deux Olonnais, j'y trouvai un vaisseau qui ne mit son pavillon que fort tard, sans flammes ni aucune marque de distinction : je fus lui parler, et j'appris de lui qu'il était de Bayonne. La vitesse du vaisseau ne me permettant pas de m'informer plus amplement, je crus et tous mes officiers crurent que c'était un corsaire de Bayonne. Je mis ma chaloupe dehors pour aller donner ordre à mes prises ; ce vaisseau, voyant cela, mit la flamme, et, après avoir tiré des coups de fusils sur ma chaloupe, il me tira des coups de canon à balle, dont l'un coupa la drisse de ma voile ; ce qui m'obligea d'aller incontinent à bord demander à parler au capitaine, et savoir pourquoi on m'avait tiré sans sujet deux coups de canon ; mais on me contraignit sans réplique de monter à bord, où étant, le capitaine, loin de m'écouter, me menaça avec beaucoup de violence *de me faire donner la cale* : cependant que je lui protestais, comme il était vrai, que nous l'avions cru véritablement corsaire et de Bayonne. Cette menace, si éloignée de ce que je crois dû à mon caractère, m'aurait fait tomber dans des mouvements qu'on ne peut sans honte refuser à l'honneur, si, toujours rempli de mon devoir, je n'avais, tout couvert de cet affront, fait précéder à mon honneur la soumission aux ordres du roi en recevant de ses officiers et sur ses vaisseaux tout ce qu'on avait pu me dire de plus outrageant, renfermant toute ma défense à lui dire que je m'en plaindrais à Votre Grandeur, dans l'équité de laquelle je mettais toute ma confiance. Ce capitaine voulut m'interroger ; mais vous me pardonnerez bien, monseigneur, si mon sang tout glacé ne me laissa pas la faculté de lui répondre ; je me retirai pour aller cependant faire mes plaintes à M. de Lavardin, MM. de Maucler et de Rosmadec, qui, déjà prévenus en ma faveur, ne laissèrent pas de plaindre mon sort. Votre Grandeur n'ignore pas que plusieurs de messieurs les officiers de la marine ne regardent pas avec plaisir nos petits progrès : ce que celui-ci ne me témoigne que trop clairement en cette occasion, où il a affecté de m'insulter, ayant traité avec beaucoup plus d'honnêteté ces capitaines olonnais qui étaient dans le même défaut que moi, s'il y en avait, ne leur ayant fait aucune menace de cale ni de tous ces termes outrageants que je passe sous silence ; Votre Grandeur sachant bien que ces sortes de menace poussées au-delà des bornes ne se fait pas sans aigreur. Voilà, monseigneur, ce qui me fait réclamer votre justice, sans laquelle je serai malgré moi contraint d'abandonner l'exécution de ce que je me suis proposé dans l'entreprise de la course. Ce traitement regarde tous mes confrères qui se verraient, sans votre protection, monseigneur, exposés à des outrages aussi violents.

» Le capitaine de qui je me plains est M. de Feuquières, commandant *l'Entreprenant*.

» Je suis avec un profond respect

» Monseigneur,

Votre très-humble et très-obéissant serviteur

» DUGUAYTROUIN. »

(Archives de la Marine. — 1696.)

Quelque temps après, il partit encore avec le *Sans-Pareil* et une frégate de seize canons, dont il donna le commandement à un de ses frères, qui, comme lui, joignait le courage à la capacité. Il fit une descente entre Vigo et Pontlevedra, où il incendia un bourg après une lutte vigoureuse. Son frère, impétueux, ardent, s'élança le premier à l'attaque des retranchements et fut blessé mortellement. Duguaytrouin conduisit l'assaut sur un autre point et réglait la capitulation d'une troupe d'Espagnols qui venaient de mettre bas les armes, lorsqu'on vint lui apprendre cette triste nouvelle :

— « Je restai d'abord immobile, dit-il dans ses mémoires, après quoi, devenant tout-à-coup furieux, je courus comme un désespéré vers ceux des ennemis qui résistaient, et j'en sacrifiai plusieurs à ma douleur. Pendant que tous mes gens s'abandonnaient au pillage, il parut une troupe de cavalerie sur la hauteur. Je repris alors mes sens, et rassemblant la plus grande partie de mes soldats avec assez de promptitude, je courus chercher mon frère. Je le trouvai couché sur la terre, et baigné dans son sang, qu'on s'efforçait en vain d'arrêter. Un objet si touchant m'arracha des larmes, je l'embrassai sans avoir la force de lui parler, et je le fis emporter sur-le-champ à bord de mon vaisseau où je l'accompagnai, ne pouvant me résoudre à le quitter dans l'état déplorable où je le voyais.... Mon frère ne vécut que deux jours, et rendit son dernier soupir entre mes bras, avec de grands sentiments de religion et une fermeté héroïque. La tendresse et la douleur me rendirent éloquent à l'exhorter dans ces moments, et je demeurai dans un accablement extrême. J'ordonnai qu'on levât l'ancre, et qu'on mît à la voile pour porter son corps à Viana, ville portugaise sur la frontière d'Espagne, où je lui fis rendre les derniers devoirs avec tous les honneurs dus à sa valeur et à son mérite, qui certainement n'était pas commun. Toute la noblesse des environs assista à ses funérailles, et parut sensible à la perte d'un jeune homme qui emportait les louanges et les regrets de tous les équipages.

(*Mémoires de Duguaytrouin.*)

La mort de son frère qu'il aimait tendrement l'affecta v
ment. Il fut longtemps sans pouvoir surmonter la douleur ; il
fut même sur le point de renoncer pour toujours à la carrière
maritime, tant sa mélancolie était profonde. Mais enfin il se
présenta une occasion qui réveilla son activité naturelle et
l'arracha à cette espèce d'anéantissement si malheureux pour
la France.

On venait d'apprendre qu'une flotte hollandaise était partie
de Bilbao. Cette nouvelle raviva l'énergie de Duguaytrouin,
qui arma en toute hâte le *Saint-Jacques*, le *Sans-Pareil*, et la
frégate *la Léonore*, de quarante-six, quarante et seize canons
auxquels il joignit deux autres frégates de Saint-Malo. Huit
jours après qu'il eut mis à la voile, il rencontra la flotte hollandaise escortée par trois vaisseaux de guerre hollandais de
cinquante-quatre, cinquante-deux et trente-six canons, commandée par le baron de Warsenaër, depuis vice-amiral de
Hollande. Jamais combat ne fut plus meurtrier. Dès le commencement de l'action, le feu prit au *Sans-Pareil* et en fit
sauter toute la poupe. Sans hésiter, Duguaytrouin commande
l'abordage du vaisseau commandant duquel il fut repoussé trois
fois et dont il se rendit enfin maître après deux heures de
combat. La moitié de son équipage avait été mise hors de combat ; tous les officiers de Wassenaër avaient été tués ou blessés,
et le baron lui-même fut pris les armes à la main, atteint de
quatre blessures graves et baigné dans son sang. Les autres convois et une partie de la flotte furent pris par les autres frégates. Duguaytrouin, assailli par une tempête des plus
violentes par une nuit affreuse à la suite de cette victoire, eut
beaucoup de peine à regagner le Port-Louis sur un vaisseau
prêt à chaque instant à couler bas; il fut mille fois en danger
de périr.

— « Quelle nuit effroyable, dit à ce propos Thomas dans
» son éloge de Duguaytrouin, succède à un jour de triomphe !
» Le vaisseau victorieux, percé de coups de canon et battu par
» les vents, s'entr'ouvre de toute parts. Un équipage qui n''est
» composé que de blessés et de mourants, cinq cents prison-

» niers à contenir, une tempête horrible contre laquelle il
» faut lutter, la mer qui entre à flots précipités dans le vais-
» seau, une foule de malheureux presque expirants de leurs
» blessures, fuyant l'eau qui les gagne et se traînant sur les
» mains avec d'affreux hurlements; le tumulte, l'effroi, les
» cris de douleur mêlés aux cris du désordre, tant d'hommes
» qui attendent avec terreur l'instant où ils vont être englou-
» tis : quel spectacle pour Duguaytrouin! Tout ce que peut
» l'activité de la pitié, et le sang-froid de la prudence, est mis
» en usage, et ce jeune vainqueur triomphe des éléments
» comme des ennemis. »

Le baron de Warsenaër avait été transbordé sur *le Saint-Jacques* que commandait un parent de Duguaytrouin. Ce dernier s'empressa d'aller s'informer de l'état où il se trouvait ; ayant appris qu'il avait été maltraité par le capitaine, Duguay trouin en fut si indigné qu'il lui en fit les plus amers reproches en ajoutant que :

— Quiconque n'était pas capable de respecter un ennemi vaincu, ne pouvait avoir le cœur bien placé.

Cette dernière action le fit admettre dans le corps de la marine, où il n'avait servi jusque-là qu'en qualité d'auxiliaire, avec le grade officiel de capitaine de frégate légère. Il avait alors vingt-trois ans.

La paix de Ratisbonne le condamna à quatre ans de repos, qu'il employa à s'instruire dans la théorie de son art dont il ne connaissait que la pratique. Mais la guerre de succession le remit en mer en 1702 avec deux frégates du roi, *la Bellone* et *la Railleuse*, de trente-six et vingt-quatre canons, avec deux autres frégates de Saint-Malo. Il avait le projet de tenter l'entreprise de la baleine. Une tempête le sépara, et, ayant fait la rencontre d'un vaisseau hollandais, il engagea le feu aussitôt ; mais, par une manœuvre habile de l'ennemi, il eut à essuyer tout le feu de son artillerie sans pouvoir y répondre. Deux boulets qui avaient porté à fleur d'eau et sept dans ses mâts le mirent dans le plus grand danger. Duguaytrouin ne voit qu'un seul moyen de salut, l'abordage. A son commandement, le plus jeune de ses frères se lança sur le bâtiment hollandais, et tout l'équipage suivit son exemple. En moins d'une demi-heure d'une lutte sanglante, le vaisseau ennemi fut enlevé et tous ses officiers tués.

A peine rentré à Brest, il prit le commandement de trois vaisseaux du roi, *l'Eclatant*, *le Furieux* et *le Bienvenu*, de soixante-deux, cinquante-six et trente canons, auxquels il joignit deux frégates de Saint-Malo. Informé que quinze gros bâtiments hollandais arrivaient des Grandes-Indes, il courut les attendre par le travers des Orcades, où il tomba dans une escadre hollandaise de quinze bâtiments de guerre qui venait pour les protéger. Sa valeur et son habileté le tirèrent de ce mauvais pas. Ecoutons-le raconter lui-même cette brillante manœuvre.

« — Je ne pus, dit-il, me résoudre à voir prendre sans coup
» férir *le Furieux* et *le Bienvenu*, qui marchaient mal ; et com-
» me *l'Eclatant*, que je montais, était le meilleur de ma pe-
» tite escadre, je fis carguer mes basses voiles, et demeurai
» de l'arrière d'eux pour les couvrir, faisant en cette occasion
» l'office d'un bon pasteur, qui s'expose à périr pour sauver
» son troupeau. Dieu bénit mes soins, et permit que le vais-
» seau de soixante canons, qui vint me combattre à portée de
» pistolet, fut en trois ou quatre bordées de canon et de mous-
» queterie données à bout touchant, démâté de tous ses mâts,
» et restât ras comme un ponton. Les quatre vaisseaux les
» plus près de lui, qui poursuivaient *le Furieux* et *le Bienvenu*,
» s'élancèrent aussitôt sur moi pour secourir leur camarade ;
» je les attendis sans me presser, les saluant l'un après l'au-
» tre de quelques volées de canon, dans le dessein de les atti-
» rer davantage. En effet, ils s'amusèrent à me canonner al-
» ternativement assez long-temps pour donner lieu aux vais-
» seaux de mon escadre de les éloigner, et même de les per-
» dre de vue, à la faveur d'un brouillard qui s'éleva. Les en-
» nemis s'opiniâtrèrent à me suivre et à me combattre, tant
» que je fus sous leur canon ; mais je n'eus pas plus tôt vu

» mes vaisseaux hors de péril, que je fis dè la voile, et me mis
» hors de leur portée en assez peu de temps. Je revins ensuite
» du côté où j'avais remarqué que mes camarades avaient fait
» route, et je fus assez heureux pour les rejoindre avant la nuit.

« . . . . . Nous n'eûmes qu'environ trente hommes hors
» de combat ; c'est cependant, de toutes les affaires où je me
» suis trouvé, celle dont je suis resté intérieurement le plus
» flatté, parce qu'elle m'a paru la plus propre à m'attirer l'es
» time des cœurs vraiment généreux.

(*Mémoires de Duguaytrouin.*)

Réuni à ses camarades, il fit voile pour le Spitzberg, où il prit, brûla ou rançonna quarante baleiniers, dont quinze le suivirent à Nantes avec leurs cargaisons. Il en sortit en 1704 avec deux vaisseaux de cinquante-quatre canons et une frégate de vingt-six, que le roi fit nommer *le Jason*, *l'Auguste* et *la Valeur*, pour croiser dans les eaux des Sorlingues ; il combattit seul le vaisseau anglais *la Revanche*, de soixante-douze canons qu'il mena battant jusque dans les ports d'Angleterre, où il se réfugia ; il s'empara du vaisseau de guerre *le Conventry*, de cinquante-quatre canons, avec une partie de la flotte anglaise qu'il conduisit à Brest ; il sortit avec quatre bâtiments de guerre, dont trois l'abandonnèrent lâchement dans un combat qu'il eut à soutenir contre les Anglais ; il prit, en 1705, une éclatante revanche.

Toujours monté sur *le Jason*, il s'empara du vaisseau de guerre anglais, *l'Elisabeth*, de soixante-douze, et poursuivit *le Chatam* jusque dans les ports d'Angleterre.

Revenant de ce combat considérablement endommagé, il fit amener un fort corsaire de Flessingue après un combat de deux heures, pendant qu'un autre tombait au pouvoir de son jeune frère, dont un coup de vent l'avait séparé. Ce jeune homme, son digne émule, blessé peu de jours après dans un autre abordage, vint mourir à Brest dans ses bras.

— « Mes soins et ma tendresse ne purent le sauver, dit
» Dugaytrouin, Il expira peu de jours après avec une fermeté

» et une résignation exemplaires. C'est ainsi que la mort
» m'enleva, en peu de temps, deux frères l'un après l'autre.
» Le caractère que je leur avais connu, dans un âge si tendre,
» promettait infiniment, et leur valeur m'aurait été d'une
» grande ressource dans toutes mes expéditions. Je les aimais
» tendrement, et je demeurai d'autant plus accablé de la mort
» de ce dernier, qu'elle réveilla dans mon cœur l'idée du pre-
» mier, qui avait fini entre mes bras. Ce triste souvenir, mal-
» gré le temps et la raison, me pénètre encore d'une dou-
» leur très-amère et très-vive. » (Mémoires de Dugaytrouin.)

La douleur ne lui laissa que le désir de la vengeance. Ce même *Chatam* lui offrit l'occasion de la satisfaire. Mais au moment de s'en emparer, vingt autres vaisseaux anglais le forçant à lâcher prise, il commanda à *l'Auguste*, sa conserve, de faire fausse route, prenant lui-même une direction contraire. Précaution inutile! Six de ces vaisseaux chassèrent *l'Auguste*, et les quinze autres se mirent à la poursuite du *Jason*. Enveloppé au commencement de la nuit, et ne songeant qu'à sauver l'honneur du pavillon, Dugaytrouin prit la résolution d'aborder le commandant ennemi. Un fort vent, que son expérience lui avait fait pressentir, le fit changer d'idée. Il prépara toutes ses voiles, les hissa vivement dès que le vent arriva sur lui, et rentra sain et sauf au Port-Louis, où il apprit que *l'Auguste* était tombé au pouvoir des Anglais. Dugaytrouin ne se hâta pas moins de reprendre la mer, prit deux frégates anglaises dans les eaux du Tage, trois bâtiments marchands dans le golfe de Gascogne, et revint à Brest avec ses prises.

Un ordre du roi le fit repartir pour Cadix, qui était menacé d'un siége. Un convoi de deux cents voiles portugaises, escorté par six vaisseaux de guerre, s'étant trouvé sur sa route, il engagea le combat malgré l'infériorité du nombre. La lutte dura deux jours; trois boulets consécutifs lui passèrent entre les jambes, ses vêtements furent criblés de balles, il fut lui-même légèrement blessé. Dans cette circonstance encore son intrépidité fut trahie par les timides manœuvres de ses lieutenants.

Après ce combat, il entra dans Cadix avec ses trois vaisseaux, conformément à l'ordre qu'il en avait reçu.

Sa mission remplie, Dugaytrouin reprit la route de la Bretagne où il amena un riche convoi anglais, et la frégate qui le protégeait qu'il avait enlevée à l'abordage.

A son retour, il reçut de la main du roi l'ordre de chevalier de Saint-Louis, en même temps que le commandement de cinq bâtiments de guerre.

En 1707, il se rangea sous le pavillon du chevalier de Forbin pour arrêter dans la Manche une flotte de deux cents voiles que les Anglais envoyaient en Espagne chargés de troupes et de munitions de guerre au secours de l'archiduc d'Autriche. Après quelques jours de croisière dans les parages de Lisbonne, on signala la flotte anglaise escortée par cinq gros vaisseaux de guerre. Dugaytrouin n'avait avec lui que six bâtiments, *l'Achille, le Jason, le Maure, l'Amazone, le Lys* et *la Gloire*. Son ardeur ne lui permit pas d'attendre l'arrivée de Forbin, qui était resté derrière lui. Il donne le mot d'ordre à chacun de ses navires avec le rôle à remplir, et s'élance avec *le Lys* sur *le Cumberland*, monté par Richard Edward, commandant de l'escorte. Malgré sa défense intrépide, il l'enlève à l'abordage. *Le Chester* et *le Rubis* étaient également tombés au pouvoir de deux autres capitaines. *L'Achille* avait, de son côté abordé *le Royal-Oak*, lorsque le feu se déclara à son bord et permit au navire anglais de fuir à la faveur de l'incendie Dugaytrouin se met à sa poursuite; mais bientôt il aperçoit le chevalier de Tourouvre, qui avait attaqué avec toute l'audace possible *le Devonshire*, en grand péril. Ce superbe vaisseau de quatre-vingt-douze, monté par plus de mille hommes, portait, en outre, plus de trois cents officiers et soldats passagers. Il abandonne *le Royal-Oak* et vole au secours du chevalier. Ce fut d'abord un véritable carnage. Dugaytrouin, voyant une grande partie de son équipage hors de combat, ordonne de jeter les grapins; mais il est arrêté par le feu qui se déclare à bord du *Devonshire*. L'incendie fut tellement violent qu'en moins d'un quart-d'heure tout était consumé.

Cet horrible spectacle fit la plus vive impression sur Duguaytrouin ; voici comment il en rend compte dans ses mémoires.

— « J'avoue que si j'eusse été capable de me repentir d'une
» bonne action, et si je n'avais pas au présent l'utilité qui de-
» vait en revenir au roi d'Espagne, j'aurais eu quelque regret
» d'avoir laissé échapper un si beau vaisseau, qui était pour
» ainsi dire en mes mains, et d'avoir été me faire hâcher en
» pièces, pour avoir la douleur de voir périr mille infortunés,
» d'un genre de mort si affreux. Le souvenir de ce spectacle
» effroyable me fait encore frémir d'horreur.

Revenu à Versailles après ce nouveau triomphe, il n'eut à la cour que l'avancement des officiers de son escadre et fit donner à son lieutenant une pension de mille livres qui lui était destinée, ne sollicitant pour lui que des lettres de noblesse. Le roi le remit à une autre occasion et lui confia une escadre plus considérable pour exécuter une entreprise dont Duguaytrouin s'était réservé le secret. Il s'agissait d'aller attendre la riche flotte du Brésil aux Açores et de s'en emparer en battant les sept vaisseaux de guerre que le roi du Portugal envoyait pour la protéger. Pour la première fois de sa vie, Duguaytrouin ayant eu l'idée de prendre conseil de ses capitaines qui ne furent pas d'avis d'attaquer l'escadre portugaise dans le port où elle stationnait, l'expédition manqua. Pour surcroît de contrariétés, la tempête et le manque d'eau dispersèrent à son tour l'escadre française, et le chef gagna le port de Vigo, le cœur plein de dépit.

Duguaytrouin servait Louis XIV de sa fortune comme de son épée. Ces armements qu'il faisait à ses frais, ayant épuisé presque tous ses bénéfices, augmentaient encore ses regrets. Il en sacrifia le reste pour armer une nouvelle escadre, avec laquelle il livra un glorieux combat à une escadre anglaise près le Cap Lezard. La tempête vint encore le forcer à lâcher cette proie qui eut réparé une partie de ses pertes. Louis XIV, qui n'avait alors que des parchemins pour récompenser tant de services, lui accorda ces lettres de noblesse unique objet de son ambition.

L'annonce d'un convoi des Indes lui fit reprendre la mer. Il s'empara du *Glocester*, de soixante-six canons, qui allait protéger des marchands, après une heure de combat. Le convoi fut sauvé par un épais brouillard ; et une dyssenterie, qui mit en danger les jours de Duguaytrouin, le força à rentrer dans le port de Brest.

L'esprit aventureux de Duguaytrouin ne resta pas inactif. Il conçut, pendant cette maladie, le projet d'aller attaquer la ville de Rio Janeiro, où le capitaine Duclerc était resté prisonnier avec ses troupes. Avec l'aide de sept riches maisons, il composa un armement de sept vaisseaux de ligne et de huit frégates. Le roi y joignit des troupes de débarquement, et le 12 septembre 1711, à la pointe du jour, cette escadre se trouva à l'entrée de Rio Janeiro. Les Portugais, effrayés de ce coup de main, avaient accru les forces et les fortifications de cette colonie. Le danger ne fit qu'accroître le courage de Duguaytrouin. L'entrée fut forcée malgré le feu des douze batteries qui la défendaient ; l'escadre portugaise, embarrée près de la ville, rompit ses amarres et s'échoua sur la plage au lieu de le combattre. Cette mémorable expédition ne saurait être mieux racontée que par celui qui en fut le héros. On verra la hauteur et la sûreté de vues qui le guidèrent dans cette périlleuse et lucrative expédition

Relation de ce qui s'est passé à la campagne de Rio-Janeiro.

Du 3 juin 1711.

Je mis à la voile des rades de La Rochelle le 9 du mois de juin, avec l'escadre que le roi a bien voulu me confier, et les deux vaisseaux de Saint-Malo, *le Chancelier* et *le Glorieux*, dans le dessein d'aller tenter la conquête de Rio-Janeiro, place importante à la côte du Brésil, où M. Duclerc et huits cents soldats de la marine avaient été pris ou taillés en pièces l'année précédente.

Je fus obligé de laisser aux rades de La Rochelle la frégate *l'Aigle,* qui avait besoin d'un soufflage pour être en état de tenir la mer, et je lui donnai ordre de se rendre à Saint-Vincent, l'une des îles du cap Vert, que j'avais choisie pour rendez-vous, où je devais, suivant tous les mémoires, faire avec facilité de l'eau et des rafraîchissements.

Le 21, je fis une prise anglaise, sortant de Lisbonne à vide, que je jugeai propre à servir à la suite de l'escadre.

Le 2 du mois de juillet, je mouillai à l'île de Saint-Vincent, où la frégate *l'Aigle* vint me rejoindre. Je trouvai beaucoup de difficultés à y faire de l'eau, par rapport à la sécheresse qui régnait depuis longtemps, et peu d'apparence d'y trouver des rafraîchissements; de manière que je remis à la voile le 6, avec le seul avantage d'avoir mis les troupes à terre pour leur faire connaître le rang et l'ordre qu'elles devaient observer en cas de descente.

Le 11 du mois d'août, je passai la ligne, après avoir essuyé plus d'une fois des vents contraires si frais, que plusieurs vaisseaux démâtèrent de leurs mâts de hune.

Le 19, j'eus connaissance de l'île de l'Ascension : et, le 27, me trouvant à la hauteur de la baie de Tous-les-Saints, j'assemblai un conseil, dans lequel je proposai d'aller y prendre ou brûler ce qui s'y trouverait de vaisseaux avant de nous rendre à Rio-Janeiro. Je me fis, pour cet effet, rendre compte de l'état des équipages et de l'eau qui restait dans chaque vaisseaux de l'escadre, mais il s'en trouva si peu, qu'à peine suffisait-elle pour nous conduire au lieu de notre destination : en sorte que, pour ne pas s'exposer à des événements fâcheux, il fut résolu qu'on se rendrait en droiture à Rio-Janeiro.

Le 11 de septembre, on trouva fond, sans avoir cependant connaissance de terre. Je fis mes remarques là-dessus et sur la hauteur qu'on avait observée; après quoi, profitant d'un vent frais qui s'éleva à l'entrée de la naif, je fis forcer devoiles à toute l'escadre, malgré la brume et le mauvais temps, et me trouvai, à la pointe du jour, précisément à l'ouvert de Rio-Janeiro. Il était aisé de voir que le succès de cette entreprise dépendait absolument de ne pas donner le temps aux ennemis de se reconnaître ; ainsi, sans m'arrêter un seul moment à envoyer à bord des vaisseaux les ordres que chacun devait observer en entrant, j'ordonnai à M. le chevalier de Courserac, qui connaissait l'entrée, de se mettre à la tête de l'escadre, à MM. les chevaliers de Gouyon et de Beaune de marcher immédiatement après, et les suivis moi-même, étant alors dans la situation convenable pour voir ce qui se passait de la tête à la queue, et de pouvoir y donner ordre ; je fis en même temps signal à MM. de la Jaille, de la Moinerie-Miniac et ensuite à tous les capitaines de l'escadre de marcher les uns après les autres, suivant le rang et la force de leurs vaisseaux, ce qu'ils exécutèrent avec tant de régularité que je ne puis assez élever leur valeur et leur bonne conduite ; je n'en excepte pas même les maîtres des deux traversiers et de la prise anglaise, qui essuyèrent le feu de toutes les batteries sans changer de route, tant il est vrai que le bon exemple est capable de produire des effets extraordinaires.

M. le chevalier de Courserac s'est acquis une gloire particulière dans cette action, par la bonne manœuvre qu'il a faite et la fierté avec laquelle il nous a montré le chemin.

Ce fut dans cet ordre que nous forçâmes l'entrée de ce port, défendu par une prodigieuse quantité d'artillerie et par quatre vaisseaux de guerre, commandés par Gaspard de La Coste, général de la flotte que le roi de Portugal avait envoyée exprès avec des troupes pour la défense de cette place. Ces quatre vaisseaux, après une canonnade assez médiocre, nous voyant manœuvrer pour les aller aborder, coupèrent leurs câbles, et furent s'échouer sous les batteries de la ville. Nous eûmes dans cette action environ trois cents hommes hors de combat; et j'ai cru que, pour en bien juger, il était nécessaire d'ajouter ici un état de la ville et baie de Rio-Janeiro, de ses forteresses et de la situation de son entrée.

La baie de Rio-Janeiro est fermée par un goulet beaucoup plus étroit que celui de Brest; elle est défendue du côté de tribord par le fort de Sainte-Croix, garni de quarante-quatre pièces de canons de tout calibre, depuis quarante huit livres de balle jusqu'à huit; d'une autre batterie de six pièces, qui est en dehors de ce fort; et du côté de bâbord par le fort de Saint-Jean et deux autres batteries, où il y a quarante-huit pièces de canon qui croisent l'entrée, au milieu de laquelle se trouve une île ou gros rocher qui peut avoir quatre-vingt ou cent brasses de longueur.

En dedans de l'entrée, à tribord, l'on trouve une batterie nommée Notre-Dame-du-bon-Voyage, qui est sur une montagne inaccessible, où il y a dix pièces de canon, de dix-huit à quatorze, qui se croisent avec le fort de l'île Villegagnon, qui est à bâbord, où il y a vingt pièces du même calibre qui battent l'entrée de la baie.

En avant de ce dernier fort, et en dedans de celui de Saint-Jean, est un fort nommé Saint-Théodose, de seize pièces de canon, qui bat la plage qui est du côté de la Carrioque, au milieu de laquelle les Portugais ont encore bâti une espèce de demi-lune.

Quand on a dépassé toutes ces batteries et tous ces forts, l'on voit l'île des Chèvres, qui n'est qu'à portée de fusil de la ville, du côté des Bénédictins, où il y a un petit fort à quatre bastions, avec huit pièces de canon, et sur un plateau qui est au bas de l'île, une batterie de quatre pièces qui bat du côté de la mer et se croise avec le fort de la Miséricorde; il y a encore d'autres batteries de l'autre côté de la rade, dont je n'ai pu savoir le nom. Ce qu'il y a de certain, c'est que jamais pays n'a été si parfaitement retranché, et il n'y a pas un seul endroit où les Portugais aient cru que l'on pouvait faire descente où ils n'aient remué de la terre, abattu des arbres et mis du canon en batterie.

A l'égard de la baie, l'on ne peut guère en trouver une plus belle, plus grande, ni plus commode; le mouillage y est parfaitement bon; le vent et la mer n'y entrent presque jamais, et il y a au fond une rivière qui s'étend à quatorze lieues en terre du côté du nord-ouest.

La ville est bâtie le long de la mer, au milieu de trois montagnes fort élevées, qui sont occupées, l'une par les jésuites, qui est à une des extrémités, l'autre par les bénédictins, qui est de l'autre côté; et l'autre, nommée la Conception, par monseigneur l'Evêque. Ces trois montagnes commandent entièrement la ville et la campagne, et sont garnies de forts et de batteries.

Au-dessus de celle qu'occupent les jésuites est un fort nommé Saint-Sébastien, revêtu de murailles et entouré d'un bon fossé, garni de quatorze pièces de canon et de beaucoup de pierriers; sur la gauche de ce fort, du côté de la plaine, à mi-côte, est un fort nommé Saint-Jacques, où il y a douze pièces de canon; un autre, nommé Sainte-Alouzie, de huit pièces; une batterie de douze, et le fort de la Miséricorde, qui est bâti sur un rocher qui avance dans la mer, où il y a douze pièces de canon qui battent le côté de la ville et celui de la mer.

La montagne des Bénédictins est fortifiée d'un retranchement garni de plusieurs pièces de canon, qui battent du côté de l'île des Chèvres, du côté de la montagne de la Conception et de la plaine.

La montagne de la Conception est retranchée, du côté de la campagne par un fossé, une haie vive derrière, et des pièces de canon de distance en distance qui en occupent tout le front.

La ville est fortifiée par des redans et des batteries de distance en distance, dont les feux se croisent; du côté de la plaine, elle est défendue par un camp retranché et un bon fossé plein d'eau, en dedans duquel il y a deux places d'armes à pouvoir contenir quinze cents hommes en bataille, plusieurs pièces de canon, et des maisons crénelées de toutes parts. C'était le lieu où les ennemis tenaient une partie de leurs troupes. Ils avaient de leur armée douze à treize mille hommes, parmi lesquels plusieurs avaient servi en Espagne et s'étaient trouvés à la bataille d'Almanza, et un nombre infini de nègres.

Surpris de trouver cette place en si bon état, je m'informai de ce qui pouvait y avoir donné lieu, j'appris que la reine d'Angleterre avait envoyé un paquebot à Lisbonne pour donner avis que l'escadre du roi que j'avais l'honneur de commander était destinée pour Rio-Janeiro. Comme il ne se trouva point dans ce temps-là de bâtiment armés pour aller porter la nouvelle, le roi de Portugal y avait envoyé ce même paquebot qui était arrivé quinze jours avant nous; et c'est ce qui avait donné lieu au gouverneur de travailler avec tant de diligence à faire faire des retranchements et établir des batteries dans tous les endroits où il jugea que nous pouvions l'attaquer.

Toute la journée s'étant passée à forcer l'entrée, je fis avancer la galiote et les traversiers, et je détachai, le 13, à la pointe du jour, M. le chevalier de Gouyon avec cinq cents soldats d'élite pour s'emparer de l'île des Chèvres; il l'exécuta dans le moment, et en chassa les ennemis si brusquement qu'à peine eurent-ils le temps d'enclouer leur canon; ils coulèrent, en se retirant, deux de leurs plus gros vaisseaux marchands, entre les batteries des Bénédictins et l'île des Chèvres, et firent sauter en l'air deux de leurs vaisseaux de guerre, échoués sous le fort de la Miséricorde; mais voulant en faire autant d'un troisième échoué à la pointe de l'île des Chèvres, M. le chevalier de Gouyon y envoya deux chaloupes, commandées par MM. de Vauréal et de Saint-Osmaune, qui, malgré tout le canon de la place, s'en rendirent maîtres, y arborèrent le pavillon du roi, et ne purent cependant le mettre à flot, parce qu'il se trouva plein d'eau par les coups de canon dont il était percé.

M. le chevalier de Gouyon m'envoya aussitôt rendre compte de la situation avantageuse de l'île des Chèvres. Je fus visiter ce poste et, l'ayant trouvé tel qu'il me l'avait marqué, j'ordonnai à MM. de La Ruffignières et Estiot, officiers d'artillerie et à M. de Kerguelin, capitaine de brûlot, d'y établir des batteries de mortiers et de canons : M. de Saint-Simon, lieutenant de vaisseau, fut chargé du soin de faire soutenir les travailleurs, avec un corps de troupes que je lui laissai. Les uns et les autres remplirent leur devoir avec tout le zèle et toute la fermeté que je pouvais souhaiter, étant exposés à un feu continuel de canon et de mousqueterie.

Cependant, la plupart des vaisseaux de l'escadre manquant d'eau, il était obsolument nécessaire de s'assurer de l'aiguade, et de faire descente à terre pour couper, s'il était possible, la retraite aux ennemis et les empêcher d'emporter leurs richesses dans les montagnes. J'ordonnai, pour cet effet, à M. le chevalier de Beaune de prendre le commandement des frégates *l'Amazone, l'Aigle, l'Astrée* et *la Concorde,* dans lesquelles je fis embarquer une partie de troupes, le chargeant de s'emparer, la nuit, de quatre vaisseaux marchands mouillés près l'endroit où je comptais faire ma descente, et d'y établir entrepôt pour les troupes, ce qu'il exécuta avec beaucoup de régularité et de conduite; en sorte que, le lendemain, notre débarquement se fit avec d'autant plus de sûreté que j'en avais ôté la connaissance aux ennemis par d'autres mouvements qui attirèrent toute leur attention.

Le 14 septembre, toutes les troupes étant débarquées au nombre de 2150 soldats et six cents matelots armés, j'envoyai MM. de Gouyon et de Courserac s'emparer des deux hauteurs d'où l'on découvrait tout ce qui se passait dans la ville. Le sieur d'Auberville, capitaine de grenadiers, de la brigade de ce premier, chassa quelques troupes ennemies d'un bois où elles s'étaient embusquées pour nous observer; après quoi les troupes se campèrent dans cette disposition : l'aile droite, commandée par M. le chevalier de Gouyon, occupa la hauteur qui regardait la place; l'aile gauche, commandée par M. le chevalier de Courserac, celle qui était à l'opposite, et le corps de bataille commandé par M. le chevalier de Beaune, fut placé au milieu, aussi bien que le quartier-général, afin d'être à portée de se soutenir les uns les autres et d'être le maître du bord de la mer, où nos chaloupes faisaient de l'eau, et apportaient continuellement les munitions de guerre et de bouche dont nous avions besoin. M. de Ricouart, inspecteur-général à la suite de l'escadre, resta dans la rade pour avoir soin de nous les envoyer, et de faire fournir les matériaux nécessaires à l'établissement des batteries sur l'île des Chèvres.

Le 15, voulant couper la retraite aux ennemis et leur faire voir que nous étions maîtres de la campagne, je fis marcher toutes les troupes pour les faire paraître dans la plaine, faisant avancer des détachements jusqu'à portée de fusil de la place ; ils tuèrent des bestiaux, pillèrent des maisons sans que les ennemis se missent en devoir de s'y opposer, et cela dans l'espérance que nous nous engagerions dans leurs retranchements, où notre défaite leur paraissait certaine par la situation du terrain ; mais, pénétrant bien leur intention et voyant qu'ils ne branlaient point, je fis retirer les troupes, après avoir donné toute mon attention à bien reconnaître le pays, que je trouvai si impraticable, qu'il me parut impossible, même avec dix mille hommes, de pouvoir jamais couper la retraite aux ennemis, ni les empêcher de sauver leurs richesses ; j'en fus entièrement convaincu lors qu'ayant remarqué une partie des ennemis au pied des montagnes, je voulus les faire couper par un bataillon du Lys et celui du *Magnanime,* que je fis couler à droite et à gauche ; mais s'en étant approchés avec bien de la peine, ils trouvèrent un marais et des halliers impénétrables qui les arrêtèrent tout court et les obligèrent de s'en revenir.

Le 16, un de nos détachements s'étant avancé, les ennemis firent jouer un fauconneau avec tant de précipitation qu'il ne fit aucun désordre. Ce même jour, je chargeai MM. de Beaune et de La Calandre d'établir une batterie de dix pièces de canon sur une presqu'île qui prenait les batteries des Bénédictins à revers ; ils y firent travailler si vivement que dans trente-six heures elle fut en état de tirer.

Le 17, les ennemis brûlèrent de grands magasins remplis de sucre, d'agrès et de munitions sur le bord de la mer ; ils firent aussi sauter en l'air le dernier de leurs quatre vaisseaux de guerre échoué sous les Bénédictins, et brûlèrent deux autres bâtiments, appartenant au roi de Portugal, qui touchaient à terre.

Le 18, les ennemis firent sortir de leurs retranchements douze cents hommes de leurs meilleures troupes pour enlever un de nos ports avancés. Le sieur de Liesta, qui le gardait avec cinquante soldats, quoique surpris et attaqué vivement, tint ferme, et donna le temps à M. le chevalier de Gouyon d'y envoyer le sieur de Bourville, aide-major de sa brigade, avec les compagnies des sieurs Droccalley et d'Auberville, qui chassèrent les ennemis après en avoir laissé plusieurs sur la place. Je fis interroger quelques-uns de leurs blessés, sur les lieux mêmes, où j'arrivai assez à temps pour être témoin de la valeur des officiers qui défendaient ce poste. Le sieur de Pontlo-Coëtlogon, aide-de-camp de M. le chevalier de Gouyon, y fut blessé, avec environ vingt-cinq soldats hors de combat. Ce même jour, la batterie de MM. de Beaune et de La Calandre commença à tirer sur les batteries et retranchements des Bénédictins.

Le 19, M. de La Ruffignières m'ayant informé qu'il avait cinq mortiers et dix-huit gros canons en batterie sur l'île des Chèvres, j'envoyai sommer le gouverneur de se rendre ; et, sur sa réponse pleine de fermeté, je résolus de l'attaquer vivement. Je fus, pour cet effet, avec M. le chevalier de Beaune le long de la côte, depuis le camp jusqu'à l'île des Chèvres, reconnaître les endroits par où nous pourrions plus aisément forcer les ennemis. Nous remarquâmes cinq vaisseaux marchands, à demi-portée de fusil des Bénédictins, qui pouvaient servir d'entrepôt à une partie des troupes qui seraient destinées à attaquer ce poste ; j'ordonnai pour cela que l'on fît avancer le vaisseau *le Mars* entre nos deux batteries, et de le placer à portée de les soutenir, en cas de besoin

Le 20, j'envoyai ordre au vaisseau *le Brillant* de s'approcher *du Mars* et je fis faire de toutes les batteries et des vaisseaux un feu continuel, tandis que je m'occupai à donner les ordres nécessaires pour attaquer le lendemain.

La nuit du 20 au 21, je détachai une partie des troupes pour aller se loger dans les vaisseaux que j'avais remarqués auprès des Bénédictins. Les ennemis, s'en étant aperçus, firent sur nos chaloupes un grand feu de mousqueterie, qui fut bientôt ralenti par le canon de nos batteries et celui du vaisseau *le Mars*, ce qui jeta une grande consternation dans la ville.

Le 21, à la pointe du jour, je m'embarquai avec le reste des troupes pour aller commencer l'attaque, ordonnant à M. le chevalier de Gouyon de filer le long de la côte avec sa brigade, afin d'attaquer les ennemis par différents endroits.

Sur ces entrefaites, le sieur de Lavalle, qui avait été fait prisonnier avec M. Duclerc, à qui il avait servi d'aide-de-camp, s'étant échappé des ennemis, vint se rendre à nous pour me donner avis que les ennemis abandonnaient la place avec une terreur étonnante; qu'en se retirant ils avaient mis le feu a un des plus riches magasins de la ville, et qu'ils avaient miné le fort des Jésuites et celui des Bénédictins pour faire périr une partie de nos troupes; qu'il s'était même hasardé à tout pour venir nous en avertir. Toutes ces circonstances, qui d'abord me parurent incroyables, qui se trouvèrent cependant vraies, me firent précipiter notre marche. Nous nous emparâmes sans résistance, et avec la précaution requise, des hauteurs de la conception et des Bénédictins; je descendis ensuite dans la place avec M. de Courserac et huit compagnies de grenadiers pour me rendre maître des forts de Saint-Sébastien, Saint-Jacques et de la Miséricorde, laissant à MM. de Gouyon et de Beaune le commandement du reste des troupes, avec défense, sous peine de la vie, aux soldats de s'écarter, ou de quitter leur rang.

En entrant dans cette ville abandonnée, nous trouvâmes ce qui restait de prisonniers de la défaite de M. Duclerc, qui, ayant brisé les portes de leur prison, s'étaient déjà répandus pour enfoncer et piller les maisons qu'ils connaissaient les plus riches. Cet objet excita l'avidité des soldats, et les porta d'abord à se débander; mais j'en fis faire sur le champ une punition exemplaire qui les arrêta, ordonnant que ces prisonniers fussent conduits et consignés sur la hauteur des Bénédictins. Ensuite je me rendis maître des forts et de tous les postes qui méritaient attention, et, après avoir fait éventer les mines, j'en laissai le commandement à M. le chevalier de Courserac, à qui je donnai ordre de faire avancer sa brigade pour en prendre possession.

Cela fait, je vins rejoindre MM. de Gouyon et de Beaune, afin de conférer avec eux sur les moyens d'empêcher le pillage, qui me paraissait inévitable dans une ville abandonnée et ouverte du côté de la mer et de la terre. Cependant je fis mettre des corps de garde, poser des sentinelles dans les endroits qui le demandaient, et j'ordonnai que l'on fît nuit et jour des patrouilles, avec défense, sous peine de la vie, aux matelots et soldats d'entrer dans la ville sous quelque prétexte que ce fût; en un mot, je ne négligeai aucune des précautions que je pouvais prendre; mais l'avidité du gain et l'espoir du pillage l'emportèrent sur la crainte des châtiments. Les corps de garde et les patrouilles que j'avais ordonnés furent les premiers à augmenter le désordre pendant la nuit; en sorte que, le lendemain matin, les trois quarts des maisons ou magasins se trouvèrent enfoncés, les vins répandus, les marchandises et les meubles épars au milieu des rues, et enfin tout se trouva dans un désordre et une confusion si grande, que j'ordonnai sans balancer que l'on cassât la tête à ceux qui se trouvèrent dans le cas du ban; mais les châtiments réitérés n'ayant pas été capables d'arrêter cette fureur, je n'eus d'autre parti à prendre, pour sauver quelque chose, que celui d'employer pendant le jour la meilleure partie des troupes à transporter ce qu'on pût ramasser d'effets ou de marchandises dans des magasins que je fis établir, où M. de Ricouart eut soin de mettre des gens de confiance et des écrivains du Roi.

Le 23, j'envoyai sommer le gouverneur du fort de Sainte-Croix, qui se rendit à capitulation. M. de Beauville, aide-major-général, fut en prendre possession, aussi bien que des forts de l'Ile de Villegagnon, Saint-Jean et autres batteries de l'entrée.

J'appris cependant, par différents nègres qui se rendirent à nous, que le gouverneur de la place et le général de la flotte, ayant ramassé les débris de leurs troupes à une lieue et demie de nous, attendaient un puissant secours, commandé par Antoine d'Albuquerque, général des mines, fort estimé. Ainsi il était nécessaire de s'assurer contre les entreprises des ennemis. J'établis pour cet effet M. le chevalier de Gouyon avec sa brigade dans les retranchements qui regardaient la plaine, et M. le chevalier de Beaune avec le corps de bataille sur la hauteur de la Conception, où le quartier-général fut placé pour être à portée de descendre dans la plaine et de secourir ceux qui en auraient besoin; à l'égard de la brigade de M. le chevalier de Courserac, elle était déjà destinée à garder les forts et les hauteurs des Jésuites.

Ayant l'esprit en repos de ce côté-là, il fallait penser sérieusement aux intérêts du Roi et à ceux des armateurs. Les ennemis avaient emporté leur or, brûlé leurs meilleurs vaisseaux et leurs magasins les plus riches, et tout le reste demeurait en proie à la fureur du pillage, qu'aucun châtiment ne pouvait arrêter; d'ailleurs il était impossible de conserver cette colonie, par rapport au peu de vivres qui s'étaient trouvés dans la place, et à l'impossibilité de pénétrer dans le pays.

Tout cela bien considéré, je pris le parti d'envoyer dire au gouverneur que s'il tardait plus longtemps à racheter sa ville par une bonne contribution, j'allai la mettre en cendres et en saper les fondements; afin même de lui rendre cette menace plus sensible, je détachai deux compagnies pour aller brûler toutes les maisons de campagne à une demi-lieue à la ronde, ce qu'ils exécutèrent; mais ayant tombé dans un corps d'ennemis fort supérieur, elles auraient été taillées en pièces, si je n'avais eu la précaution de les faire soutenir par deux autres compagnies de grenadiers commandées par les sieurs de Brignon et de Chéridan, lesquels, soutenus par une compagnie de caporaux que j'avais choisis pour ma garde, enfoncèrent les ennemis, en tuèrent plusieurs et mirent le reste en fuite ; leur commandant, nommé Amara, homme de réputation, demeura sur la place.

Les sieurs de Brignon et de Chéridan, et le sieur de Kerret-Kavel, garde de la marine, se distinguèrent dans cette action ; le sieur de Brignon, entre autres, perça le premier, la baïonnette au bout du fusil, à la tête de sa compagnie, dont étaient officiers les sieurs Dubodon et de Martonne, gardes de la marine. Comme cette affaire pouvait devenir sérieuse, je fis avancer M. le chevalier de Beaune avec six cents hommes, qui pénétra encore plus avant, brûla la maison qui servait de retraite au commandant de cette troupe, et se retira.

Le gouverneur, après cet échec, m'envoya un maître de camp et le président de la chambre pour traiter avec moi ; ils me représentèrent que le peuple les ayant abandonnés et transporté tout leur or dans les montagnes, il leur était impossible de trouver plus de six cent mille croisades pour la contribution que je souhaitais ; encore me demandaient-ils un assez long terme pour faire revenir l'or appartenant au roi que l'on avait transporté bien avant dans les terres. Je rejetai cette proposition, et congédiai ces députés après leur avoir fait voir que je pourrais miner les endroits que le feu ne pouvait détruire. Cependant je restai encore six jours sans entendre parler du gouverneur ; et j'appris même qu'Antoine d'Albuquerque devait arriver incessamment, et qu'il avait dépêché un courrier pour lui en donner avis. Je jugeai de là que c'était une nécessité de faire un effort avant cette jonction si je voulais en tirer parti ; et, comme il n'y avait pas de temps à perdre, je fis mettre, le lendemain à la pointe du jour, toutes les troupes en marche, et, malgré la difficulté des chemins, j'arrivai de bonne heure en présence des ennemis, si près d'eux, que l'avant-garde, commandée par le chevalier de Gouyon, se trouva à demi-portée de fusil de la première hauteur qu'ils occupaient, et sur laquelle une partie de leurs troupes parut en bataille. Le gouverneur, surpris, envoya deux officiers pour me représenter qu'il m'avait offert tout l'or dont il pouvait disposer pour rachat de sa ville; qu'il lui était absolument impossible d'en trouver davantage; que tout ce qu'il pouvait faire au monde était d'y joindre dix mille croisades de sa propre bourse, cent caisses de sucre, et les bœufs dont j'aurais besoin pour la subsistance de mes troupes; qu'après cela j'étais le maître de le combattre, de détruire la colonie, et de prendre tel parti que je voudrais

J'assemblai conseil là-dessus, qui, par une infinité de considérations sensibles, fut d'avis d'accepter la proposition plutôt que de tout perdre; je me fis donner otages, avec soumission de payer le tout sous quinze jours.

Le lendemain 11 décembre, Antoine Albuquerque arriva avec trois mille hommes de troupes, moitié cavalerie et moitié infanterie, et plus de six mille nègres bien armés, ce qui nous engagea à nous tenir sur nos gardes.

Cependant on travaillait à transporter toujours dans les vaisseaux de l'escadre le peu de sucre qui s'était trouvé, et à remplir les magasins des autres marchandises que l'on pouvait ramasser. Elles n'étaient malheureusement propres que pour la mer du sud, et auraient tombé en pure perte si on les avait rapportées en France, mais ce qui nous restait de vaisseaux ennemis, étant dénués d'agrès et de munitions, n'étaient nullement en état d'entreprendre un long voyage; il ne s'en trouva qu'un seul de cinq cents cinquante tonneaux, qui ne pouvait contenir qu'une partie des marchandises; de manière que, pour sauver le reste, il fut jugé à propos, pour le bien du service, d'y joindre la frégate *la Concorde*. Après avoir pris là-dessus l'avis de M. Ricouart, je fis travailler au chargement de ces deux vaisseaux avec toute la diligence et l'ordre qu'on y put apporter. Il restait encore trois cents cinquante caisses de sucre qui ne pouvaient tenir dans les vaisseaux de l'escadre, par rapport à la quantité d'eau qui leur était nécessaire pour le retour; je les fis charger dans la moins mauvaise de nos prises, que chaque vaisseau contribua à équiper, et dont M. de la Ruffignières voulut bien prendre le commandement. Toutes les autres furent vendues par MM. de Ricouart et de la Moisserie, que je chargeai de ce détail, aussi bien que les marchandises qui se trouvèrent avancés, dont on tira ce que l'on put.

Le 11 novembre, les ennemis ayant achevé leur dernier paiement, je leur remis la ville, fis rembarquer les troupes et gardait seulement les forts de l'île Gagnon, l'île des Chèvres et ceux de l'entrée, afin d'assurer notre départ.

Le 13, après avoir fait mettre le feu aux vaisseaux qui étaient échoués sous l'île des Chèvres et à un bâtiment que l'on n'avait point trouvé à vendre, nous mîmes à la voile avec environ trois mois d'eau et de vivres, embarquant avec nous un officier, quatre gardes de la marine et trois cents cinquante soldats qui restaient de la défaite de M. Duclerc, que nous avions trouvé dans un état à faire pitié. Tous les autres officiers avaient été envoyés à la baie de tous les saints ; je comptais bien aller les délivrer, et tirer même de cette colonie une nouvelle contribution, mais nous avons été si cruellement traversés par les vents, que nous avons consommé plus de quarante jours à gagner seulement la hauteur de cette baie, de manière qu'il nous restait à peine de quoi conduire en France l'escadre que le Roi m'a fait l'honneur de me confier, qu'il ne m'est pas permis d'exposer témérairement. Je fus même obligé de laisser la prise commandée par M. de La Ruffignières, parce qu'elle me faisait perdre trop de chemin, et que, dans la disette de vivres où j'étais, le moindre retardement était d'une extrême conséquence. La frégate *l'Aigle* eut ordre de l'escorter jusqu'en France et de ne point l'abandonner.

Le même jour que l'escadre mit à la voile, les deux vaisseaux *la Notre-Dame de l'Incarnation* et *la Concorde* firent route pour la mer du sud, équipés de tout ce qui leur était nécessaire

Après quarante jours de vents contraires, nous passâmes enfin la ligne, le 25 décembre.

Les vents étant devenus plus favorables, nous nous trouvâmes le 19 janvier à la hauteur des îles Assorts. Jusque là, l'escadre s'était heureusement conservée ; mais, ayant essuyée dans ce parage trois coups de vent consécutifs avec beaucoup de violence, tous les vaisseaux furent forcés de plier au gré du vent, se trouvèrent entièrement dispersés et quelques-uns même assez incommodés, de sorte que nous ne pûmes rejoindre que le vaisseau *le Brillant* et les frégates *l'Amazone*, *l'Argonaute*, *l'Astrée* et *la Bellone*. Nous n'avons eu depuis connaissance que de *l'Achille*, qui, pendant le dernier coup de vent, avait fait signal d'incommodité, et était ensuite arrivé vent-arrière. Je crois qu'il aura relaché à *la Corogne*, pour se raccommoder, et se mettre en état de revenir désarmé à Brest.

Après avoir mis plusieurs fois à travers pour attendre nos vaisseaux. Nous continuâmes notre route pour nous rendre à Brest, où nous sommes arrivés le 6 février 1712.

(Copie mss. des Temps.)

A la suite de cette brillante expédition, une vive critique enfantée par la jalousie attaqua Duguaytrouin ; il eut la gloire de partager cette preuve d'une incontestable supériorité avec Duquesne, Tourville, Gabaret, etc.

Louis XIV récompensa ce grand service par une pension de deux mille livres, et bientôt après par le grade de chef d'escadre. Le régent sut aussi reconnaître le mérite de Duguaytrouin. Nommé membre du conseil de la compagnie des Indes, il n'y entra que pour en modifier la fastueuse composition. Louis XV le comprit, en 1728, dans une promotion de commandeurs de Saint-Louis, le nomma lieutenant-général, et le chargea, en 1731, de châtier les barbaresques. Duguaytrouin parcourut les régences d'Alger, de Tunis et de Tripoli, délivra un grand nombre de captifs, et conclut des traités avantageux pour le commerce de la France. Ce fut sa dernière expédition.

Miné par un mal sans remède, épuisé par cette vie de fortes émotions et d'aventures téméraires, il mourut le 27 septembre 1736, à l'âge de soixante-trois ans.

PIERRE-ANDRÉ DE SUFFREN SAINT-TROPEZ

— 1726 —

Pierre-André de Suffren Saint-Tropez, plus connu sous le nom du bailli de Suffren, naquit le 13 juillet 1726, au château de Saint-Caunat, en Provence. Suivant l'usage des familles nobles de cette époque, ses parents, voulant avantager son frère aîné, le destinèrent à la carrière des armes pour laquelle, du reste, il avait manifesté de bonne heure des penchants naturels. Ils le firent donc entrer dans l'ordre de Malte. La France et l'Angleterre avaient recommencé leurs guerres sanglantes, ce qui fit que ses débuts ne se firent pas attendre. Admis en qualité de garde-marine à bord du vaisseau *le Solide*, il prit part au combat que livra ce navire au *Northumberland* (1743). Malgré son jeune âge, il fit preuve d'une grande fermeté. Se trouvant sur *la Pauline* l'année suivante, il assista à une nouvelle rencontre dans laquelle il se fit remarquer par son sang-froid et par son énergie. Nommé enseigne de vaisseau en 1747, il s'embarqua sur *le Monarque* et fit preuve de la plus grande intrépidité dans le fameux combat que huit vaisseaux français soutinrent vaillamment contre les vingt vaisseaux de l'amiral Hawke par le travers de Belle-Isle. *Le Monarque*, complètement désemparé et criblé de boulets, fut forcé d'amener son pavillon ; Suffren, conduit en Angleterre, revint en France après le traité de paix d'Aix-la-Chapelle qui fut signé peu de temps après. L'espèce d'antipathie qui régnait entre les deux nations ne tarda pas à faire éclater de nouveau la guerre. Suffren fit plusieurs campagnes dans lesquelles il acquit une grande expérience et beaucoup de savoir, mais qui eurent pour dénouement une nouvelle captivité. Le vaisseau *l'Océan*, sur lequel il était embarqué, était en rade d'un des ports du Portugal, alors puissance neutre. Une escadre anglaise, au mépris du droit des nations, ne craignit pas de se salir en venant l'attaquer par surprise et s'en emparer.

La paix l'ayant de nouveau ramené en France, il fut nommé capitaine de frégate en 1767. Son caractère ardent ne pouvant se faire à l'inactivité, il se rendit à Malte, et fit, avec les galères des chevaliers, contre les barbaresques plusieurs courses, à la suite desquelles il fut nommé commandeur de l'ordre. Le titre de bailli, sous lequel il est généralement connu, lui fut donné plusieurs années après, lorsqu'il se couvrait de gloire dans l'Inde.

Il revint en France en 1772 et fut attaché avec le grade de capitaine de vaisseau à une escadre d'évolution qu'il mit à même, par le soin avec lequel il poussa l'instruction des marins, à soutenir avantageusement la guerre qui éclata quelques années après entre la France et l'Angleterre.

La France intrigua de toute son influence pour provoquer l'insurrection des colonies anglaises du nord de l'Amérique ; ce qui amena la reprise des hostilités en 1778. Suffren reçut le commandement du vaisseau *le Fantasque*, sous les ordres du comte d'Estaing. Il lui fut confié, durant cette expédition, diverses missions qui lui firent le plus grand honneur, et soutint contre lord Byron ce mémorable combat qui suivit la prise de *la Grenade* et dans lequel nos marins se couvrirent de gloire.

Jusques-là Suffren n'avait jamais commandé qu'en sous-ordre; il ne s'était pas, en outre, présenté une occasion où il eût pu déployer ses talents et son génie. Il fallait à cet illustre marin un plus vaste théâtre. L'année 1781 lui fournit cette occasion.

L'avidité des Anglais les poussait à régner en maîtres absolus dans les Indes. Déjà les Hollandais avaient perdu une partie de leurs possessions; et les établissements français avaient eu à subir diverses attaques. Les Hollandais, craignant de voir toutes leurs colonies passer sous la domination de leurs insatiables ennemis, signèrent un traité avec la cour de France, qui les prit sous sa protection, et envoya Suffren avec une escadre de cinq vaisseaux défendre le cap de Bonne-Espérance. On eut bientôt avis que le commodore Johnston, chargé de l'expédition, venait de partir de Portsmouth : il n'y avait pas de temps à perdre.

Les Hollandais, qui avaient déjà perdu Négatapam et plusieurs comptoirs sur la côte occidentale de Sumatra, tremblaient pour leurs autres possessions de Batavia, du Ceylan, du Bengale et de la côte de Coromandel. Ils applaudirent au choix du Bailli du Suffren pour conduire cette expédition périlleuse et difficile. Ils reconnaissaient en lui toutes les quali d'un intrépide marin et d'un habile général.

Suffren partit de Brest le 22 mars 1781, avec les vaisseaux *l'Artésien, l'Annibal, le Héros, le Vengeur, le Sphinx* et deux frégates. Il courut pendant un mois sans pouvoir découvrir la trace de l'escadre anglaise. Enfin le 19 avril, comme il faisait route vers San-Yago (île du cap Vert), il reçut avis de l'arrivée du commodore Johnston dans le port de la Praya, qui appartenait aux Portugais.

La loi des neutres eût pu arrêter Suffren dans toute autre circonstance; mais il avait encore sur le cœur sa dernière captivité; il ne se fit donc aucun scrupule de la violer. Il fait le signal de combat et court sous toutes voiles se placer au milieu des Anglais : son ancre tombe, ses canons éclatent de tribord et babord, et soutiennent avec un feu épouvantable et foudroyant l'honneur du nom que porte son vaisseau, *le Héros. L'Annibal* l'avait suivi de près, mais s'étant placé en véritable étourdi, il est écrasé par d'effroyables bordées auxquelles il riposte avec désavantage. En un clin d'œil, son gréement est hâché, ses mâts, ses vergues, se soutiennent comme par enchantement; le capitaine de *l'Artésien*, qui arrivait après lui, est tué en arrivant à son poste. Un des vaisseaux anglais se jette sur lui, l'embarrasse de ses manœuvres, et l'entraîne loin du champ de bataille, que *le Sphinx* et *le Vengeur*, contrariés par les vents, ne peuvent atteindre. Malgré l'inégalité du nombre, les deux vaisseaux français soutiennent vaillamment la lutte pendant une heure et demie. Se voyant cependant dans l'impossibilité de continuer une si rude partie, ils coupent leurs câbles et prennent le large en s'excusant, auprès de l'ennemi, à grands coups de canon. Heureuse inspiration! car l'effet du vent sur les voiles de *l'Annibal* abattit ses trois mâts du coup. Le commodore Johnston croit le moment favorable pour s'en emparer et fond sur lui avec toute son escadre; mais ses camarades volent à sa défense et en imposent par leur attitude ferme et résolue à l'ennemi, qui, n'osant l'attaquer, rentre dans la baie pour se réparer.

Suffren, après avoir croisé pendant un jour et une nuit dans le but de l'attaquer à sa sortie, se dirigea vers le cap. Son arrivée ranima la colonie, qu'il se hâta de mettre à l'abri d'un coup de main. Aussitôt ces mesures prises, il se rendit à l'Ile-de-France, où l'attendait le vieux comte d'Orvès avec son escadre composée de six vaisseaux.

La mort de cet amiral lui ayant laissé le commandement en chef, il appareilla avec les onze vaisseaux pour les Indes, où l'attendait l'amiral Hugues, adversaire digne de lui, avec des forces égales. Les deux escadres, pleines de confiance dans leurs chefs, brûlaient d'en venir aux mains; elles préludèrent par quelques engagements partiels; mais le 19 janvier 1782, elles se livrèrent devant Sadras (sur la côte de Coromandel, à douze lieues de Madras) un combat qui fut soutenu avec un égal acharnement. Les Français restèrent néanmoins maîtres du champ de bataille et les Anglais se réfugièrent dans leurs ports pour se réparer. Une nouvelle rencontre eut lieu devant Batacalo, dans l'île de Ceylan ; elle dura depuis une heure et demie jusqu'à la nuit, sans avantage marqué. Les deux escadres se séparèrent sur place. Le Bailli offrit le combat dès le lendemain ; mais l'amiral Hugues, effrayé d'un tel rival, rassasié d'ailleurs de coups de canon, jugea prudent de l'éviter.

De son côté, l'escadre française avait épuisé ses munitions dans ses deux affaires ; elle se voyait même à la veille de manquer de vivres. Elle ne pouvait espérer d'en trouver à Goudelour ; le nadab Hyder-Ali, craignant de voir peser sur lui tout le poids de la guerre, repoussait les propositions d'un traité d'alliance offensive et défensive que lui faisait M. Du Chemin, général de l'armée de terre. Hyder-Ali ne croyait pas que Suffren pût résister longtemps avec les forces modiques qu'il avait à sa disposition. Dans cette extrémité, le Bailli s'éloigne de la flotte anglaise, longe la côte, qu'il balaie; au bout d'un mois, ses prises sont tellement considérables que sa flotte se trouva abondamment pourvue de provisions de toute espèce. Il la ramène à Guadelour pour lui donner quelques jours de repos, fait répandre le bruit qu'il va assiéger Négapatuam et met à la voile. Son stratagème obtient un plein succès ; les Anglais accourent au secours de cette place et les deux nobles rivaux se trouvent une troisième fois en présence le 6 juillet 1782. La plus grande habileté et la plus grande intrépidité sont déployées dans cette rencontre.

Le capitaine du *Sévère*, vaisseau de soixante-quatre canons, manqua seul de courage, et l'honneur du pavillon ne fut sauvé que par la désobéissance sublime d'un de ses officiers. Le capitaine, frappé d'une espèce de vertige, s'étant cru en grand danger, avait amené son pavillon. Cette lâcheté exaspéra tout l'équipage ; et l'un des officiers, nommé Dieu, ne craignit pas de lui déclarer que loin d'accepter sa honte, ils voulaient continuer le combat.

Cette noble résolution sauva *le Sévère ;* mais Suffren punit, en le renvoyant en France, ce malheureux capitaine, qui ne put résister à ce mot piquant qui circula contre lui dans le corps de la marine :

« Le capitaine du *Sévère* avait voulu se rendre aux Anglais, mais Dieu ne l'a pas voulu. »

Cependant les Anglais, profitant d'un vent favorable, avaient mouillé hors de la portée du canon des Français, au grand désappointement du bailli. Ses officiers étant venus lui témoigner leur satisfaction de le voir sans blessures :

— « Eh ! messieurs, leur dit-il, je voudrais en être couverts et avoir le vent. »

Les Anglais, suivant leur habitude, s'éloignèrent à la faveur de la nuit, et Suffren retourna à Guadelour.

Cette fois le nabab Hyder-Ali, complètement rassuré, ne put résister au désir de voir le bailli. Il fit quarante lieues avec son armée de cent cinquante mille hommes pour aller au-devant de lui :

— « Je veux embrasser ce grand homme, s'écriait-il. »

Dès la première entrevue, le traité d'alliance, qui avait toujours été repoussé, fut conclu sans restriction, et le nabab s'en montra le plus fidèle observateur. Sur la nouvelle que la flotte française avait manqué de boulets, il en fit forger par milliers :

— « M. de Suffren en use si bien, disait-il à sa cour, que je lui en donnerai tant qu'il voudra. »

Des renforts en troupes et en vaisseaux, que le capitaine d'Aymar lui amena de l'Ile-de-France, décidèrent Suffren à s'emparer de Trinquemalé, capitale de l'île de Ceylan. Il proposa à Hyder de se transporter sur le bord de la mer, pour voir son escadre pavoisée :

— « Que m'importe la vue de tes vaisseaux ? lui répondit le nabab ; tu étais le seul homme que je voulusse connaître ; je t'ai vu, je suis content. »

Suffren mit à la voile, et arriva le 26 août devant Trinquemalé. Les Anglais se défendirent avec beaucoup d'énergie ; ils tentèrent une sortie, dans laquelle ils éprouvèrent de grandes pertes, et furent obligés de capituler après trois jours d'une résistance désespérée. Cette victoire mettait au pouvoir des Français un port magnifique, une ville parfaitement protégée, fournie de vivres pour six mois, et quatre-vingt pièces de canon.

La capitulation était à peine signée, et toutes les dispositions prises pour mettre cette conquête à l'abri de toute atteinte, que l'escadre anglaise se montra faisant force de voiles. La vue du pavillon blanc, qui flottait sur les forts, la fit immédiatement virer de bord, mais Suffren, s'apercevant de la manœuvre, fait sur-le-champ le signal de la poursuite. Une violente raffale retarde la formation de la ligne. Plusieurs officiers cherchent à persuader au jeune et intrépide amiral qu'il doit se sentir satisfait d'avoir vu l'armée anglaise fuir devant lui sans oser le combattre. Il était sur le point de se rendre à leurs instances, lorsqu'on vient lui annoncer que l'escadre anglaise ne se composait que de douze vaisseaux. L'armée française en comptait alors quatorze.

— « Messieurs, dit aussitôt Suffren, si les Anglais étaient en forces supérieures, je cèderais à vos raisons ; contre des forces égales, j'aurais de la peine à me retirer ; mais contre des forces inférieures, il n'y a point à balancer, il faut combattre. »

Sans plus tarder, il se précipite sur les ennemis de peur qu'ils lui échappent. Trois vaisseaux seulement prennent part au combat ; *le Héros*, commandé par Suffren ; *l'Illustre*, par de Bryères ; *l'Ajax*, par de Beaumont-de-Maître. Ils sont bientôt enveloppés d'une colonne de feu. Suffren voit son vaisseau criblé par les boulets ; ses mâts tombent l'un après l'autre, et avec eux tombe le pavillon du commandement. La flotte anglaise accueille cette chute par un triple hourra :

— « A nous le héros ! s'écrie-t-elle. »

Le bailli lève les yeux, et s'aperçoit que le drapeau français ne flotte plus :

— « Des pavillons ! des pavillons ! s'écrie-t-il aussitôt, avec l'accent de la fureur, qu'on apporte des pavillons, qu'on couvre mon vaisseau de pavillons ! »

Et, l'œil en feu, il court sur la dunette comme pour défier les boulets ennemis. On peut se figurer les prodiges de valeur et d'intrépidité qui eurent lieu dans ce combat héroïque; mais la plume ne saurait les dépeindre. Honneur à l'*Ajax* et à l'*Illustre*, qui soutinrent avec gloire l'honneur de la nation !

Suffren tira à lui seul dix-huit cent coups de canons ; à la fin, manquant de boulets, il continua de charger à poudre pour cacher sa détresse.

Enfin l'arrière-garde, composée de l'*Annibal*, de l'*Orient*, du *Sévère* et du *Flamand*, honteuse sans doute de la noble résistance de son commandant et des autres officiers, et peut-être de son immobilité volontaire, se décide à faire un mouvement, qui force les Anglais à lâcher les trois bâtiments qu'ils croyaient déjà en leur possession. Le *Héros*, de même que l'*Ajax* et l'*Illustre*, étaient jonchés de corps sanglants et mutilés, et de débris de toute espèce. Deux lieutenants, un enseigne et quatre-vingt-douze hommes d'équipage, héros d'une autre Salamine, à qui il ne manqua qu'un Thémistocle, tombèrent dans cette lutte glorieuse; trois cents autres braves furent blessés. L'escadre anglaise, malgré sa grande supériorité de forces, avait aussi éprouvé de grands ravages. Plusieurs de ses principaux vaisseaux étaient tellement endommagés, qu'ils ne purent parvenir à se radouber en pleine mer. L'amiral Hugues se retira dans le port de Madras. Suffren, de son côté, rentra dans la baie de Trinquemalé, où le vaisseau le *Bizarre* se perdit par accident.

naître comme le premier marin qu'ait eu la France dans la seconde période du dix-huitième siècle, et le digne rival de la haute renommée des Duquesne, des Tourville et de Duguay-Trouin.

Le bailli s'était retiré dans la rade d'Achem, capitale de l'île de Sumatra, qui lui offrait plus de sécurité pour faire hiverner son escadre. Ce fut là qu'il apprit que sir James Stuart assiégeait Gondelour avec une armée de terre, pendant que l'escadre anglaise opérait le blocus par mer; il reçut en même temps des nouvelles de M. de Bussy, qui, parti de l'Ile-de-France, se renfermait dans la place pour la défendre, et lui envoyait trois vaisseaux chargés de munitions. Les renforts survenus à l'ennemi ne firent qu'augmenter l'ardeur de Suffren; il poussa avec la plus grande activité le ravitaillement de son escadre, et fit voile vers la ville assiégée.

Les deux flottes restèrent pendant trois jours en présence, manœuvrant inutilement pour se surprendre. Enfin, le troisième jour, 20 juin 1783, à une heure de l'après-midi, l'escadre anglaise mit en panne et attendit l'ennemi dans l'ordre suivant : cinq vaisseaux à l'avant-garde, sept au centre, huit à l'arrière-garde; en tout, dix-huit vaisseaux. Les Français avancèrent contre eux, ayant cinq vaisseaux à l'avant-garde, cinq au centre, cinq à l'arrière-garde, en tout, quinze vaisseaux. Les derniers ordres de la cour prescrivant aux amiraux de ne plus monter leurs vaisseaux durant un combat, Suffren, une demi-heure avant de livrer bataille, était passé à bord de la frégate *la Cléopâtre,* et parcourait sa ligne, engageant les équipages à agir de leur mieux. C'était inutile, tous firent cette fois leur devoir; leur feu, pafaitement nourri et supérieurement dirigé, força plusieurs fois les Anglais à s'éloigner pour reprendre haleine. Voici comment Léon Guérin, dans son Histoire maritime de France, rend compte des principaux épisodes de ce glorieux fait d'armes.

— « Comme il était arrivé, le 16 juin 1783, à la hauteur de Tranquebar, ses découvertes lui signalèrent dix-huit vaisseaux de ligne ennemis, mouillés au sud de Gondelour.....

Suffren se transporta aussitôt sur la frégate *la Cléopâtre*, et laissa au lieutenant de Moissac le soin de soutenir l'honneur du *Héros*. A la vue des vaisseaux français qui s'approchaient en ordre, sir Edouard Hugues fit lever l'ancre, forma sa propre armée en bataille, et porta au large pour éviter de combattre sous le vent. Suffren jugea parfaitement alors qu'il avait réussi à tromper son habile adversaire. Trop sage pour engager une action avant de connaître la situation des Français dans Gondolour, il tint jusqu'au soir l'armée navale anglaise dans l'incertitude du combat, serra le vent à l'entrée de la nuit, et vint mouiller à une demi-lieue de la place. Au point du jour, son armée était plus rapprochée de terre que celle de sir Edouard Hugues, qui se trouvait au large, et qui lui avait ainsi abandonné son importante position. Suffren en profita sur l'heure, pour communiquer avec Bussi, et pour renforcer ses équipages de douze cents Européens et cipayes que lui accorda le général des troupes de terre. Il ne songea plus ensuite qu'à saisir le moment de combattre avec avantage. Durant deux jours et demi, les deux armées ne cessèrent pas d'être en vue, manœuvrant : celle des Anglais pour gagner le vent; celle des Français pour le conserver. Enfin, sir Edouard Hugues, ayant viré vent arrière, le bailli de Suffren ordonna de son côté la même évolution; puis il ordonna le signal de la ligne de bataille dans l'ordre naturel, et fit prendre, comme l'ennemi, les amures à bâbord. Un autre signal fut donné d'arriver à l'est, et de soutenir le vent tous ensemble pour former la ligne. Le bailli de Suffren parcourait celle-ci, en se tenant par le travers de son avant-garde avec la frégate *la Cléopâtre*, où flottait son pavillon. Lorsqu'il ne fut plus qu'à une demi-portée de canon, il arbora le signal de commencer la bataille, qui s'engagea bientôt entre les deux armées au même bord. Ce ne fut, à proprement parler, qu'une canonnade très-vive, qui dura de six à huit heures et demie de la soirée du 20 juin 1783. Les Anglais se retirèrent les premiers, quoiqu'ils eussent dix-huit vaisseaux contre quinze. Le blocus de Gondelour était définitivement levé du côté de la mer. La joie des assiégés fut extrême, lorsque, avec les premiers rayons du soleil, ils voient leur pavillon national qui flottait dans la rade, à la place du pavillon d'Angleterre. Ils accouraient, et se pressaient sur le rivage pour saluer, pour remercier par des cris d'allégresse l'immortel Suffren. Bussi lui-même, entouré de son état-major, attendait le vaillant marin sur la plage.

— « Le voilà, dit-il, dès qu'il l'aperçut, — voilà notre Sauveur. »

— « A ces mots, les cris de joie redoublent, et d'échos en échos, ils vont jeter le trouble dans le camp ennemi. Le bailli de Suffren, qui seul paraît étonné de son triomphe, se voit enlever dans un magnifique palanquin, et s'est ainsi qu'il entre dans Gondelour, porté par les soldats français, qui ont forcé les noirs de leur céder cet honneur. »

Peu de jours après ce nouveau triomphe, une frégate française venant d'Europe jetait l'ancre dans cette rade naguère si animée, et annonçait que la paix avait été signée à Versailles le 19 février 1783.

Suffren revint avec sa flotte, et, après une absence de trois années, il arriva, le 29 mars 1784, à Toulon, où il fut l'objet d'hommages éclatants et d'ovations populaires.

L'illustre marin ne jouit pas longtemps de la faveur qui s'était attaché à son nom. Une maladie grave, qui devait le conduire au tombeau, l'atteignit comme il se disposait à prendre le commandement d'une armée navale qu'on équipait au port de Brest, dans la crainte d'une nouvelle guerre avec les Anglais. Suffren lui-même prévit sa fin prochaine, et rendit le dernier soupir à Paris le 8 décembre 1788, à l'âge de soixante-deux ans.

Les états de Provence, fiers d'avoir donné le jour à un homme d'un si haut mérite, firent frapper une médaille à son effigie avec cette inscription :

— *Le Cap protégé; Trinquemalé pris; Gondelour délivré; l'Inde défendue; six combats glorieux; les Etats de Provence ont décerné cette médaille;* **MDCCLXXXIV.**

JOSEPH-BERNARD CHABERT (MARQUIS DE)

— 1734 —

Chabert naquit à Toulon le 28 février 1734. Fils d'un officier de marine, il entra dans ce corps en 1740, et s'y fit tellement remarquer qu'il fut nommé chevalier de Saint-Louis n'étant encore qu'enseigne de vaisseau, circonstance fort rare, et même à peu près unique à cette époque.

Le marquis de Chabert fit vingt-sept campagnes, dont trois seulement en temps de paix; il fut blessé plusieurs fois et notamment, en 1781, pendant la guerre d'Amérique, dans un combat où, commandant le *Saint-Esprit,* il sauva le vaisseau le *Diadème;* l'année suivante, il fut assez heureux pour ramener un convoi marchand de cent trente voiles, malgré la rencontre de forces ennemies très-supérieures aux siennes : les chambres de commerce furent unanimes pour le remercier de cet important service.

C'est à l'étendue de ses connaissances en hydrographie et surtout en astronomie, science peu cultivée avant lui par les officiers de marine, que le marquis de Chabert a dû en grande partie sa réputation; le premier il s'est livré à des observations astronomiques, pour la rectification des cartes marines dans les lieux où l'on conduit ses campagnes, et il en a consigné un grand nombre dans un *voyage sur les côtes de l'Amérique septentrionale,* qu'il publia en 1753.

Avant lui les cartes de la Méditerranée contenaient une foule d'erreurs. Il fit huit campagnes le long de ces côtes, et, tout en protégeant le commerce français contre les pirates barbaresques, il fixa les points de longitude les plus importants.

Lorsque la révolution éclata, il était occupé à recueillir les résultats de ses travaux, et se proposait de publier, sous le titre de *Neptune français,* un atlas général des *côtes de la Méditerranée.* Il en fut empêché par les événements politiques, et, malgré son âge déjà avancé, il partit pour l'émigration.

Au commencement de 1792, M. de Chabert avait été élevé au grade de vice-amiral, et M. Bertrand de Molleville, alors ministre de la marine, lui avait écrit pour lui faire connaître l'obligation où il était de prêter le serment exigé à cette époque. M. de Chabert se determina à refuser ce grade, et on trouve sa réponse dans les mémoires de ce ministre. Elle est ainsi conçue :

— « J'ai reçu la lettre que vous m'avez fait l'honneur de m'écrire le 25 février, et la loi sur la nouvelle formation de la marine qui l'accompagnait. Combien j'eusse été flatté du grade de vice-amiral en toute autre circonstance ! Mon temps, ma vie, sont à mon roi, et l'occasion de le servir utilement a été et sera toujours le premier de mes désirs. Mais ce sont ces sentiments mêmes qui m'éloignent du poste où Sa Majesté daignait me placer. J'ose vous prier, Monsieur, vous ministre fidèle de ce bon roi, de lui faire connaître mon profond respect, mon dévouement et ma reconnaissance. Il a daigné se souvenir de cinquante-deux ans employés avec zèle à son service, et j'en suis récompensé. Un jour, je l'espère, je réclamerai, par votre entremise, ses bonnes dispositions à mon égard, qui font toute ma gloire et mon bonheur. Je pourrai de nouveau verser mon sang pour mon maître et ma patrie. Mais aujourd'hui, jurer fidélité à d'autres qu'à lui, prêter serment à des officiers qui ne sont pas de son choix, l'honneur, l'amour et le devoir me le défendent. »

Cette réponse de M. le marquis de Chabert, le désintéressement qui l'a dictée, cette observation rigoureuse de ce qu'il croit son devoir font le plus brillant éloge de son caractère. Les sentiments qu'il professe sont d'autant plus méritoires qu'ils sont rares et souvent méconnus.

En 1802, M. de Chabert rentra en France, et quoiqu'entièrement aveugle, il s'occupa avec un zèle miraculeux à mettre en ordre les matériaux de son ouvrage. Il eut le bonheur de savoir que plusieurs de ses cartes se gravaient, et s'il ne put terminer ce grand et important travail sur les côtes de la Méditerranée, ses observations n'en furent pas moins d'une haute utilité pour les marins qui visitaient ces parages. Peu de temps après son retour en France, M. de Chabert fut nommé membre du bureau des longitudes. Il était aussi membre de l'académie des sciences de Paris et de plusieurs autres académies de l'Europe. Il mourut sans avoir joui de ce qu'il avait appelé son bonheur, c'est-à-dire sans avoir reçu le titre de vice-amiral, le 2 décembre 1805.

JEAN-FRANÇOIS GALAUD, comte de LAPÉROUSE

— 1741 —

Le comte de Lapérouse, né à Albi en 1741, est de tous les marins illustres celui qui a conservé le plus de sympathie parmi nous à cause de sa fin mystérieuse et tragique.

Comme marin, nul ne lui refusait des capacités ; peu d'officiers pouvaient présenter une carrière aussi activement remplie que la sienne, il avait assisté à plusieurs combats ; plus d'une fois il avait pris aux Anglais des bâtiments de guerre, et cependant la malignité des officiers de son corps ne l'épargnait pas ; c'était une opinion reçue *qu'il avait peur de la poudre*..... Nulle occasion, il est vrai, n'avait encore fait éclater en lui des talents supérieurs. Il reçut l'ordre d'aller ruiner avec une escadre les établissements de la baie d'Hudson. Cette année fut rude, même pendant l'été sous le cercle polaire ; il trouva la baie gelée, portant d'immenses bancs de glace, des brumes impénétrables et souvent des tempêtes de neige que le vent amenait du pôle. Au milieu de tous ces périls, il déploya une sagacité remarquable, une haute intelligence des ressources de la navigation ; il échappa aux éléments réunis contre lui, son expédition fut heureuse ; il détruisit les établissements de la compagnie anglaise; le but de son expédition était rempli. Il revint dans sa patrie, rapportant, avec ses succès, une réputation incontestable d'habile marin.

La France était alors agitée de vagues rêveries de liberté qui inquiétaient le gouvernement.

Sur la représentation de ses ministres, Louis XVI, espérant détourner l'attention de la France en la portant vers les contrées lointaines, accepta la proposition d'un voyage autour du monde et en rédigea lui-même les bases. Le comte de Lapérouse qui s'était placé au premier rang par les connaissances et les talents dont il venait de faire preuve, fut choisi pour commander l'expédition.

Mais ici commence ce drame terrible qui a rempli le monde entier du nom de Lapérouse et qui l'a jeté à la postérité comme une énigme à déchiffrer.

Deux frégates, *la Boussole* et *l'Astrolabe* furent équipées à Brest pour ce voyage. Lapérouse hissa son pavillon sur la *Boussole*, et *l'Astrolabe* fut confiée à M. de Langle, aussi capitaine de vaisseau et l'un des plus savants officiers de son corps.

Les deux frégates appareillèrent de la rade de Brest le 1er août 1785. Jamais expédition du même genre n'avait été entreprise avec autant de motifs de sécurité. Par quelle inconcevable fatalité fut-elle la plus désastreuse de toutes?

Les instructions données à Lapérouse insistaient d'une manière toute spéciale sur la reconnaissance des parties de la côte nord-ouest de l'Amérique, d'où le célèbre Cook avait constamment été repoussé par de gros temps et où l'on supposait encore qu'il existait quelque entrée communiquant avec la baie d'Hudson. Il se rendit donc en toute hâte sur cette côte, et c'est le 23 juin qu'il en eût connaissance ainsi que du mont Elie. Son exploration devait partir de ce point en revenant vers le sud. Il fit d'abord la découverte d'une baie à laquelle il donna le nom de *Monti*, du nom d'un des officiers de l'expedition ; il reconnut la rivière de Behring, et entra enfin dans une baie vaste et profonde, inconnue jusqu'alors, et qu'il nomma *la baie du port des Français.*

Jusque-là l'expédition avait été on ne peut plus heureuse. Tout l'avait favorisée ; les bâtiments n'avaient éprouvé aucun accident, la santé des équipages était parfaite ; le zèle et l'ardeur dont chaque personne des deux navires était animée par un si heureux début faisait pressentir un heureux succès d'un si intéressant voyage ; mais la fortune les abandonna. C'est là qu'un affreux événement vint commencer la chaîne des infortunes de cette malheureuse expédition ; c'est là que le destin s'attacha à la poursuivre jusqu'à ce qu'elle eut consommé sa perte.

La Boussole et *l'Astrolabe* étaient mouillées depuis dix jours dans *le port des Français* ; le plan en avait été levé, et il ne restait plus qu'à s'assurer de sa profondeur par le sondage. Le 13 juillet, trois petits canots montés par des officiers des deux bâtiments furent expédiés pour effectuer cette opération. Ces trois embarcations furent placées sous les ordres de M. d'Escures, lieutenant de vaisseau ; comme pendant l'action de la marée, il régnait dans ces parages une barre fort dangereuse, Lapérouse lui avait bien recommandé de ne pas s'avancer trop près de la passe de l'entrée avant l'heure de la mer étale. M. d'Escures, qui n'avait pas pu bien reconnaître jusqu'à quelle distance de la passe ce courant se faisait sentir, se trouva en plein dans ses eaux alors qu'il s'en croyait encore très-éloigné. L'équipage put bientôt juger du danger qu'il courait ; il fit force de rames pour rétrograder, mais tous ses efforts furent inutiles ; l'embarcation entraînée dans la barre fut renversée par la force des lames : tous ceux qui la montaient furent engloutis.

La biscaïenne de *l'Astrolabe* étaient encore trop éloignée de la passe pour avoir quelque chose à craindre ; mais les deux messieurs de la Borde, qui la montaient, à la vue du péril de leurs compagnons d'armes, n'écoutant que l'élan de leur cœur, n'hésitèrent pas à se jeter au milieu des brisants malgré l'imminence du danger; leur dévouement ne leur servit qu'à leur faire partager le sort de leurs camarades. Seul le petit canot de *la Boussole,* que commandait M. Boutin, put échapper à ce désastre. Entraîné pareillement sur la barre, il dut à sa meilleure construction et à sa légèreté de continuer à gouverner quoique rempli d'eau; mais c'est surtout le sang-froid et la présence d'esprit de son commandant qui le sauvèrent du naufrage. Entraîné hors de la passe, il rentra à l'étale marée et porta à son chef la nouvelle de la terrible catastrophe dont il avait été témoin. Des vingt personnes qui montaient les deux biscaïennes, il n'en fut pas sauvé une; six officiers étaient au nombre des victimes. Un cénotaphe avec une inscription fut érigé à la mémoire de ces infortunés sur une petite île de l'intérieur de la baie. Sans égard pour les droits de découverte, sans respect pour ceux du malheur, plus sacrés encore, les Anglais n'ont conservé ni à l'île ni au port des Français les noms imposés par Lapérouse.

L'expédition quitta ces funestes bords le 30 juillet. Ce ne fut plus qu'une sérrie d'événements sinistres. Le journal de ses expéditions qu'il eut soin d'expédier en Europe de Botany-Bay, où Lapérouse, dans l'espoir d'y trouver les moyens de de réparer une partie de ses pertes, avait mouillé le 26 janvier 1788, fut la dernière nouvelle qu'on reçut de lui. Personne n'entendit plus parler de Lapérouse, parfois seulement quelques vagues récits, tel qu'un écho incertain de l'air, rappellaient son nom au monde, mais les ténèbres s'épaississaient de plus en plus autour de son tombeau. Aussi, pendant près d'un demi siècle, l'univers, attentifs à tous les bruits partis des nombreux archipels du grand Océan, demanda aux voyageurs s'ils n'avaient pas rencontré une trace fugitive de Lapérouse et de ses compagnons. L'assemblée constituante, touchée de ses malheurs et de sa gloire, vota l'impression des débris de voyage qu'il avait envoyés en Europe. Ainsi resta inconnu le sort de cette expédition jusqu'en septembre 1827, que le capitaine Dillon, naviguant au nord des nouvelles Hébrides, trouva sous l'eau, au milieu des récifs dont est hérissé le pourtour de la plus grande île du groupe de Vanikoro, des débris de navires et une multitude d'objets qui avaient évidemment appartenu aux naufragés de *la Boussole* et de *l'Estrolabe*; il fixa ainsi le lieu où ces deux frégates, naviguant de conserve, touchèrent pendant la nuit l'écueil alors inconnu, s'entr'ouvrirent et furent englouties. Plus tard, en 1829, le capitaine Dumont d'Urville visita le même lieu avec la corvette *l'Astrolabe*, et recueillit aussi quelques débris de naufrage.

L'Astrolabe leur consacra sur le rocher un monument funéraire : un mausolée en pierres rudes, surmonté d'un obèlisque quadrangulaire, porte sur l'une de ses faces cette inscription :

A LA MÉMOIRE DE LAPÉROUSE

ET DE SES COMPAGNONS,

l'Astrolabe

14 MARS 1828.

BRUEYS

— 1750 —

Brueys, né à Uzès, vers le milieu du XVIII siècle, était déjà officier de la marine française quand la révolution de 89 éclata ; les circonstances plutôt que ses talents, le portèrent rapidement au grade de contre-amiral. Commandant une escadre de six vaisseaux dans l'adriatique en 98, il fut chargé par le général en chef de l'armée d'Italie de mettre les Ragusains dans les intérêts de la France. Il s'acquitta si bien de sa mission que Bonaparte lui en témoigna sa satisfaction en lui faisant présent de la meilleure lunette d'Italie, sur laquelle était gravée cette inscription :

— « Donné par le général Bonaparte au contre-amiral Brueys, de la part du directoire exécutif. »

A son nom se rattache le désastre *d'Aboukir,* de funèbre souvenir pour la marine française. Si Brueys commit des fautes, on ne doit pas moins lui rendre la justice qu'il mourut comme un vrai soldat français. La marine française n'aurait pas tant d'affronts à laver si tous les officiers sous ses ordres eussent imité sa valeur.

Brueys commandait la flotte qui porta l'armée française en Egypte. Après la prise de Malte, il opéra le débarquement de nos troupes à Alexandrie, puis alla mouiller dans la rade *d'Aboukir*. Sa flotte se composait de dix-sept vaisseaux de guerre, de quatre frégates et d'un grand nombre de bâtiments légers. Il s'attendait à tout moment à voir paraître la flotte anglaise. Brueys, dans toat autre circonstance, aurait pu aller à la rencontre de Nelson sans hésiter; le nombre de ses vaisseaux, l'intrépidité de ses équipages lui auraient permis de lui livrer bataille; mais les instructions qu'il avait reçues de Bonaparte et surtout la nature de l'expédition qui le retenaient dans ce port lui défendaient de courir les hasards d'une bataille. La flotte française servait d'arsenal à l'armée de terre, elle devenait donc indispensable aux opérations de Bonaparte en Egypte ; sa destruction privait l'armée française de toute communication avec la mère patrie, et par conséquent de tout espoir de retour ; il eût été donc tout à fait impolitique d'exposer les vaisseaux à une destruction en pleine mer.

Le premier août, à deux heures de l'après-dîner, les signaux du navire qui faisait la croisière, signala l'armée anglaise. *L'alerte* et *le Railleur*, deux bâtiments légers, fins voiliers, furent envoyés en reconnaissance, avec ordre de s'approcher des ennemis jusqu'à portée de canon, puis de prendre chasse et faire leur rentrée dans la rade, sur les bas fonds, dans l'espoir que les Anglais suivrait la même route et qu'ils s'échoueraient sur la vase du Nil.

Mais Nelson avait acquis depuis longtemps une connaissance parfaite de ces parages ; il n'eut donc pas de peine à éviter le piége.

Les mauvaises dispositions que Brueys avaient prises pour le mouillage dans une rade ouverte à tous les vents était une faute grave ; c'était une faute non moins grave que de se laisser attaquer à l'ancre par une flotte à la voile et favorisée par le vent; mais la pire de toutes c'était de tenir ses vaisseaux si éloignés les uns des autres et hors de la protection de toute batterie de terre.

Nelson d'un coup d'œil rapide jugea tout le parti qu'il pouvait tirer de cette position. Son plan d'attaque fut bientôt arrêté. Il s'avança en ordre de bataille sur la tête de la flotte française, puis virant de bord, il s'élança entre la ligne d'embouage de la flotte française et l'ilot d'Aboukir que Brueys avait fait fortifier. Il franchit ce passage à pleine voiles sans tirer un coup de canon avec la moitié de ses vaisseaux. A mesure que ses vaisseaux franchissaient la passe, ils s'embossaient chacun derrière un des vaisseaux de Brueys. L'autre moitié, au contraire, se mettant tout-à-coup en panne, se rangea du côté de la mer faisant face aux vaisseaux français, qui se retrouvèrent ainsi pris entre deux feux.

La flotte française comprit bientôt l'horreur de la position où l'avait placé l'erreur de son chef. Il ne lui restait qu'à périr avec gloire et à faire payer sa perte le plus chèrement possible. Elle ne faillit pas à cette noble et courageuse résolution. Le sang froid avec lequel elle accepta son suicide l'éleva au niveau des héros de l'antiquité.

Les bâtiments immobiles de Brueys se trouvèrent bientôt enveloppés d'une double colonne de feu. Les boulets qui se croisaient sur leurs ponts les balayaient incessamment. *Le Spartiate, le Franklin, l'Orient, le Tonnant*, répondant aux doubles bordées des ennemis par le feu de leurs deux batteries à la fois, firent le plus grand ravage sur les ponts de Nelson. Commandants, officiers et matelots tombèrent un à un.

Brueys montait *l'Orient*, vaisseau de cent-vingt canons, attaqué par *le Bellerophon*, de soixante-quatorze; il l'écrasa de son feu et l'eût coulé bas si celui-ci fût resté engagé quelques minutes de plus. Pendant tout le combat, l'amiral, quoique blessé à la figure et à la main dès la première heure de l'action, resta sur la dunette au milieu de son état major, lorsqu'après trois heures de combat un boulet le coupa presque en deux. Les matelots se précipitèrent pour le transporter au poste des blessés, mais il s'y opposa :

— Laissez-moi, leur dit-il, d'une voix ferme, un amiral français doit mourir sur son banc de quart.

Un quart-d'heure apres il n'existait plus.

L'inactivité de son arrière-garde pendant toute l'action doit sans doute être attribuée à ce qu'il ne lui fut pas possible de donner des ordres au milieu du combat. Que dire de l'amiral Villeneuve qui assista tranquillement l'arme au bras au massacre de ses compagnons d'armes !

HORACE NELSON

— 1758 —

Nelson naquit, le 29 septembre 1758, dans un hameau du comté de Norfolk, en Angleterre, dont son père était recteur. Sa mère mourut jeune, laissant onze enfants sans fortune. Le pauvre ministre de village soigna leur éducation autant que le comportait sa médiocrité ; il s'attacha surtout à les pénétrer des sentiments de douce affection qui font souvent le bonheur et la richesse des familles ; mais il fut bientôt lui-même obligé d'aller demander aux eaux minérales de Bath le rétablissement d'une santé ruinée par l'excès des travaux et des fatigues de toute espèce, laissant à son fils aîné le soin de sa nombreuse famille : c'est pendant l'absence de son père qu'une inspiration subite révéla à Nelson son penchant naturel pour cette carrière, où il devait acquérir une si grande gloire et qu'il devait illustrer.

Un jour qu'un journal se trouvait ouvert sur la table du salon, le jeune Horace, alors âgé de douze ans, s'amusa à parcourir la feuille : elle faisait mention de la nomination de son oncle au commandement du vaisseau *le Raisonnable*, de soixante canons; sa vocation le frappa comme l'éclair à cette lecture.

— Mon frère, s'écria-t-il, en jetant le journal sur la table, mon frère, écrivez vite à notre père, et dites-lui de demander pour moi, à notre oncle Maurice, la faveur de m'embarquer avec lui. Le père, qui avait deviné de bonne heure dans son favori les symptômes des grandes choses, accueillit cette demande avec la plus grande faveur, et fit à son beau-frère, le capitaine Maurice Suckling, la demande de prendre Horace à son bord.

— Eh quoi! répondit l'oncle, étonné de cette vocation héroïque dans un âge si tendre. Quoi! c'est le pauvre petit Horace, le plus faible et le plus délicat de la famille, qui demande, entre tous les autres, à s'exposer aux sévérités de l'océan? Mais, puisqu'il le veut, qu'il vienne! La première fois que nous irons au feu, un boulet de canon pourrait bien être sa Providence, et se charger à jamais de sa destinée!

Il ne tarda pas à faire paraître les plus heureuses dispositions, un caractère déjà ferme et résolu, un grand amour de la gloire et des aventures, et une justesse de vues et de raisonnement fort rares à un âge aussi tendre. Après avoir fait quelques voyages avec son oncle, qui lui donna les premiers enseignements, il prit du service à bord d'un navire de commerce qui partait pour un voyage au long cours, où il acquit l'audace du matelot, et la prudence du pilote le plus expert. A son retour, Nelson, qui avait déjà contracté l'habitude de la mer, s'embarqua à bord du capitaine Philips, chargé d'un voyage de découvertes vers le pôle nord. Nelson se fit remarquer par son activité, son intelligence et surtout son grand sang-froid, qualité indispensable au marin. Sa constitution délicate ne put cependant résister aux influences de certaines côtes morbides que visita *le Cheval-de-Mer*. Saisi par un dépérissement qui paraissait anéantir toutes ses facultés, dans un moment de mélancolie profonde, il fut sur le point de céder à une pensée de suicide. Voici comment il raconte lui-même cet épisode de sa vie.

— « Un soir, je contemplai, du haut du bord, la mer comme une tombe hospitalière, et je fus près d'y chercher l'éternel repos; car je n'apercevais en moi et autour de moi aucune chance d'atteindre un jour l'objet vague et inaccessible de mon ambition : la gloire. Heureusement, la Providence présentant à mon esprit l'image et la voix de mon père, de mes frères, de mes sœurs, une illumination subite m'éblouit et m'arrêta; je pensai que je me devais à ma patrie et à mon roi, et qu'ils se chargeraient, si j'en étais digne, de ma fortune et de ma mémoire. Je renonçai à cette mort des faibles, inutile à tous et à nous-mêmes. Eh bien ! me dis-je, mort pour mort, je choisis celle qui sera illustre et utile à mon pays; *je serai un héros, el* je braverai tous les dangers, puisque au fond de tous les dangers je ne trouverai que la mort, avec la gloire et la vertu de plus. De ce moment, ajoute-il, je me sentis calme, raffermi, consolé, et j'eus comme une révélation surnaturelle de la destinée qui m'attendait ! »

Animé par l'ambition, Nelson fit de grands et rapides progrès dans son art pendant le cours de cette expédition ; aussi soutint-il avec un brillant succès, à son retour en Angleterre, un examen qui lui valut le grade de lieutenant.

En 1777, il fut attaché à la guerre de croisière contre les Américains, sous les ordres de Christophe Parker, commandant du poste de la Jamaïque. Il fit partie de l'escadre que les Anglais envoyèrent pour se rendre maîtres de l'Amérique espagnole. Ce fut lors de cette expédition qu'il courut les plus grands dangers pour sa vie. Pris un jour par la fatigue, à la suite d'une action longue et sanglante, et, bivaquant au milieu des forêts du Pérou, il s'endormit sous un arbre, tandis qu'on enterrait les morts ; sentant une chaleur insupportable, il voulut se débarrasser de son manteau par un mouvement brusque; ce fut dans ce moment qu'un énorme serpent, qui s'était glissé au-dessous de son manteau, pendant son sommeil, le piqua au pied. L'application des contre-poisons, connus par les Indiens, lui sauvèrent la vie ; mais il ressentit longtemps les atteintes du venin mortel.

A son retour en Angleterre, en 1778, il fut nommé commandant de corvette, et reçut la mission d'aller croiser pendant l'hiver dans la mer du Nord, et de relever les côtes du Danemark. Ce fut pendant cette expédition qu'il conçut l'idée d'un des beaux faits d'armes les plus terribles de sa vie, et qu'il exécuta plus tard, l'incendie de Copenhague.

Promu au grade de capitaine en second en 1779, il fit la guerre d'Amérique avec ce titre. Ses exploits, pendant cette campagne, lui acquirent une grande réputation dans sa patrie.

De retour en Angleterre, il partit bientôt avec la frégate *le Borée* pour les îles Sous-le-Vent. Il avait sous ses ordres le duc de Clarence, qui faisait ses premières armes sur *le Pégase*, dont il avait le commandement. Une circonstance critique, jointe à l'inexpérience du jeune prince, pensa mettre en péril *le Pégase* et son équipage : une manœuvre hardie de Nelson sauva les jours du duc et de ses gens.

Nelson, déjà renommé en Angleterre, se maria au retour de cette expédition; c'était le 11 mars 1787. Ses compagnons d'armes virent ce mariage avec le plus grand regret.

— « Hier, dit dans son journal un de ces officiers, qui depuis fut son second à la tête des escadres, la marine anglaise a perdu une de ses plus rares illustrations par le mariage de Nelson. C'est une perte nationale que le mariage d'un tel officier; sans ces amours, Nelson serait devenu le plus grand homme de mer de sa patrie. »

Ces craintes ne tardèrent pas à être dissipées. La révolution française éclatait, et la guerre entre la France et l'Angleterre était déclarée (1792).

Une escadre fut envoyée dans la Méditerranée sous les ordres de l'amiral Hood, et Nelson fut appelé par l'amirauté au commandement de *l'Agamemnon*, qui devait faire partie de cette escadre. Tandis que l'amiral se rendait devant Toulon pour recevoir du midi de la France cette place qu'il livrait aux Anglais, « pour échapper, dit M. de Lamartine, par un crime contre la patrie aux crimes de la terreur contre l'humanité, » il envoya Nelson dans le port de Naples avec *l'Agamemnon* pour protéger la cour de Naples, alliée des Anglais, contre les attaques des flottes françaises. Nelson fut accueillie en sauveur, et Lord Hamilton, ambassadeur d'Angleterre, frappé comme d'un vertige en apprenant la nouvelle du triomphe de sa patrie, s'empressa de présenter le capitaine à l'ambassadrice avec les plus heureux présages.

— « Je vais introduire auprès de vous, dit-il à lady Hamilton en l'abordant, — un petit officier qui ne peut pas prétendre au prestige de la beauté, mais qui un jour est destiné à étonner le monde par son héroïsme et par ses victoires ! Jamais jusqu'à présent, poursuivit le vieillard, je n'ai donné l'hospitalité de mon palais à aucun officier ou à aucun amiral de nos escadres ; mais je suis fier d'ouvrir ma maison à Nelson ; faites préparer pour lui l'appartement que j'avais destiné au fils du roi d'Angleterre lui-même ! »

Lady Hamilton lui fit un accueil d'autant plus amical qu'elle vit en lui un instrument dont elle pourrait se servir dans les intérêts de la cour de Naples pour lesquels elles s'était passionnée.

« Ce fut ainsi — dit M. de Lamartine, que se forma, par la rencotre des événements et par le hasard de la sympathie d'un vieillard, entre Nelson et lady Hamilton, cette passion qui, comme celle de Cléopatre et d'Antoine, devait incendier les côtes de la Méditerranée, changer la face du monde, et entraîner tour à tour à la gloire, à la honte, au crime, le héros tombé aux piéges de la beauté. »

En effet, Nelson se couvrit d'une tache qui doit à jamais ternir sa gloire en protégeant, à l'instigation de lady Hamilton, les plus grandes atrocités, comme on le verra plus tard.

Nommé commodore en 1796, il tenta une attaque contre les îles Canaries ; mais la résistance héroïque du gouverneur rendit ses efforts inutiles. Un combat célèbre dans les fastes maritimes et glorieux dans la vie de Nelson, devait bientôt réparer ce léger échec. Il battit, de concert avec l'amiral Jewis, depuis lord Saint-Vincent, la flotte espagnole à la hauteur du cap Saint-Vincent. Ce brillant succès lui valut le titre de contre-amiral et la décoration de l'ordre du Bain. Sa victoire fut accueillie à Londres avec enthousiasme, et les honneurs populaires qu'on lui rendit durent satisfaire son âme avide de gloire.

Le gouvernement lui donna bientôt le commandement de l'escadre qui devait bloquer Cadix : il fit bombarder cette place, mais sa haute intelligence échoua encore devant le courage du commandant espagnol, Masserado, qui résista à cette injuste agression. Il ne réussit pas mieux devant l'île de Ténériffe, où il déploya toute son énergie et toute sa fermeté pour la reprendre. Il perdit son bras droit dans cette attaque. Son retour en Angleterre, malgré ces deux échecs, fut celui d'un triomphateur. C'était un à compte sur sa gloire future. La cité de Londres lui avait précédemment envoyé des lettres de bourgeoisie dans une boîte d'or du poids de huit cents guinées; (vingt mille francs;) il reçut, à cette époque, du gouvernement une pension de mille livres sterling (vingt-cinq-mille francs.)

Le général Bonaparte, faisant ses préparatifs pour son expédition d'Egypte, causait la plus vive inquiétude au cabinet de Saint-James, qui ne connaissait point le véritable but d'un si considérable armement. Nelson fut chargé de se mettre en croisière pour surveiller l'expédition française; la poursuivre et l'anéantir s'il était possible ; mais cette fois les éléments mirent son activité en défaut en se déclarant contre lui. Un coup de vent l'éloigna de sa position : il fut forcé de relâcher en Sicile, et, lorsqu'il reparut devant Toulon, la flotte française avait quitté le port. Nelson reprit aussitôt à la mer et fit force de voiles, sondant inutilement toutes les côtes du Peloponèse et de la mer d'Egypte, lorsque le premier août, enfin, il découvrit la flotte française dans la rade d'Aboukir.

L'amiral Brueys commandait cette flotte composée de dix-sept vaisseaux de guerre, de quatre frégates et de plusieurs bâtiments légers. Il eut pu, avec ces forces imposantes, s'avancer à la rencontre de l'armée navale anglaise qu'il s'attendait à voir paraître à chaque instant; mais la flotte française, qui était comme ı arsenal de l'armée de terre qu'elle avait apportée et qu'elle devait ramener en France, ne pouvait s'exposer à une destruction en pleine mer.

Par une erreur fatale, Brueys s'était embossé dans la rade d'Aboukir, laissant un grand espace entre la terre et ses vaisseaux. Ces mauvaises dispositions de la flotte française n'échappèrent pas au génie de Nelson. Il s'avança droit sur une seule ligne sur la tête de la flotte française, puis virant subitement de bord, il coupa adroitement le rivage, en faisant passer six de ses vaisseaux entre la côte et la ligne d'embossage de Brueys. A mesure que ces vaisseaux franchissaient la passe, ils s'embossaient derrière un des vaisseaux français, tandis que les autres, s'arrêtant tout-à-coup en face, placèrent ainsi l'escadre française entre deux feux.

Dans cette position terrible où l'avait placée la négligence de son chef, la flotte française ne songea plus qu'à périr avec gloire. Elle racheta ce désastre par sa défense héroïque. *Le Spartiate, le Franklin, l'Orient, le Tonnant,* répondent vaillamment de leurs deux batteries à la fois aux doubles bordées des vaisseaux ennemis ; les vergues, les mâts s'écroulent avec fracas; les ponts les dunettes, les batteries sont inondés de sang et couverts de cadavres ; mais leur feu est si bien nourri qu'ils jonchent les vaisseaux anglais de morts et de blessés. La nuit se passa dans ce combat furieux, et le soleil levant vint encore éclairer cette scène d'horreur et de carnage. Commandants, officiers et canonniers tombèrent un à un ; l'amiral Brueys, blessé dès le commencement de l'action, debout sur la dunette de *l'Orient,* défiait la mort pour couvrir sa défaite, lorsqu'un boulet de Nelson lui emporta les deux cuisses; il ne voulut pas néanmoins qu'on le descendît sous le pont.

— « Non ! non ! s'écriait-il, un amiral français doit expirer sur son banc de quart. »

A côté de lui tombait, quelques instants après, son capitaine de pavillon, Casa-Bianca, criblé de blessures. La bataille était dès lors perdue pour les français : leurs prodiges de courage furent inutiles. Le capitaine Dupetit-Thouars, commandant du

Tonnant, impassible au milieu de tous ces désastres, faisait un feu bien nourri. Un bras emporté par un boulet, les deux jambes emportées par la mitraille, il faisait prêter serment à son équipage de ne pas amener son pavillon et de jeter son corps à la mer, pour que son cadavre même ne tombât pas au pouvoir des Anglais.

L'Orient, brûlant par ses ponts supérieurs, projetait une lueur rougeâtre sur la rade couverte de débris. La flamme qui avait déjà dévoré une partie du bâtiment, approchait du magasin à poudre. Les matelots firent tous leurs efforts pour décider leur brave commandant, Casabianca, à abandonner son vaisseau qui n'était déjà plus qu'un cadavre à demi consumé; mais leurs supplications furent inutiles ; il voulut partager le sort de son bâtiment. L'équipage voulut au moins sauver son fils, à peine âgé de douze ans, qui avait obtenu de son père de l'embarquer avec lui ; mais la volonté stoïque du père se trouva dans cet enfant de la plus héroïque espérance ; et embrassant de ses faibles bras le corps mutilé de son père, il ne voulut pas le quitter.

Cependant l'explosion devenait imminente; les matelots, après avoir fait un dernier et inutile effort auprès de ce groupe funèbre, se précipitaient de tous les côtés dans la mer, s'accrochant à des débris pour atteindre la côte. *L'Orient* sauta en l'air avec un fracas épouvantable, lançant sur le pont de Nelson des débris enflammés comme suprême effort de sa résistance désespérée.

A l'exception de deux vaisseaux qui purent achever la conquête des désastres de la nuit, la flotte anglaise rasée de ses mâts et désemparée, fut dans l'impossibilité de faire aucun mouvement. Ainsi se termina ce drame terrible où la flotte française, en succombant, se couvrit d'autant de gloire que dans ses plus brillantes victoires.

« Cette victoire achetée si cruellement, si brillante par ses difficultés mêmes, et peut-être la plus complète qui ait jamais été remportée sur mer depuis l'invention de la poudre, disent les historiens français témoins de la bataille, » valut de nouveaux honneurs à Nelson. Nommé baron du Nil en Angleterre, duc de Bronté en Sicile, citoyen de Messine par le sénat de cette ville, il reçut du grand-seigneur une aigrette en diamants.

Nelson, après vingt jours employés à radouber ses vaisseaux, se rendit à Naples où la cour lui fit faire une entrée triomphante en l'escortant depuis la rade jusqu'au palais.

Cependant les Français victorieux s'avançaient à marches forcées sur la ville. La cour, que l'arrivée de Nelson avait un instant rassurée, ne pensa plus qu'à fuir. Lady Hamilton, que sa qualité d'ambassadrice mettait à l'abri de tout soupçon, put ménager cette fuite que surveillait le peuple de Naples. A l'abri d'un souterrain qui communique du palais à la mer, elle fit embarquer pendant la nuit sur les vaisseaux de Nelson tous les trésors et les diamants de la couronne. Nelson se présenta lui-même avec trois chaloupes, dans la nuit du 21 décembre, et enleva la famille royale, les ministres, William et lady Hamilton, et les transporta sur son vaisseau *le Vanqard*. Trois jours après, la cour fugitive débarquait à Palerme, tandis que la république, proclamée dans tout le royaume, portait l'épouvante jusqu'à Messine. Dans cette extrémité, un ecclésiastique, un pontife, le cardinal Ruffo, trouva seul assez d'énergie pour soulever les Calabres, et, réunissant une armée de quarante mille hommes, au nom de la religion, se présenta devant Naples pour y étouffer la révolution. Nelson, apprenant cette nouvelle, rallia à la hâte une armée navale de dix-huit vaisseaux et se dirigea sur Naples, qu'il trouva occupée par l'armée du cardinal Ruffo. L'armée républicaine avait mis pour condition à la capitulation, qu'elle aurait la liberté de sortir avec armes et bagages. Lady Hamilton, qui n'avait pas craint de s'embarquer sur *le Foudroyant,* put à peine en croire ses yeux en voyant le pavillon de paix flottant sur les châteaux de Naples.

— « Nelson! s'écria-t-elle indignée, en montrant du geste les signes de capitulation arborés sur les forts; Nelson, faites abattre à l'instant ce drapeau : on ne capitule pas avec des rebelles ! »

Nelson, asservi par l'empire qu'elle exerçait sur lui, eut la coupable faiblesse de céder à cette rage. Le cardinal Ruffo, plus noble de cœur et plus ferme de caractère, refusa énergiquement de violer sa parole donnée. Mandé sur *le Foudroyant*, il y soutint chaleureusement le parti des vaincus, et déclara hautement à Nelson et à sa complice qu'à la plus légère atteinte à la capitulation, il ferait sortir ses troupes de la ville, ne voulant point se déshonorer par l'assassinat de ses concitoyens désarmés. Lady Hamilton, poussée par une infernale vengeance, ordonna de nouveau, et son esclave ne craignit pas de se souiller du plus affreux des crimes. Les chefs de la révolution, l'élite de la société de Naples, furent enfermés dans les châteaux et livrés aux poignards des lazzaroni ; les massacres organisés ensanglantèrent le sol napolitain. Les listes des victimes destinées aux bourreaux étaient dressées par la reine elle-même. La mitraille, le poignard, les bûchers, l'échafaud, la potence, tous les instruments de mort possibles, furent mis en jeu pour frayer le retour au roi et à la reine protégés par un héros anglais asservi à une femme vomie par l'enfer.

Nelson n'eut pas honte de rougir son vaisseau du sang de l'amiral Carraciolo, son ancien compagnon de guerre sur les flottes combinées de Naples et d'Angleterre, pour conduire la cour en Sicile. La crainte de voir ses biens confisqués l'avait fait rentrer dans sa patrie avec l'autorisation du prince. Ses anciens services ne purent le mettre à l'abri de la vengeance de cette troupe de cannibales. Nelson se le fit amener les mains liées derrière le dos sur *le Foudroyant*, où trônait encore sa favorite ; pour la forme on lui donna des juges qui le condamnèrent à l'exil perpétuel. Nelson, ô honte ! ô infâmie ! en lisant l'arrêt y substitua le mot de *mort* à celui de l'exil. Un instant après, une chaloupe conduisait le malheureux amiral sur son propre vaisseau, *la Minerve*, pour y subir le supplice des criminels.

Carraciolo ne put s'empêcher de se récrier sur l'ignominie de la potence.

— « Je suis vieux, dit-il à l'officier qui commandait le cortége, mes cheveux blancs m'avertissent que la mort va retrancher bien peu de jours à ma carrière, je ne laisse après moi ni veuve ni orphelins pour me pleurer ; je ne marchande point contre la mort; mais, après soixante-douze ans d'une vie d'honneur, il est dur de laisser l'ignoble image de la potence attachée à ma mémoire. Demandez seulement à l'amiral anglais, autrefois mon compagnon d'armes et mon ami, de changer l'infâme supplice qu'on me prépare par la corde, contre la mort du soldat par le feu !

L'officier anglais auquel s'adressaient ces justes supplications s'empressa d'aller les transmettre à Nelson, qui fit pour pour toute réponse :

« — Faites votre devoir. »

Un instant après, le malheureux amiral était hissé par le cou au bout d'une vergue ; et lady Hamilton, appuyée sur le bras de Nelson, monta, dit-on, sur la dunette du *Foudroyant* pour se repaître du bonheur de contempler le cadavre de cette noble victime. La nuit seule mit un terme à ce hideux spectacle ; deux boulets furent attachés à ses pieds, et le cadavre fut lancé à la mer.

Le roi Ferdinand revenait trois jours après de Palerme sur un vaisseau anglais, la mer était fortement agitée ; le roi se promenait à pas précipités sur la dunette de ce navire, tenant à la main un supplément d'arrêts de mort que la reine, dans sa rage insatiable, tenait à faire exécuter avant de rentrer dans Naples ; tout à coup une vague, s'élevant à la hauteur du navire, porte sur son sommet et jusque sous les yeux du roi, un buste de vieillard, qui, à moitié plongé dans les eaux, paraissait marcher sur les flots.

Un cri d'horreur poussé par l'équipage, arrachant le roi à ses réflexions sinistres, lui fait lever la tête, il aperçoit et reconnait l'infortuné Carraciolo.

« — Que nous veut ce mort ? dit-il à son aumônier d'un ton

brusque et ferme que trahissaient néanmoins les traits fortement contractés de son visage.

« — On dirait, répondit le moine, qu'il vient implorer, par la permission de Dieu, la sépulture de son corps.

« — Qu'on la lui donne, » répartit sèchement le roi ; et il disparut sous le pont.

En récompense de si brillants services, de tant de sang versé, Nelson, assis sur une estrade dressée pour la circonstance, au centre d'un temple de la gloire, qu'on avait fait construire dans le palais de Palerme, fut couronné de lauriers par les mains des jeunes princes. Une épée enrichie de diamants lui fut présentée par le roi avec le titre de duc de Tonnerre.

A défaut de gloire, ce n'était pas trop payer la honte d'un héros qui, instrument des fureurs d'une favorite, s'était déclaré le protecteur de tant de massacres.

A son retour à Londres, le peuple voulut aussi lui payer son tribut d'enthousiasme pour sa victoire d'Aboukir et son noble protectorat à Naples. On lui fit un cortége considérable à travers la ville, des ovations sans nombre ; on lui offrit enfin des armes d'honneur.

La guerre de la Baltique lui fit reprendre la mer. Il était l'âme de l'Angleterre. Ce fut dans cette circonstance qu'il mit à exécution l'idée qu'il avait conçue en 1778, l'incendie de la flotte danoise dans le port de Copenhague. Ce fait d'armes, ou plutôt ce trait de vandalisme, souleva l'indignation de l'Europe, et un enthousiasme fanatique chez les Anglais. Sa rentrée à Londres fut un nouveau triomphe, et le roi lui décerna le titre de lord.

Bonaparte songeait à venger la catastrophe d'Aboukir, qui avait eu pour conséquence la capitulation de l'armée d'Egypte : c'était sur le sol même britannique qu'il voulait laver cet échec. Les préparatifs pour une descente en Angleterre étaient poussés avec la plus grande activité, et une flotille considérable était réunie à Boulogne.

La crainte d'une invasion jeta aussitôt la consternation et l'effroi chez tous les Anglais ; des mesures de défense furent prises par l'amirauté sur toutes les côtes, et Nelson, que la Grande-Bretagne voyait comme le seul contre-poids de Napoléon, reçut la mission de conjurer cet orage qui menaçait de l'engloutir.

L'amiral Latouche-Treville, à qui les dépêches du gouvernement faisaient redouter chaque jour une aggression contre la flotille placée sous ses ordres, s'empressa d'établir devant le port de Boulogne une ligne d'embossage. Nelson se présenta à la tête de son escadre le 15 messidor, lança quelques bombes, et vira de bord pour regagner ses premières positions

L'amiral Latouche-Treville devina la valeur de cette manœuvre, et se tint plus que jamais sur ses gardes, prévoyant une attaque prochaine.

En effet, le lendemain, dès cinq heures du matin, l'escadre anglaise jetait l'ancre au poste d'attaque désigné par son commandant. Des bombardes, composant la première ligne, ouvrirent le feu. La division française soutint cette attaque insolite avec la plus grande énergie. Nelson, voyant son espoir déchu par le peu de résultats de cette attaque, fit le signal de combat à toute la ligne, qui s'avança en ordre de bataille sur notre division, et vint lui lâcher ses bordées. A peine les vaisseaux ennemis se trouvaient à portée de canon, que la côte, s'embrasant comme un volcan, et croisant son feu avec celui de la flotille, força l'ennemi à battre en retraite.

Nelson, furieux d'avoir éprouvé cet échec, rallia toutes les forces dont il put disposer, et reparut le 15 août devant Boulogne pour tenter une nouvelle attaque. Latouche-Treville devina les intentions de Nelson en voyant les nombreuses péniches qui l'accompagnaient, et fit redoubler de surveillance.

Sur le coup de minuit, les chaloupes d'avant-poste se reployant sur la ligne, donnèrent le signal d'alarme. Les ennemis, se voyant découverts, firent force de rames, et arrivèrent à travers une grêle de balles et de mitraille au milieu de la flotille française. L'action devint bientôt générale avec un acharnement extrême. Les hommes s'attaquaient avec la hache, le sabre, le poignard et la lance; ce massacre dura jusqu'à quatre heures du matin ; enfin, l'ennemi, repoussé de tous côtés, se retira en toute hâte, laissant sur le champ de bataille cinq cents hommes, parmi lesquels quarante-trois officiers.

Cette défaite fit à la gloire de Nelson une tache profonde ; les accusations les plus violentes furent soulevées contre lui ; le cabinet anglais, le peuple lui-même, vit dès ce moment les préparatifs de la France, qui grossissait rapidement la flotille de Boulogne, avec la plus grande inquiétude. La plus grande activité régnait de chaque côté de la Manche, lorsque les préliminaires de paix, signés à Londres, le 9 vendémiaire an X (1er octobre 1801), vinrent suspendre les hostilités pour quelque temps.

Le repos de la France ne fut pas de longue durée. De nouvelles difficultés étant survenues, la guerre éclata de nouveau, et les préparatifs pour effectuer la descente en Angleterre, un moment suspendus, reçurent une nouvelle activité. La flotille avait été placée sous le commandement du contre-amiral Lacrosse. Deux escadres, l'une partie du port de Rochefort, aux ordres du contre-amiral Missiessy, fit voile pour la Martinique ; l'autre, commandée par le vice-amiral Villeneuve, devait se rendre de Toulon dans le port de Cadix pour se joindre avec la flotte d'Espagne, sous les ordres de l'amiral Gravina. Ces deux escadres avaient été lancées sur l'Océan afin d'attirer l'attention du cabinet anglais, et dans l'espoir qu'il dégarnirait ses côtes d'une partie de sa flotte pour se mettre à la poursuite des escadres françaises et défendre ses possessions des Antilles. L'amiral Gantheaume, de son côté, retenu dans le port de Brest avec sa flotte, n'attendait qu'un moment favorable pour échapper au blocus que l'amiral anglais Cornwalis exerçait devant ce port, et rejoindre Villeneuve, Gravina et Missiessy à la Martinique. Cette flotte combinée, sous les ordres de l'amiral Villeneuve, après avoir fait une démonstration vigoureuse sur les possessions anglaises, devait se replier à force de voiles vers les côtes de l'Europe, livrer bataille aux Anglais si elle les rencontrait, et, victorieuse ou vaincue, se jeter dans la Manche pour protéger la descente en Angleterre.

L'Angleterre, consternée par ces armements considérables, rappela Nelson de la retraite où il s'était retiré après sa dernière défaite. Il s'empressa de répondre à l'appel de sa patrie, heureux de trouver une occasion de relever l'éclat de sa gloire un instant obscurci. Il se rendit à Londres avec la plus grande diligence. Son embarquement sur *le Victory,* à Portsmouth, fut celui d'un sauveur de la patrie; la foule du peuple, qui l'escorta jusqu'à son navire, s'élevait à plus d'un million d'hommes. Il monta sur son embarcation au milieu des applaudissements, d'un enthousiasme frénétique, et s'élança, à la tête de onze vaisseaux seulement, à la poursuite des flottes combinées; mais, après quelques jours de recherches inutiles, convaincu que Villeneuve était rentré en Europe, il se hâta d'y rentrer lui-même.

Villeneuve, en effet, rentrait dans les mers d'Europe, lorsque par le travers du Ferrol, par une brume épaisse, il donna dans l'escadre de l'amiral Calder, composée de vingt et une voiles. Après un combat insignifiant, l'escadre française rentra au Ferrol. Villeneuve, au lieu de courir sur les Anglais le lendemain, de rallier Gantheaume pour débloquer le port de Brest, comme il en reçut l'ordre, et de faire une forte démonstration dans la Manche, perdit un temps précieux à un ravitaillement inutile. Napoléon le croyait dans les eaux de Brest.

— « Partez ! écrivait-il coup sur coup de Boulogne à l'amiral Gantheaume, qu'il croyait débloqué par Villeneuve, partez, et accourez ici : nous aurons vengé en un jour six siècles d'infériorité et de honte ! Jamais pour un plus grand résultat mes soldats de terre et de mer n'auront exposé leur vie ! »

— « Partez ! écrivait-il en même temps à Villeneuve; partez et ne perdez pas un instant, et avec mes escadres réunies entrez dans la Manche ! Nous sommes tous prêts, tout est embarqué pour la descente ! partez ! et en vingt-quatre heures tout est terminé ! »

Napoléon apprit le lendemain la stupeur de Villeneuve et l'immobilité forcée de Gantheaume :

— « Villeneuve, s'écriait-il, Villeneuve n'est pas digne de commander seulement une frégate! c'est un homme aveuglé par la peur! »

Cette immobilité de Villeneuve sauva peut-être l'Angleterre d'un grand désastre et perdit la France.

Cependant la nouvelle de l'arrivée à Madrid de l'amiral Rosily, qui devait prendre à sa place le commandement des flottes combinées, l'arracha à son hésitation. Il voulut prévenir sa disgrâce par une victoire ou mourir dans une défaite glorieuse.

Le 19 octobre, il part de Cadix, avec quarante-deux vaisseaux ou frégates de guerre, et se dirige vers le détroit de Gibraltar, prêt à tout braver pour laver son déshonneur.

Nelson, qui avait appris la position de Villeneuve, s'était mis en croisière, épiant ses mouvements.

Le 20 octobre, dès le lever du soleil, les frégates qu'il avait envoyées en éclaireurs, apprirent à Nelson par leur signaux la sortie de la flotte combinée de la rade de Cadix. Les deux flottes se trouvèrent en présence le 21 au matin. Aux allures des Anglais qui s'avançaient en bon ordre tout couverts de voiles, Villeneuve reconnaît qu'un engagement général est inévitable. Il s'y prépare avec fermeté, choisit son terrain pour combattre et attend la flotte anglaise.

Nelson, fort de la victoire, dit en plaisantant à son ami Blackwood :

— « Combien de ces vaisseaux, rendus ou coulés, vous paraîtront ils un témoignage suffisant pour vous d'une grande victoire?

— » Douze ou quinze, — répondit Blackwood.

— » Ce n'est pas assez, — répliqua Nelson, — je ne serais pas content à moins de vingt vaisseaux. »

Un instant avant que les deux flottes ne fussent à la portée du canon, Nelson fit afficher au sommet du mât cette courte, mais énergique harangue :

— « L'ANGLETERRE COMPTE QUE CHAQUE HOMME FERA SON DEVOIR

Paroles sublimes qui furent saluées d'un hourra général.

Nelson en quittant sa famille avait eu, comme le brave Ruyter, le pressentiment qu'il ne reviendrait pas de cette campagne. Au moment de s'embarquer, il avait fait appeler le gardien de ses meubles déposés à Londres, et lui donna l'ordre de faire graver sa biographie dans une courte épitaphe sur le cercueil creusé dans le mât d'un vaisseau conquis à Aboukir.

— « J'en aurai besoin à mon retour, — dit-il d'un accent prophétique.

Au moment où tous les officiers quittaient *le Victory* pour retourner à leur poste, il serra la main de son ami Blackwood avec une expression de profonde affection, en lui disant :

— Adieu, Blackwood, que le Tout-Puissant vous bénisse ! Je ne vous verrai plus. »

Voici la relation de ce combat mémorable et néfaste pour la France, publiée par M. le capitaine Jurien de la Gravière dans son ouvrage intitulé *Guerre maritime sous la république et l'empire,* que tous les hommes spéciaux ont honoré de leurs suffrages.

« Il était midi. Les Anglais arborèrent le pavillon de Saint-Georges, le yacht à queue blanche ; et, aux cris sept fois répétés de *Vive l'Empereur!* l'étendard tricolore s'éleva sur la poupe de chaque vaisseau français. Déployant en même temps la bannière des deux Castilles, les Espagnols suspendirent une longue croix de bois au-dessous de leur pavillon. Villeneuve, en ce moment, donna le signal du combat. Un coup de canon, dirigé contre *le Royal-Sovereing,* partit immédiatement du vaisseau *le Fougueux.* Il fut suivi bientôt d'un feu roulant auquel le vaisseau anglais n'essaya point de répondre. *Le Royal-Sovereing* se trouvait alors à près d'un mille en avant du *Belleisle,* à deux milles environ et presque par le travers du *Victory.* Encore intact au milieu de ce feu mal dirigé, il s'avançait vers *la Santa-Anna* sans dévier de sa route, silencieux, impassible, et comme protégé par un charme secret. L'équipage, étendu à plat-pont et couché dans les batteries, n'offrait aucune prise au petit nombre de boulets qui

frappaient la coque du vaisseau, et les projectiles qui passaien
en grondant à travers la mâture n'avaient encore atteint que
quelques cordages sans importance.

— « Rotheram, dit Collingwood à son capitaine de pavillon
au moment où, après avoir essuyé pendant dix minutes le feu
de l'armée combinée, il allait plonger enfin dans les rangs de
notre arrière-garde, que ne donnerait pas Nelson pour être à
notre place ! »

— « Voyez, s'écriait en même temps Nelson, comme ce noble Collingwood conduit bravement son escadre au feu ! »

Collingwood, en effet, a montré le chemin à la flotte anglaise, et cueilli les prémices de la journée.

Le Fougueux essaye vainement de l'arrêter. Du triple étage
de canons qui garnissent les flancs du *Royal-Sovereing* s'élancent des torrents de fumée et de fer. Chaque pièce, chargée
à doubles projectiles, est dirigée dans la poupe de *la Santa-Anna*. Cent cinquante boulets ont sillonné de l'arrière à l'étrave
les batteries de ce vaisseau, et laissé sur leur passage quatre
cents hommes hors de combat. *Le Royal-Sovereing* se range
alors au vent, et engage vergue à vergue le vice-amiral espagnol ; mais il a bientôt d'autres ennemis à combattre : *Le San-Leandro*, *le San-Justo* et *l'Indomptable* accourent pour l'entourer ; *le Fougueux* dirige sur lui un feu d'écharpe. Ses voiles sont bientôt en lambeaux. Cependant, au milieu de ce tourbillon de boulets qu'*on vit se heurter dans l'air* (correspondance de l'amiral Collingwood), *le Royal-Sovereing* ne presse
pas moins vivement l'adversaire qu'il a choisi. Le feu du vaisseau espagnol s'est ralenti, et, au-dessus du nuage de fumée
qui enveloppe ce groupe héroïque, l'œil inquiet de Nelson
peut distinguer encore le pavillon de Collingwood.

Le vent, cependant, a déjà trahi l'armée anglaise. Filant à
peine un nœud et demi, *le Victory* se traîne péniblement vers
la Santissima-Trinidad et *le Bucentaure*, pendant que Collingwood, seul au milieu de l'armée combinée, tient en respect
les vaisseaux qui l'assiégent. A midi vingt minutes, *le Victory*
est enfin à portée de canon de notre escadre. Un premier bou-

et, tiré par *le Bucentaure*, n'arrive point jusqu'à lui ; un second vient tomber le long du bord ; un troisième passe au dessus de ses bastingages ; un boulet plus heureux traverse le grand perroquet. Nelson appelle le capitaine Blackwood.

— « Retournez à bord de votre frégate, lui dit-il, — et rappelez à tous nos vaisseaux que je compte sur leur concours. Si, en se conformant à l'ordre de marche que je leur ai signalé, ils devaient rester trop longtemps hors du feu, qu'ils n'hésitent point à en adopter un autre. Le meilleur sera celui qui les conduira le plus promptement possible à bord d'un vaisseau ennemi. »

Une ou deux minutes d'un morne silence ont suivi le dernier coup de canon du *Bucentaure*. Les canonniers vérifient leur pointage, et, comme à un signal donné, les six ou sept vaisseaux qui entourent Villeneuve ouvrent tous à la fois leur feu sur *le Victory*. La houle qui, prenant nos vaisseaux en travers, leur imprime un balancement irrégulier, ajoute encore à l'incertitude de leur tir. Ceux de nos projectiles qui ne tombent point en deçà du *Victory* le dépassent ou vont s'égarer dans sa mâture. Ce vaisseau est déjà arrivé à cinq cents mètres du *Bucentaure* sans avoir éprouvé d'avaries. Un boulet plus heureux vient alors couper son mât de perroquet de fougue ; un autre boulet met sa roue de gouvernail en pièces ; un boulet ramé renverse sur la dunette huit soldats de marine, car Nelson, moins prévoyant que Collingwood, a souffert que son équipage demeurât debout et aligné, au lieu de le faire coucher à plat-pont. Un nouveau projectile passe entre Nelson et le capitaine Hardy.

— « L'affaire est chaude, — dit Nelson avec un sourire ; trop chaude pour durer longtemps. »

Depuis *quarante minutes*, *le Victory* supporte le feu d'une escadre entière, et ce vaisseau, que rien au monde n'eût pu sauver d'une destruction complète, si nous eussions eu de meilleurs canonniers, ne compte encore que cinquante hommes hors de combat. Deux cents bouches à feu, tonnant contre lui, n'ont pu l'arrêter. Porté majestueusement sur les lames qui le soulèvent et le poussent vers nos rangs, il se dirige lentement sur le vaisseau de Villeneuve ; mais la ligne, à son approche, s'est serrée comme un faisceau de dards. *Le Redoutable* a touché plusieurs fois de son beaupré le couronnement du *Bucentaure ; la Santissima-Trinidad* est en panne sur l'avant de ce dernier vaisseau ; *le Neptune* le serre de près sous le vent. Un abordage semble inévitable. Villeneuve, en ce moment, saisit l'aigle de son vaisseau, et la montre aux matelots qui l'entourent.

— « Mes amis, leur dit-il, je vais la jeter à bord du vaisseau anglais. Nous irons la reprendre ou mourir. »

Nos marins répondent à ces nobles paroles par leurs acclamations. Plein d'espoir dans l'issue d'un combat corps à corps, Villeneuve, avant que la fumée dérobe *le Bucentaure* à la vue de l'escadre, adresse un dernier signal à ses vaisseaux :

— « Tout vaisseau, — leur dit-il, — qui ne combat point, n'est pas à son poste, et doit prendre une position quelconque qui le reporte le plus promptement possible au feu. »

Son rôle d'amiral est terminé : il ne lui reste plus qu'à se montrer le plus brave des capitaines de l'armée.

Hardy, cependant, vient de reconnaître l'impossibilité de couper la ligne sans aborder un de nos vaisseaux. Il en prévient Nelson.

— « Nous n'y pouvons rien, lui répond l'amiral. Abordez le vaisseau que vous voudrez ; je vous laisse le choix. »

Hardy cherche dans ce groupe impénétrable le moins formidable adversaire. L'apparence chétive du *Redoutable*, mauvais vaisseau de soixante-quatorze, récemment radoubé au Ferrol, lui vaut l'honneur qu'ambitionnait *la Santa-Trinidad* et *le Bucentaure*. C'est vers lui que le capitaine Hardy porte *le Victory*. A une heure le vieux vaisseau de Keppel et de Jervis, le vaisseau de Nelson, passe derrière *le Bucentaure* à portée de pistolet. Une caronade de soixante huit, placée sur son gaillard d'avant, vomit la première, à travers les fenêtres de poupe du vaisseau français, un boulet rond et cinq cents balles de fusil. De nouveaux coups se succèdent à intervalles réguliers; cinquante pièces, chargées à doubles et à triples projectiles, ébranlent et fracassent l'arrière du *Bucentaure*, démontent vingt de ses canons, et remplissent ses batteries de morts et de blessés. Le *Victory* traverse lentement la ligne qu'il vient de rompe, et reçoit le feu meurtrier du *Neptune* sans y répondre. Après avoir porté cette atteinte mortelle au *Bucentaure*, c'est au *Redoutable* que ses canons s'adressent. Au milieu de la fumée, Hardy vient brusquement sur tribord, et, sans continuer sa route vers *le Neptune*, qui, virant de bord, va se joindre à l'arrière-garde, il se jette sur *le Redoutable*, qu'il avait déjà dépassé. Accrochés bord à bord, les deux vaisseaux dérivent hors de la ligne. L'équipage du *Redoutable* soutient sans pâlir cet inégal assaut. Des hunes, des batteries de ce vaisseau, on répond au feu du vaisseau anglais, et, dans ce combat singulier, combat de mousqueterie bien plus que d'artillerie, nos marins ont repris l'avantage. En peu d'instants, les panavants et les gaillards du *Victory* sont jonchés de cadavres. Des cent-dix hommes qui se trouvaient sur le pont de ce vaisseau avant le commencement de l'action, vingt à peine peuvent combattre encore. L'entre-pont est encombré des blessés et des mourants qu'on y transporte sans cesse.

A la vue de tant de victimes, les chirurgiens anglais, qui leur prodiguent d'insuffisants secours, croient déjà la journée compromise. Le chapelain du *Victory*, éperdu, égaré par son émotion, veut fuir ce lieu d'horreur, *cet état de boucher*, comme il appelait encore, après de longues années, cet obscur espace privé d'air et inondé de sang. Il s'élance sur le pont. Au milieu du tumulte, à travers la fumée, il reconnait Nelson et le capitaine Hardy se promenant sur le gaillard d'arrière. Non loin d'eux, quelques hommes échangeaient une fusillade avec les hunes du vaisseau français. Tout à coup l'amiral chancelle et tombe la face contre terre. Une balle, partie du mât d'artimon du *Redoutable*, l'avait frappé sur l'épaule gauche, avait traversé l'épaulette, et, après avoir labouré la poitrine, s'était logée dans l'épine dorsale. Le chapelain accourt; mais, avant lui, un sergent et deux matelots timoniers sont près de l'amiral. Ils le relèvent tout souillé du sang dont le pont est couvert. Hardy qui n'a point entendu le bruit de sa chute, se retourne alors, et, plus pâle, plus ému que Nelson lui-même :

— J'espère, Milord, — s'écrie-t-il, que vous n'êtes pas dangereusement blessé. »

— « C'est fait de moi, Hardy, répond l'amiral ; *ils y ont enfin réussi.* J'ai l'épine du dos brisée. «

Les matelots qui l'ont relevé l'emportent dans leurs bras et le déposent dans l'entrepont, au milieu de la foule des blessés.

Au moment où Nelson fut frappé, le défaut de brise amolie par la cannonade n'avait permis à un grand nombre de vaisseaux anglais de venir prendre part au combat.

» Bientôt, continue M. Jurien de la Gravière, les vaisseaux anglais arrivent en foule de ce côté. *Le Mars* s'attaque au *Pluton*, *le Tonnant* à *l'Algésiras; le Belléroplion, le Colossus, l'Achille*, traversent la ligne ; *le Dreadnought*, de quatre-vingt-dix-huit ; *le Polyphémus*, de soixante quatre, le suivent de loin sous toutes voiles ; *le Revenge, le Swiftsure, le Défiance, le Thunderer* et *le Defence* se détachent vers la droite pour doubler l'arrière-garde et la mettre entre deux feux. C'est déjà dans cette partie de la ligne un combat général : c'est encore un engagement particulier à l'avant-garde et au corps de bataille. Là, en effet, Dumanoir, avec ses six vaisseaux, forme une réserve que les vaisseaux anglais ne songent point à attaquer. *Le Bucentaure* et *la Santissima-Trinidad* canonnent de loin *le Téméraire, le Neptune* et *le Léviathan*, qui se dirigent sur eux vent arrière ; *le Redoutable*, seul aux prises avec *le Victory*, le presse avec une nouvelle vigueur.

» Le pont de ce dernier vaisseau est devenu désert : de la hune d'artimon du *Redoutable*, on en prévient le capitaine Lucas. Il appelle à l'instant ses divisions d'abordage. En moins d'une minute, les gaillards du vaisseau français sont couverts d'hommes armés qui se précipitent sur la dunette, sur les bastingages et dans les haubans. Les canonniers du

Victory abandonnent leurs pièces pour repousser ce nouveau danger. Accueillis par une pluie de grenades et un feu nourri de mousqueterie, ils se replient bientôt en désordre dans la première batterie ; mais la masse du *Victory* le protége encore, et les matelots du *Redoutable* font de vains efforts pour escalader ses murailles. Le capitaine Lucas ordonne de couper les suspentes de la grande vergue, et veut la jeter comme un pont-levis au travers des deux vaisseaux. En ce moment l'aspirant Yon et quatre matelots, s'aidant de l'ancre suspendue dans les porte-haubans du *Victory*, sont parvenus à gagner le pont du vaisseau anglais. Ils montrent ce chemin à leurs compagnons ; les colonnes d'abordage se reforment à la hâte ; le second du *Redoutable*, le lieutenant de vaisseau Dupotet, se jette à leur tête et leur fait partager sa bouillante ardeur : quelques minutes encore, et *le Victory* est à nous ! c'est alors qu'une effroyable volée de boulets et de mitraille balaye le pont du *Redoutable*. Le Téméraire, après avoir franchi la ligne, est venu se jeter sous le beaupré de ce vaisseau. Deux cents hommes ont été renversés par sa première bordée ; *le Téméraire* retombe en travers du vaisseau français et le foudroie de nouveau de son artillerie. Serré entre deux vaisseaux à trois ponts, *le Redoutable* se débat quelque temps dans cette double étreinte. Ses canons démontés, sa poupe déchirée et pendante, son grand mât abattu, ses porte-haubans en feu, n'ont point appris au capitaine Lucas la nécessité de se rendre ; mais *le Neptune* et *le Léviathan* ont coupé la ligne à leur tour, et toute résistance devient désormais inutile. A une heure cinquante cinq minutes, le capitaine Lucas livre à l'ennemi un vaisseau criblé de boulets, et les débris d'un équipage qui compte en ce moment cinq cent vingt-deux hommes hors de combat.

« — Jamais l'intrépide Nelson ne pouvait succomber en combattant des ennemis plus dignes de son courage. . . .
. . . .
» Le combat s'était soutenu avec un acharnement héroïque sur tous les points. *Le Bucentaure* et *la Santa-Trinitad*, com-

plètement démâtés, se trouvant à la merci de l'ennemi, Villeneuve demande une embarcation pour se faire transporter sur un autre vaisseau.

» — *Le Bucentaure*, dit-il, a rempli sa tâche ; la mienne n'est pas encore terminée. »

Mais toutes les embarcations avaient été mises en pièces, et Villeneuve dont les dernières inspirations de courage se trouvent paralisées, cède à la fatalité et se rend au vaisseau *le Conqueror*. . . . .
. . . .

« De son lit de douleur, dit encore M. Jurien de la Gravière, Nelson entend les acclamations dont l'équipage du *Victory* salue la capture du *Bucentaure*. Il demande avec instance qu'on appelle le capitaine Hardy.

« — Eh bien, Hardy, lui dit-il, en l'interrogeant du regard, où en est le combat ? La journée est-elle à nous ?

» — Sans aucun doute, milord, répond le capitaine Hardy : douze ou quatorze vaisseaux ennemis sont déjà en notre pouvoir, mais cinq vaisseaux de l'avant-garde viennent de virer de bord et paraissent disposés à se porter sur le *Victory*. J'ai appelé autour de nous deux ou trois vaisseaux encore intacts, et nous leur préparons un rude accueil.

» — J'espère, Hardy, ajouta l'amiral, qu'aucun de nos vaisseaux *à nous* n'a amené son pavillon ? »

Hardy s'empresse de le rassurer.

» — Soyez tranquille, milord — lui dit-il ; il n'y a rien à craindre de ce côté-là.

Nelson attire alors vers lui le capitaine Hardy.

» — Hardy, murmura-t-il à son oreille, je suis un homme mort. Je sens la vie qui m'échappe..... encore quelques minutes, et ce sera fini..... Approchez davantage... écoutez, Hardy ; quand je ne serai plus, coupez mes cheveux pour les donner à ma chère lady Hamilton.... et ne jetez pas mon pauvre corps à la mer !

Hardy serre avec émotion la main de l'amiral et se hâte de remonter sur le pont.

Quelques instants après, la victoire de l'armée anglaise devenait complète. Le capitaine Hardy s'empressa de porter cette nouvelle à l'amiral comme consolation suprême.

Nelson put à peine murmurer quelques mots entrecoupés d'une voix affaiblie ; puis, se soulevant à demi par un soudain effort :

» — Dieu soit béni ! dit-il ; j'ai fait mon devoir !

Il retombe sur sa couche, et un quart-d'heure après, sans trouble, sans secousses, sans une convulsion, rend son âme à Dieu.

L'Angleterre comprit quelle perte elle faisait en perdant Nelson, qui l'avait habituée aux grandes victoires : le deuil fut général. Ses dépouilles funèbres restèrent exposées plusieurs jours à Greenwich, et furent déposées à Saint-Paul (21 octobre 1805).

ROBERT SURCOUF

— 1774 —

Robert Surcouf naquit à l'Ile-de-France vers l'année 1774. D'un caractère ferme et intrépide, il fit pressentir dès son enfance son inclination pour la carrière des armes. Les événements dont il était témoin ne faisaient que l'augmenter; c'était en 1794.

Les Anglais tenaient l'île étroitement bloquée, et empêchaient les bâtiments, qui devaient l'approvisionner, d'en approcher. Le commandant de la division française, le brave Renaud, malgré l'effrayante disproportion des forces dont il pouvait disposer, reçut l'ordre d'aller combattre l'ennemi. Il partit avec les deux frégates *la Prudente* et *la Cybile*. Il ne tarda pas à se trouver en face de deux vaisseaux anglais *le Centurion* et *le Diomède*. Renaud, sans hésiter, laisse arriver en plein dessus et ouvre un feu terrible. Après un combat des plus acharnés, les Anglais furent obligés d'abandonner leur croisière pour aller se radouber, et les deux frégates françaises rentrèrent dans leur port où elles furent reçues avec des transports d'enthousiasme.

Ce dernier combat exalta l'ardeur du jeune Surcouf, qui voyait avec regret une lutte à laquelle il ne pouvait prendre une part active. Trop jeune pour qu'on lui confiât le commandement d'un navire armé en course, et craignant que le gouverneur, M. Malartie, ne lui refusât ses lettres de marque, il s'avisa d'un stratagème qui le mit au comble de ses souhaits Il prétexta d'aller chercher une cargaison de bois aux Iles-des-Séchelles, et, après bien des démarches, il finit par obtenir le brik *l'Emile*.

Il fit en effet route pour cette destination, mais avec l'intention de n'y prendre qu'un supplément de vivres et quelques volontaires pour compléter son équipage.

Dès que que son but fut accompli, il appareilla et fit voile vers le golfe du Bengale. Un schouner et deux navires chargés de riz tombèrent entre ses mains à l'entrée du Gange. Ces premiers succès l'encouragèrent à continuer sa croisière.

Il ne tarda pas à faire la rencontre du *Triton*, frégate de la compagnie des Indes, qui était armée de vingt-huit canons et montée par cent hommes d'équipage. Devant une si forte disproportion de forces, l'issue du combat ne paraissait pas douteuse. Mais Surcouf, loin de se laisser intimider par un si redoutable ennemi, inspire autour de lui de la confiance et de la sécurité par son sang-froid et son grand calme. Après avoir bien examiné les allures de la frégate qui paraissait continuer sa route sans le remarquer, il calcula que, à sa mince apparence, elle devait le prendre pour un bateau pilote du Gange ; qu'à l'aide de cette méprise, il lui serait facile de venir bord à bord de son ennemi, et qu'une brusque attaque contre des hommes sans méfiance le rendrait facilement maître du vaisseau.

Il réunit donc son équipage composé d'hommes courageux et intrépides comme lui, leur fait part de son projet audacieux qu'ils accueillent avec transport ; et tous aussitôt de se préparer au combat.

Le Triton donnant en plein dans le piége, fit le signal d'usage. Surcouf lui, répondit. Il avait fait descendre dans l'entrepont la plus grande partie de son équipage, ne gardant que peu d'hommes sur le pont. Il se dirige droit sur la frégate anglaise qui, sans défiance, le laisse approcher ; il manœuvre pour venir le long de son bord, et, ainsi qu'il l'avait prévu, des amarres lui sont jetées. La figure de Surcouf dans ce moment suprême était impassible. Il donne enfin le signal du combat; aussitôt tous ses gens de s'élancer à la fois sur le pont de la frégate anglaise. Ils tuent ou renversent tout ce qui oppose de la résistance. Le capitaine se trouvait dans l'entrepont; comme il arrive sur le pont, Surcouf lui-même lui brûle la cervelle d'un coup de pistolet. Dès ce moment le désordre est à son comble parmi les Anglais. Enfermés dans la batterie et désespérés de ne pouvoir se défendre, ils pointèrent une pièce chargée à mitraille pour faire sauter le gaillard d'arrière où se trouvait Surcouf au milieu de ses gens enivrés de ce premier succès. Celui-ci entend la manœuvre et soupçonne leurs intentions. Il lève soudain l'écoutille et fait lancer des grenades au milieu des Anglais, dont elles font un carnage affreux. Les cris de grâce se font entendre de toutes parts. Surcouf, qui a conservé tout son sang-froid, leur donne l'ordre de monter deux à deux, et leur fait attacher les mains derrière le dos pour les descendre à bord de de son bâtiment.

Une fois maître du *Triton*, Surcouf fit couper les amarres qui l'attachaient à son bâtiment et retourna à l'Ile-de-France. Ce fait d'armes d'une incroyable audace fut exécuté par dix-neuf hommes contre cent cinquante. Le Directoire voulant récompenser la bravoure de son auteur, lui accorda, à titre de récompense nationale, une partie de la valeur de ses prises, quoiqu'il eût fait la course sans lettres de marque.

Le nom de notre jeune héros circula de bouche en bouche; sa brillante expédition fit le thème de toutes les conversations. Ne trouvant point à l'Ile-de-France les moyens d'exécuter les projets que son caractère entreprenant et hardi lui faisait rêver, il vint en France, et débarqua à Nantes dès le commencement de l'année 1799. A peine avait-il posé son pied sur la terre ferme que le commandement du corsaire *la Clarisse*, petit brik armé de quatorze canons et de cent-vingt hommes d'équipage, lui fut offert.

Avec de pareilles forces, Surcouf ne devait reculer devant

aucun danger. Il se dirige immédiatement vers les mers des Indes. Comme il approchait de la ligne, il fait la rencontre d'un grand bâtiment anglais qui revenait de la traite. Il porte en plein sur l'ennemi et l'attaque avec une grande impétuosité. La défense du négrier ne fut pas moins énergique. Le combat fut sanglant et dura plusieurs heures. *La Clarisse* ayant reçu en plein cintre une bordée qui lui fit une ouverture sur la longueur de cinq sabords, Surcouf croit prudent de battre en retraite sous peine de renoncer à sa course.

Il prit sa revanche peu de jours après sur un navire portugais dont il s'empara, et fit route pour l'Ile-de-France pour se radouber et réparer les pertes qu'il avait faites.

Aussitôt qu'il fut en état de reprendre la mer, il alla commencer sa croisière dans les mers des Indes, où il fit des prises considérables, et où il eut à soutenir entr'autres deux combats qui le couvrirent de gloire.

Le premier eut lieu dans la baie de l'île Sumatra. Surcouf avait eu connaissance que deux bâtiments de la compagnie anglaise y opéraient un grand chargement. Malgré l'inégalité des forces, il n'écoute que son courage et sa bravoure, et se décide à aller les attaquer. Il arrive donc à l'entrée de la baie, envoie une chaloupe pour sonder la passe, et va s'embosser à portée de pistolet par le travers du plus grand. La canonnade et la mousqueterie font aussitôt pleuvoir une grêle de balles et de boulets sur les deux adversaires. Le combat durait déjà depuis quelque temps avec une égale vigueur, lorsque Surcouf s'avise de faire embarquer son frère avec une vingtaine d'hommes, avec ordre de tourner l'ennemi et de monter à l'abordage par le côté opposé à celui où ils se battent. Cette manœuvre hardie obtient tout le succès que Surcouf avait prévu. Les Français arrivent si subitement sur le bâtiment ennemi qu'ils s'en rendent maîtres aussitôt. Le second bâtiment, jusque-là paisible spectateur de la lutte, comprend le sort qui l'attend ; bien vite de couper ses amarres, et de larguer toutes ses voiles pour se jeter à la côte ; il était trop tard ; il fait des efforts en pure perte ; poursuivi par plusieurs embarcations qui ne tardent pas à le joindre, il n'oppose aucune résistance et amène son pavillon.

Le second combat eut lieu quelques jours plus tard contre des Américains. La France avait aussi la guerre avec les Etats-Unis d'Amérique. Surcouf donna dans les eaux de deux bâtiments de cette nation, armés chacun de dix-huit pièces de canon, montés par un nombreux équipage, et faisant route de conserve. L'attaque fut bientôt résolue ; mais ayant calculé qu'un combat à coups de canon contre de si forts adversaires lui serait trop désavantageux, il commanda l'abordage et laissa arriver dessus. *La Clarisse* courut avec une si grande impétuosité sur l'un des ennemis qu'elle brisa son beaupré en l'abordant. Cinquante hommes s'élancèrent aussitôt sur le pont et s'en emparèrent. Le second bâtiment craignant d'éprouver le même sort, largua en toute hâte toutes ses voiles et chercha son salut dans une fuite presque honteuse. *La Clarisse*, devinant ses intentions, se hâta de se débarrasser du vaisseau qu'elle venait d'amariner pour se mettre à la poursuite de l'autre ; mais la perte de son beaupré ralentissant trop sa marche, elle fut obligée d'y renoncer.

Après ces deux brillants combats, Surcouf revint à l'île de France où une partie de ses prises l'avaient précédé. Il fut reçu avec des transports d'enthousiasme par les habitants de la colonie. On ne tarda pas à lui offrir le commandement d'un beau trois mâts, corsaire de Bordeaux, appelé *la Confiance*. Il se hâta de l'accepter parce que *la Clarisse* n'était pas bonne marcheuse ; *la Confiance* d'ailleurs portait seize canons et cent cinquante neuf hommes d'équipage : Avec une force aussi imposante, Surcouf ne devait plus connaître d'obstacles ; il devait faire des prodiges : on va le voir à l'œuvre.

Profitant d'un vent favorable, il appareilla en toute hâte et se rendit sur les bancs du Bengale. La croisière dura plusieurs jours sans faire aucune rencontre avantageuse. Enfin le sept octobre, à la pointe du jour, le cri une voile au vent, est poussé par le matelot de vigie. Aussitôt tout l'équipage de se précipiter sur le pont ; Surcouf y accourt lui-même armé de sa longue vue ; il monte dans la hune pour reconnaître la voile signalée. Son œil déjà exercé ne tarde pas à lui faire découvrir qu'il se trouve en face d'un ennemi redoutable. La difficulté de l'entreprise ne fait qu'accroître son courage et son ardeur qu'il sait communiquer à ses gens. Le branle-bas de combat qu'il ordonne sur-le-champ exalte tout le monde ; chacun se rend à son poste plein de la plus vive énergie. Au bruit des diverses manœuvres qu'exigent les préparatifs d'un combat imminent, à la voix des officiers qui les commandent, succèdent bientôt un calme et un silence profonds et imposants. Ce silence, qui a quelque chose de sinistre et de terrifiant pour quiconque se trouve loin du théâtre du drame, enivre au contraire les acteurs.

Cependant la voile ennemie s'était approchée insensiblement, et l'on pouvait déjà reconnaître un gros vaisseau qui s'avançait majestueusement toutes voiles au vent.

Surcouf d'un coup d'œil a jugé la position. Il comprend déjà que tout l'avantage est du côté du combattant qui sait tenir le vent. Il manœuvre en conséquence. Il essuie les bordées de l'ennemi sans y répondre. Il avait compris qu'un combat à coups de canons ne lui laissait aucune chance de succès ; il ne convenait d'ailleurs pas à l'impétuosité de son caractère.

Surcouf réunit tous ses hommes sur le pont. Ses traits étaient animés d'une ardeur qu'il serait difficile de dépeindre : sa vue seule eût suffi pour donner du courage au plus timide ; mais pour leur communiquer son intrépidité, il leur fit l'allocution suivante :

— Si j'en crois mes pressentiments, ce vaisseau doit contenir de quoi faire la fortune de chacun de nous : outre vos parts, enfants, je vous accorde une heure de pillage.

A l'abordage! s'écrièrent d'une voix unanime tous ces jeunes combattants.

Ces cris furent salués d'une bordée du vaisseau ennemi qui passa par dessus *la Confiance*. Chacun regagna son poste plein d'impatience de commencer le combat.

Le capitaine Surcouf avait deviné juste. Ce vaisseau était

le Kent, appartenant à la compagnie des Indes d'Angleterre. Il jaugeait douze cents tonneaux, portait vingt-huit pièces de canon de dix-huit en batterie, douze de neuf sur les gaillards, et était monté de quatre cents hommes, dont cent de troupes passagères. Il avait en outre à son bord l'équipage d'un autre vaisseau recueilli à la suite d'un incendie.

La vue du corsaire excita la curiosité et attira tout le monde sur le pont. Le capitaine anglais, que la grande supériorité de son artillerie et de son nombreux équipage rendait plein de confiance, n'avait pas le moindre doute sur l'issue du combat, si le corsaire était assez téméraire pour l'attaquer. A tel point qu'il invita quelques dames, qui se trouvaient à son bord de monter sur le pont, pour jouir du spectacle de la lutte, en leur disant :

— Vous allez voir la manière dont on prend un bâtiment français, ou dont on le coule, s'il refuse d'amener.

Tout le monde ne partageait pas la sécurité du capitaine. L'officier de quart, aux manœuvres de l'ennemi, ne fut pas longtemps à deviner ses intentions. Marin expérimenté, il devenait évident pour lui qu'il voulait venir à l'abordage. Le capitaine repoussa ses craintes, qui n'étaient que trop fondées.

La Confiance manœuvre avec tant d'habileté qu'elle réussit à gagner le vent sur son ennemi. Comme elle passe à contre-bord par le travers du *Kent* pour aller se placer dans ses eaux, elle reçoit dans sa voilure une nouvelle bordée. Son petit mât de perroquet et quelques manœuvres brisés sont tout le dommage qu'il éprouve. *La Confiance* n'a pas encore brûlé une seule amorce, et rien ne saurait plus arrêter ou ralentir sa course que favorise une fraîche brise. Elle porte en plein sur *le Kent*. Elle se trouve déjà assez près pour que les Anglais puissent remarquer la contenance ferme et résolue des ennemis auxquels ils ont affaire. Les intentions du corsaire ne laissent plus aucun doute ; les Anglais s'aperçoivent enfin qu'il en veut venir à l'abordage, et ils savent, par expérience, combien les Français sont redoutables dans ce genre de combat. *Le Kent* manœuvre pour l'éviter : il était trop tard ; il cherche à virer vent devant, mais l'agitation de la mer et le poids de son chargement empêchent sa manœuvre : il vient culer sur le corsaire qui courait sur lui toutes voiles au vent : dans ce même mouvement la grande ancre du *Kent* s'accroche à un des sabords du corsaire, fait sauter son air et le retient bord à bord. Les gens de *la Confiance* qui sont restés impassibles jusque-là, ne manquent pas l'heureux coup de temps; en un clin-d'œil leurs grappins d'abordage fixent les deux bâtiments de long en long, pendant que de dessus les vergues et les hunes, les autres matelots font pleuvoir sur le pont du *Kent* une grêle de grenades et de bombes; dans un instant *le Kent* est couvert de sang et de cadavres, le capitaine lui-même est tué sur place. Surcouf, qui a conservé tout son sang-froid au milieu de cette scène de carnage, s'aperçoit que les Anglais, saisis de frayeur, ont abandonné le gaillard d'avant. Prompt à profiter des moindres avantages, il commande l'abordage, et cent cinquante héros, armés jusqu'aux dents, s'élancent sur le pont du *Kent* qui est bientôt couvert d'ennemis. Surcouf se met à la tête de ses hommes et charge les Anglais avec une si grande impétuosité qu'ils ne pensent plus qu'à fuir. Plusieurs se réfugient dans l'entrepont, d'autres dans la dunette, d'où ils recommencent un feu très-vif. Sur le commandement de Surcouf, les portes sautent en éclats, et les Anglais mettent bas les armes.

Mais ce n'était que la moitié de la victoire. La lutte qui allait s'engager dans l'entre-pont ne devait pas être moins terrible que la première. Le courage du désespoir devait faire faire des efforts surhumains pour venger le premier échec. Le second du *Kent,* qui commandait dans la batterie, honteux de voir son vaisseau tomber entre les mains d'un si petit nombre d'hommes, a pris la résolution de ne céder qu'à la dernière extrémité. Mais bientôt les Français se précipitent dans l'entre-pont et fondent sur les Anglais, le poignard et le sabre à la main. Là ce n'est plus un combat, mais une véritable tuerie. Une lutte corps à corps s'engage ; les cadavres sont bientôt entassés les uns sur les autres ; enfin les Anglais voyant que toute résistance est inutile, prennent le parti de se rendre.

On doit se rappeler qu'il y avait des dames à bord ; aussitôt que Surcouf en eut avis, il s'empressa d'aller les rassurer. Il prit même la précaution de placer deux sentinelles à la porte de leur cabine, pour les mettre à l'abri de toute insulte, car les matelots n'avaient pas oublié la promesse qui leur avait été faite d'une heure de pillage, et ils se mettaient déjà à l'œuvre.

Autant Surcouf était intrépide et sans pitié dans le combat, autant il était humain et généreux après la victoire. Il transborda sur un navire maure tous les prisonniers valides avec leurs effets pour les transporter au Bengale. Quant aux blessés, il en eut le plus grand soin. les laissa sur le *Kent* même où ils étaient plus au large avec leurs chirurgiens ; mais il y avait eu tant d'ardeur dans le combat que les blessures étaient généralement très-graves. La plus grande partie des blessés, tant Français qu'Anglais, furent atteints du tétanos et emportés en peu de jours.

Surcouf conduisit d'abord sa prise à l'Ile de France, et entreprit de ramener *la Confiance* à ses armateurs. Il prit un chargement de denrées coloniales, et, malgré les croiseurs anglais, jeta l'ancre à Bordeaux le 27 avril 1804.

Surcouf était, à juste titre, le héros du moment. On racontait ses exploits comme autant de merveilles : ils arrivèrent jusqu'à Napoléon, alors premier consul, qui voulut aussi voir l'intrépide marin. Il lui proposa le grade de capitaine dans la marine militaire avec deux frégates pour continuer ses croisières dans les mers de l'Inde. Nouveau Jean-Bart, il aimait sa liberté et son indépendance ; il mit pour condition à son acceptation qu'il aurait carte blanche et qu'il ne reconnaîtrait point l'autorité des officiers supérieurs commandant la station de l'Ile-de-France. Napoléon, ne pouvant accéder à sa demande, à cause de la discipline militaire, lui accorda un sabre d'honneur.

Surcouf ne put se faire à une vie inactive. Pendant son séjour à Bordeaux, il fit construire un magnifique corsaire auquel il donna le nom *du Revenant* sur lequel il embarqua la plus grande partie de ses compagnons d'armes. Le *Revenant* portait quatorze caronades de vingt-quatre, quatre canons de huit et quatre vingt-neuf hommes d'équipage. Il mit à la voile et se dirigea vers les lieux témoins de ses premiers exploits.

A peine avait-il prit le large qu'il fit la rencontre d'un grand navire anglais, qui sortait de Liverpool en destination d'Alkra, côte d'Afrique, où il comptait faire la traite des nègres. Il était monté de vingt-six hommes d'équipage, et était armé de douze caronades de dix-huit et de six canons de neuf. Celui-ci prit bientôt chasse envoyant au *Revenant* des coups de canon de retraite. Tous ses efforts furent inutiles. Le corsaire, fin voilier, ne tarda pas à le joindre, et de sa première bordée, qu'il lui envoya bord à bord, il le dégréa entièrement, et plusieurs boulets traversèrent sa flottaison ; sans perdre de temps, une partie des hommes du corsaire envahirent son pont et s'en rendirent maîtres.

Surcouf se contenta de prendre les marchandises qui lui convenaient, prit la précaution de couper le grand mât pour l'empêcher d'aller prévenir les croiseurs anglais, et en fit l'abandon au capitaine.

Ce combat, qui cependant ne fut pas d'une longue durée, donna lieu à une scène qui prouve que la grande bravoure affichée loin du danger n'est souvent qu'une fanfaronnade.

Surcouf avait reçu comme volontaire un jeune homme qui lui dit d'un ton très-décidé en s'embarquant :

— Je vous préviens, capitaine, que, tant que je serai sur le corsaire, nous n'irons jamais dans les pontons anglais ; car, s'il nous faut amener, je me charge de mettre le feu aux poudres et de nous faire sauter.

Placé sur l'avant du corsaire, un mousquet à la main, il ne tarda pas à entendre siffler les boulets qui passaient très-près de lui. Au bruit de cette musique peu agréable, sa valeureuse détermination lui fit défaut ; il resta sans mouvement. Surcouf, qui avait l'œil sur tous ses combattants, le remarqua bientôt, et pour tâcher de lui donner du courage, il s'écria :

— Le premier qui quitte son poste, je lui brûle la cervelle !

Mais ce fut inutile; arrivé à l'Ile-de-France, Surcouf le débarqua en lui disant :

L'exemple d'un poltron peut être contagieux.

Surcouf devint la terreur des Anglais dans les mers de l'Inde. La compagnie anglaise annonça dans les journaux une récompense de deux cent cinquante mille francs pour l'équipage du vaisseau qui s'emparerait de ce marin terrible ; ce qui fit dire à un journaliste de Calcutta :

— Nous espérons voir bientôt ce trop célèbre pirate enfermé dans une cage de fer. On le montrera aux habitants de Calcutta comme une bête féroce.

Ces paroles grossières firent beaucoup rire Surcouf en les lisant; et il ajouta :

— Ils ne me tiennent pas encore.

Il reprit la route du golfe de Bengale où il prit, coula ou brûla plusieurs navires. Pendant cette croisière, il reçut souvent la chasse des vaisseaux de guerre anglais ; ce qui ne l'empêcha pas de s'emparer d'un grand nombre de bâtiments marchands presque sous leurs canons. Cette campagne fut une des plus glorieuses de Surcouf. Il rentra à l'Ile-de-France avec une quantité considérable de prises

Après cette croisière, Surcouf sentit le besoin de se reposer. Il se décida à revenir en France et se chargea d'y ramener une frégate qui se trouvait en partance. Ses manœuvres habiles surent lui faire éviter les croisières anglaises. Il arriva à Saint-Malo après une traversée longue et hérissée de dangers.

Rentré dans la vie domestique, il prenait plaisir à faire travailler les marins qu'il considérait toujours comme ses enfants. Il fit plusieurs armements, et il venait d'en terminer un de huit vaisseaux qu'il destinait à la pêche du banc de Terre-Neuve, lorsqu'il fut atteint de la maladie qui le conduisit au tombeau.

Surcouf fut pendant tout le temps qu'il tint la mer la terreur des Anglais. Il possédait à un haut degré le génie des batailles; il est fácheux qu'il n'ait pas pu l'exercer sur un plus grand théâtre; il eut pu rendre encore de plus grands services à la France, dont il fut une des plus grandes gloires, et qui le met au rang de ses marins les plus illustres.

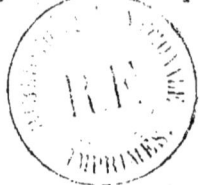

FIN.

LIMOGES. — IMPRIMERIE DE BARBOU FRÈRES.

www.ingramcontent.com/pod-product-compliance
Lightning Source LLC
Chambersburg PA
CBHW070744170426
43200CB00007B/648